F. A. HAYEK

O CAMINHO DA SERVIDÃO

F. A. HAYEK

O CAMINHO DA SERVIDÃO

Proêmio por
GEORGE ORWELL

Prólogo por
MILTON FRIEDMAN

Posfácio por
PETER J. BOETTKE

Tradução de
ANNA MARIA CAPOVILLA,
JOSÉ ÍTALO STELLE & LIANE DE MORAIS RIBEIRO

2ª edição revista e ampliada

São Paulo | 2022

LVM
EDITORA

Título original: *The Road to Serfdom*

Copyright © 1944 by The University of Chicago © 1992 by Estate of F. A. Hayek

Os direitos desta edição pertencem ao
Instituto Ludwig von Mises Brasil
Rua Leopoldo Couto de Magalhães Júnior, 1098, Cj. 46
04.542-001. São Paulo, SP, Brasil
Telefax: 55 (11) 3704-3782
contato@mises.org.br · www.mises.org.br

Gerente editorial | Chiara Ciodarot
Editor-chefe | Pedro Henrique Alves
Tradução | Anna Maria Capovilla, José Ítalo Stelle & Liane de Morais Ribeiro
Tradução do Proêmio e do Prólogo | Márcia Xavier de Brito
Tradução do Posfácio | Paulo Roberto Tellechea Sanchotene
Revisão da tradução | Aline Canejo / BR 75
Revisão ortográfica e gramatical | Laryssa Fazolo
Produção editorial | Pedro Henrique Alves
Projeto gráfico | Mariangela Ghizellini
Diagramação e editoração | Rogério Salgado / Spress
Impressão | Rettec Artes Gráficas e Editora Ltda

Impresso no Brasil, 2022
Dados Internacionais de Catalogação na Publicação (CIP)
Angélica Ilacqua CRB-8/7057

H331c   Hayek, Friedrich A. von (Friedrich August), 1899-1992
          O caminho da servidão / F. A. Hayek ; proêmio de George Orwell ; prólogo de Milton Friedman ; posfácio de Peter Boettke ; tradução de Anna Maria Capovilla, José Ítalo Stelle, Liane de Morais Ribeiro. – 2 ed. -- São Paulo : LVM Editora, 2022.

          344 p.

          ISBN 978-65-86029-72-7
          Título original: The Road to Serfdom

          1. Ciências Sociais 2. Política e governo 3. Economia 4. História 5. Estado 6. Guerra 7. Guerra Mundial, 1939-1945 8. Totalitarismo I. Título II. Orwell, George III. Friedman, Milton IV. Boettke, Peter V. Capovilla, Anna Maria VI. Stelle, José Ítalo VII. Ribeiro, Liane de Morais

22-1366   CDD-300

Índice para catálogo sistemático:
1. Ciências sociais

Reservados todos os direitos desta obra.
Proibida a reprodução integral desta edição por qualquer meio ou forma, seja eletrônica ou mecânica, fotocópia, gravação ou qualquer outro meio sem a permissão expressa do editor. A reprodução parcial é permitida, desde que citada a fonte.

Esta editora se empenhou em contatar os responsáveis pelos direitos autorais de todas as imagens e de outros materiais utilizados neste livro. Se porventura for constatada a omissão involuntária na identificação de algum deles, dispomo-nos a efetuar, futuramente, as devidas correções.

SUMÁRIO

Proêmio
GEORGE ORWELL 9

Prólogo à Edição Norte-americana de 1994
MILTON FRIEDMAN 15

Prefácio do Autor à Edição Inglesa de 1944 27

Prefácio do Autor à Edição Norte-americana de 1956 31

Prefácio do Autor à Edição Inglesa de 1976 47

Introdução 53

Capítulo I | O Caminho Abandonado 63

Capítulo II | A Grande Utopia 77

Capítulo III | Individualismo e Coletivismo 87

Capítulo IV | A "Inevitabilidade" da Planificação 99

Capítulo V | Planificação e Democracia 113

Capítulo VI | A Planificação e o Estado de Direito 129

Capítulo VII | Controle Econômico e Totalitarismo 145

Capítulo VIII | Quem a Quem? 159

Capítulo IX | Segurança e Liberdade 177

Capítulo X | Por que os Piores Chegam ao Poder 191

Capítulo XI | O Fim da Verdade 209

Capítulo XII | As Raízes Socialistas do Nazismo 223

Capítulo XIII | Os Totalitários em Nosso Meio 239

Capítulo XIV | Condições Materiais e Objetivos Ideais 259

Capítulo XV | As Perspectivas da Ordem Internacional 275

Conclusão 293

Notas Bibliográficas 297

Posfácio | Uma Retrospectiva sobre *O Caminho da Servidão*:
A Falha de Governo no Debate Contra o Socialismo
PETER J. BOETTKE 303

Índice Remissivo e Onomástico 333

Aos socialistas de todos os partidos

PROÊMIO

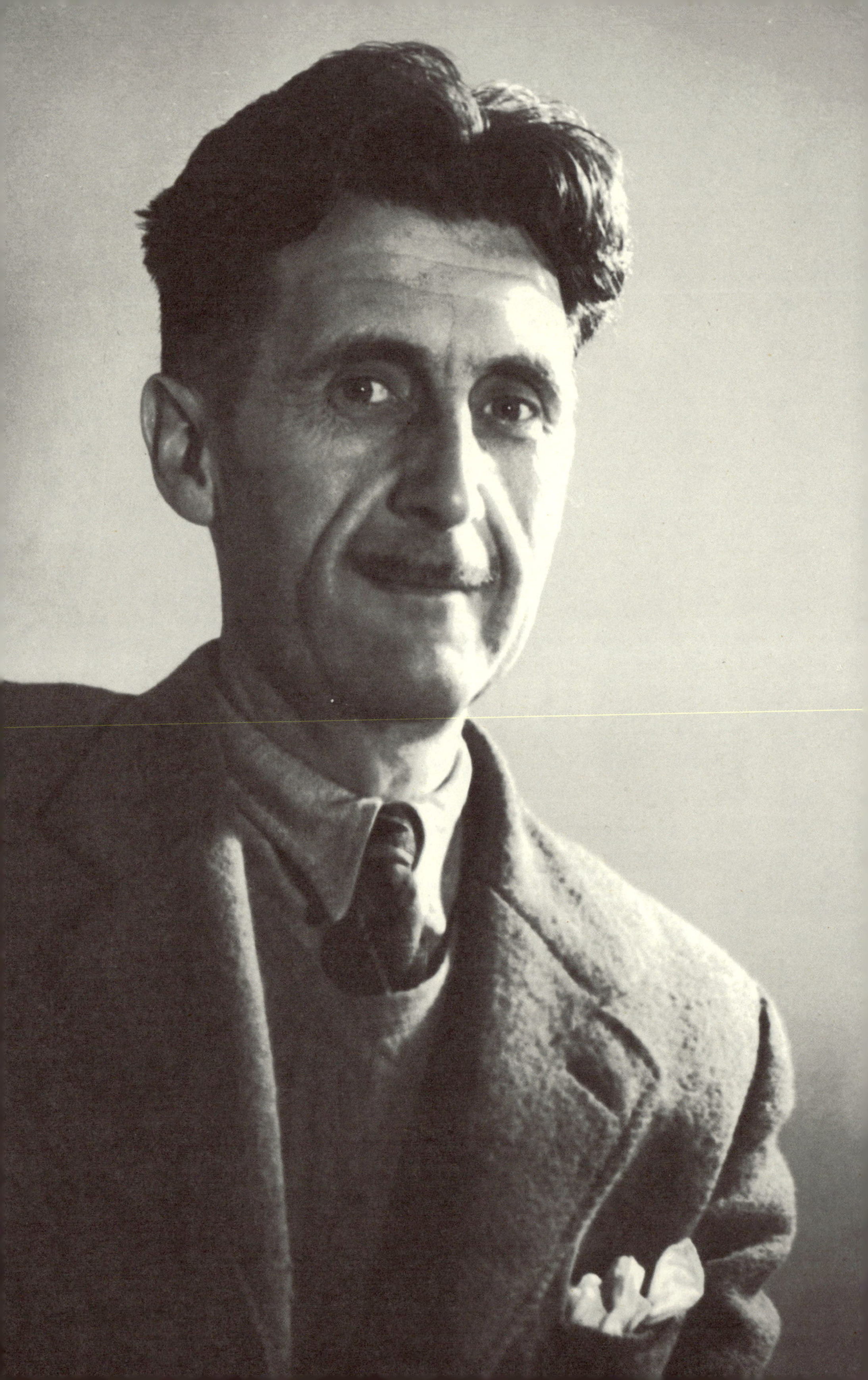

- PROÊMIO -

GEORGE ORWELL

Considerados em conjunto, os livros *The Road to Serfdom* [*O Caminho da Servidão*], de F. A. Hayek (1899-1992), e *The Mirror of the Past, Lest it Reflect the Future* [*O Espelho do Passado, para que Não Reflita o Futuro*], de Konni Ziliacus (1894-1967), podem ser motivo de grande tristeza. O primeiro deles é uma defesa eloquente do capitalismo *laissez-faire*; o outro, uma denúncia ainda mais veemente disso. Abarcam, em certa medida, o mesmo campo, com frequência, citam as mesmas autoridades, e podem até mesmo partir da mesma premissa, já que cada um deles pressupõe que a civilização ocidental tem por base a inviolabilidade do indivíduo. Ainda assim, cada autor está convencido de que a política do outro leva diretamente à escravidão e o alarmante é que os dois podem estar corretos.

Dos dois, o livro do professor Hayek talvez seja o mais valioso, pois os pontos de vista que apresenta são menos modernos, no momento, que os do senhor Zilliacus. Em suma, a tese do professor Hayek é a de que o socialismo, inevitavelmente, leva ao despotismo e, na Alemanha, os nazistas puderam ter sucesso porque os socialistas já haviam feito a maior parte do trabalho, em especial, o trabalho intelectual de enfraquecer o desejo de liberdade. Ao colocar toda a vida sob controle do Estado, o socialismo, necessariamente, confere poder a um círculo interno de burocratas, que, em quase todos os casos serão homens que querem o poder pelo poder e nada os deterá para mantê-lo. A Grã-Bretanha, dizem, está indo, agora, no mesmo caminho da Alemanha, com a *intelligentsia* de esquerda na vanguarda e o partido *Tory* em um bom segundo lugar. A única salvação está no retorno a uma economia não planejada, à livre competição e na ênfase da liberdade em vez da segurança. Na parte negativa da tese do professor Hayek há muita verdade. Não podemos tantas vezes dizer – de qualquer maneira, não é dito quase nunca – que o coletivismo não é inerentemente democrático, mas, ao contrário, confere a uma minoria tirânica poderes jamais sonhados pelos inquisidores espanhóis.

O professor Hayek, provavelmente, também esteja certo ao dizer que neste país os intelectuais têm uma mentalidade mais totalitária que as pessoas comuns. Entretanto, não vê, ou não admitirá, que um retorno à "livre" competição significa, para a grande massa de pessoas, uma tirania provavelmente pior, porque mais irresponsável, que a do Estado. O problema das competições é que alguém as vence. Professor Hayek nega que o livre capitalismo leve necessariamente ao monopólio, mas, na prática, foi para onde levou e, uma vez que a maioria das pessoas prefere ter a regulamentação estatal a crises econômicas e desemprego, a tendência ao coletivismo deve continuar se a opinião popular tiver algo a dizer sobre o assunto.

O ataque competente e bem documentado do senhor Zilliacus ao imperialismo e à política de poder consiste, em grande parte, a uma apresentação dos acontecimentos que antecederam as duas guerras mundiais. Infelizmente, o entusiasmo com que desmascara a guerra de 1914 nos faz considerar em que bases ele está a apoiar esta que acontece. Depois de recontar a história sórdida de tratados secretos e de rivalidades comerciais que levaram a 1914, conclui que nossos objetivos de guerra declarados foram mentiras e que *"declaramos guerra à Alemanha porque se ela ganhasse a guerra contra a França e a Rússia, tornar-se-ia a senhora de toda a Europa e forte o bastante para servir-se das colônias britânicas"*. Por mais o que fomos à guerra dessa vez? Parece que era igualmente imoral opor-se à Alemanha na década antes de 1914 e sujeitar-se a ela na década de 1930, e que deveríamos ter feito um acordo de paz em 1917, ao passo que seria traição fazê-lo agora. Chegou a ser perverso em 1915, concordar com a partição da Alemanha e a Polônia ser considerada como *"um assunto interno da Rússia"*: portanto, as mesmas ações mudam de tom moral com o passar do tempo.

O que o senhor Zillacus deixa fora de seu relato é que as guerras têm resultados, independente dos motivos daqueles que as precipitaram. Ninguém pode questionar a sujeira da política internacional de 1870 em diante; disso não deriva que teria sido uma coisa boa permitir ao exército alemão governar a Europa. É apenas possível que alguma transação um tanto sórdida esteja acontecendo por detrás dos panos agora, e que a atual propaganda política "contra o nazismo" (ou seja, "contra o militarismo prussiano") parecerá bem acanhada em 1970, mas a Europa, certamente, será um lugar melhor se Adolf Hitler (1889-1945) e seus seguidores forem dela extirpados. Em conjunto, esses dois livros resumem nossa situação atual. O capitalismo leva a uma série de subsídios, à disputa por mercados e à guerra. O coletivismo leva aos campos de concentração, à adoração do líder e à guerra. Não há como fugir disso a menos que uma economia planejada possa ser, de alguma maneira, combinada com a liberdade do intelecto, que só pode ocorrer se os conceitos de certo e de errado forem restaurados na política.

Ambos os autores estão, mais ou menos, cientes, mas já que não podem mostrar um modo viável de suscitar isso, o efeito combinado de seus livros é deprimente.

PRÓLOGO

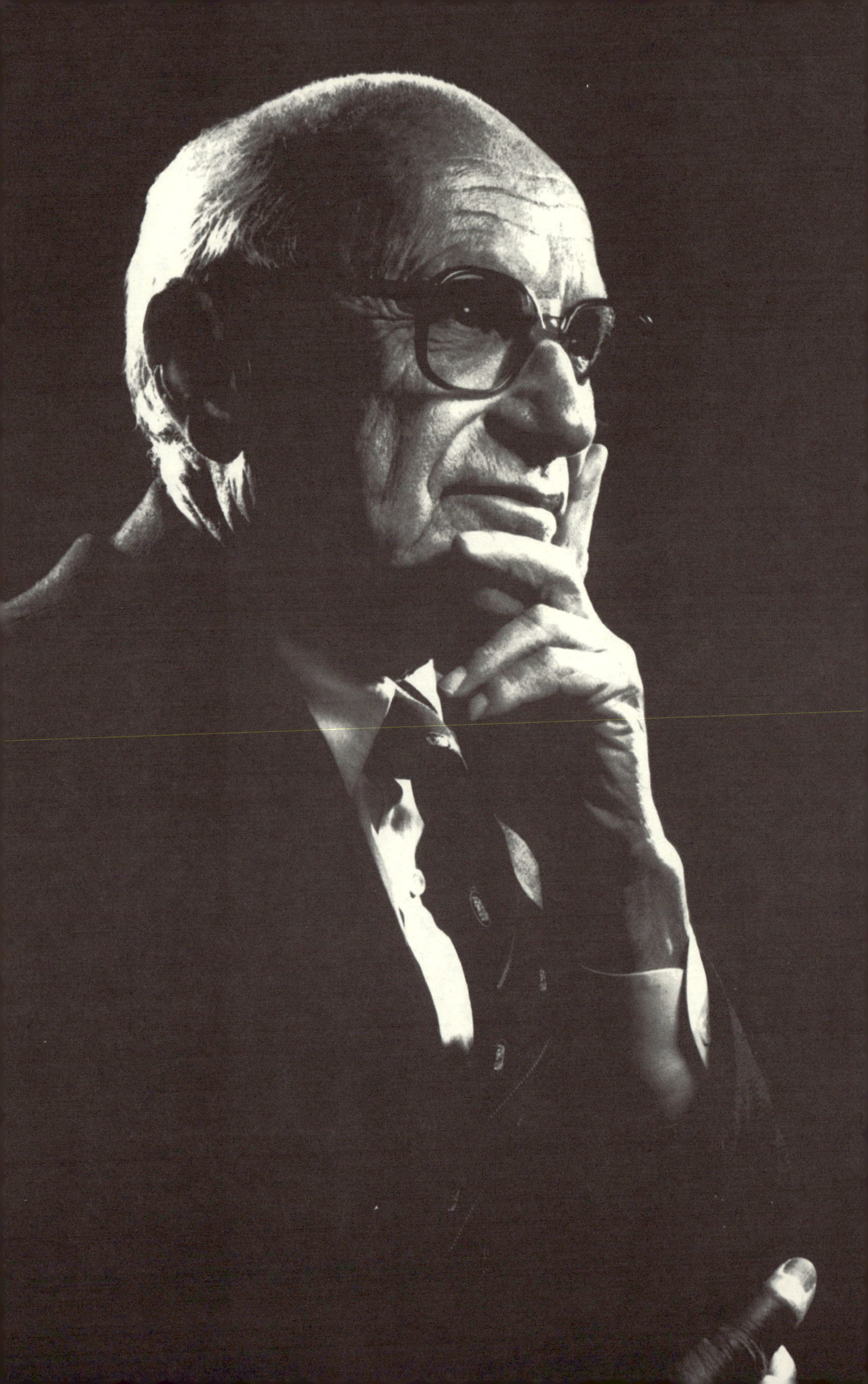

PRÓLOGO À EDIÇÃO NORTE-AMERICANA DE 1994

MILTON FRIEDMAN

Estre livro tornou-se um verdadeiro clássico: leitura essencial para todos que estejam seriamente interessados em política no sentido mais amplo e menos partidário, um livro cuja mensagem central é atemporal, aplicável a uma variedade ampla de situações concretas. De certo modo, é até mais relevante aos Estados Unidos hoje do que era quando causou sensação, na época da publicação original, em 1944.

Há quase um quarto de século, em 1971, escrevi uma introdução para uma nova edição alemã de *The Road to Serfdom* [*O Caminho da Servidão*], que ilustra o quanto a mensagem de F. A. Hayek (1899-1992) é atemporal. Essa introdução é igualmente relevante para a edição de aniversário de cinquenta anos do clássico de Hayek. Em vez de plagiar a mim mesmo, citarei aqui na totalidade acrescentando alguns comentários adicionais[1].

---

1 HAYEK, F. A. *Der Weg zur Knechtschaft*. Tübingen: Die Verfassung der Freiheit, 1971. Essa foi a primeira edição lançada na Alemanha, embora a seguinte tradução alemã tenha sido publicada na Suíça: HAYEK, F. A. *Der Weg zur Knechtschaft*. Erlenbach-Zürich: Eugen Rentsch, 1945.

Prólogo à Edição Norte-americana de 1994 | MILTON FRIEDMAN

Ao longo dos anos, adotei a prática de questionar os adeptos do individualismo como se distanciaram da ortodoxia do coletivismo de nossa época. Por anos, a resposta mais frequente era a referência ao livro que tenho a honra de escrever esta introdução. O tratado excepcional e vigoroso do professor Hayek foi uma revelação, em particular, para os jovens, homens e mulheres, que estiveram nas Forças Armadas durante a guerra. A experiência recente que tiveram aumentou a estima pelo valor e significado da liberdade individual. Ademais, observaram uma organização coletivista em ação. Para eles, as previsões de Hayek sobre as consequências do coletivismo não eram apenas possibilidades hipotéticas, mas realidades visíveis que eles mesmos experimentaram nas Forças Armadas.

Ao reler o livro antes de escrever esta introdução, novamente, fiquei impressionado com sua grandiosidade – penetrante e bem argumentado, ainda assim, lúcido e claro; filosófico e abstrato, ainda assim, concreto e realista; analítico e racional, ainda assim, animado por altos ideais e um senso vívido de missão. Não é de admirar que tenha tido uma influência tão grande. Também fiquei impressionado que a mensagem não seja menos necessária hoje do que era quando surgiu pela primeira vez – sobre isso falarei mais tarde. No entanto, sua mensagem pode não ser tão imediata ou persuasiva para a juventude hoje quanto foi para os rapazes e moças que o leram quando surgiu pela primeira vez. Os problemas da guerra e do arranjo pós-guerra que Hayek usou para ilustrar sua tese central atemporal, e o jargão coletivista da época que empregou para documentar suas afirmações sobre o clima intelectual eram familiares à geração do pós-guerra e estabeleceram um relacionamento imediato entre autor e leitor. As mesmas falácias coletivistas estão aí e em ascensão, hoje, mas as questões imediatas são diferentes e, portanto, o é o jargão. Atualmente, pouco ouvimos falar de "planejamento central" ou de "produção para uso", da "necessidade" de "uma direção consciente" dos recursos da sociedade. Em vez disso, a discussão é sobre a crise urbana – solucionável, dizem, somente por programas governamentais enormemente ampliados; a crise do meio-ambiente – gerada por empresários vorazes que devem ser forçados a quitar sua responsabilidade social em vez de "simplesmente" gerir seus negócios para gerar o máximo lucro, e também exigindo, dizem, programas governamentais muito ampliados; a crise do consumidor – valores falsos estimulados pelos mesmos empresários vorazes buscando lucros em vez de exercer a responsabilidade social e, é claro, isso requer cada vez mais programas governamentais para proteger o consumidor, principalmente dele mesmo; da crise do bem-estar social e da pobreza – aqui o jargão ainda é "pobres na fartura", ainda que o que hoje é descrito como pobreza pudesse ser considerado fartura quando o *slogan* foi empregado pela primeira vez.

Agora, como antes, a promoção do coletivismo é conjugada com a declaração de valores individualistas. De fato, a experiência com o governo grande fortaleceu essa vertente discordante. Há protestos enormes contra o *"establishment"*; uma incrível conformidade no protesto contra a conformidade; uma demanda generalizada por liberdade para "fazer o que quiser" nos estilos de vida individuais, por democracia participativa. Ao ouvir essa vertente, poderíamos também acreditar que a maré coletivista mudou, que o individualismo, novamente, está em ascensão. Como Hayek demonstra, de modo persuasivo, esses valores exigem uma sociedade individualista. Só podem ser alcançados em uma ordem liberal em que a atividade do governo seja limitada, primeiramente, a instituir o arcabouço no qual os indivíduos sejam livres para buscar os próprios objetivos[2]. O livre mercado é o único mecanismo já descoberto para alcançar a democracia participativa.

Infelizmente, a relação entre meios e fins permanece muitíssimo incompreendida. Muitos daqueles que professam os objetivos mais individualistas apoiam meios coletivistas sem reconhecer a contradição. É tentador acreditar que os males sociais brotam das atividades dos homens maus e se somente homens bons (como nós, naturalmente) exercêssemos o poder, tudo estaria bem. Essa visão requer somente emoção e autoelogio – fáceis de encontrar e igualmente satisfatórios. Para entender por que homens "bons" em posição de poder produzirão o mal, ao passo que o homem comum sem poder, mas apto a se unir em cooperação voluntária com os semelhantes produzirá o bem, requer análise e reflexão, subordinando as emoções à faculdade racional. Por certo é uma resposta ao mistério perene de por que o coletivismo, com a ficha comprovada na produção de tirania e miséria, é tão bem quisto como superior ao individualismo, com o registro demonstrado de produção de liberdade e fartura. O argumento favorável ao coletivismo é simples, embora falso; é um argumento emocional imediato. O argumento favorável ao individualismo é sutil e sofisticado; é um argumento racional indireto. E as faculdades emocionais são mais altamente desenvolvidas na maioria dos

---

2 (Nota acrescida pelo autor em 1994): Utilizo o termo liberal, como F. A, Hayek o emprega no livro e, também, no prefácio de 1956, no sentido original do século XIX, de governo limitado e livre mercado e não na forma corrompida que adquiriu nos Estados Unidos, em que significa quase o oposto.

homens que as racionais, de modo paradoxal ou especial, mesmo nos que se consideram intelectuais.

Como está a batalha entre coletivismo e individualismo no Ocidente, mais de um quarto de século depois [agora, meio século] da publicação do grande tratado de Hayek? A resposta é muito diferente no mundo dos negócios e no mundo das ideias.

No mundo dos negócios, aqueles que foram persuadidos pelas análises de Hayek viram poucos sinais, em 1945, de algo senão o crescimento regular de um Estado à custa do indivíduo, uma substituição invariável da iniciativa e planejamento privados pela iniciativa e planejamento estatais. No entanto, na prática, o movimento não foi muito adiante – não na Grã-Bretanha, na França ou nos Estados Unidos. E na Alemanha houve uma reação aguda contra os controles totalitários do período nazista e um grande movimento em direção a uma política econômica mais liberal.

O que produziu essa verificação inesperada do coletivismo? Creio que duas forças são as principais responsáveis. Primeiro, e essa foi particularmente importante na Grã-Bretanha, o conflito entre o planejamento central e a liberdade individual, que é o tema de Hayek, tornou-se patente, especialmente, quando as exigências do planejamento central levaram às assim chamadas ordens de "controle das ocupações", pelas quais o governo tinha o poder de atribuir os cargos para as pessoas. A tradição da liberdade, os valores liberais, ainda eram fortes o bastante na Grã-Bretanha, de modo que, quando ocorreu o conflito, o sacrificado foi o planejamento central, não a liberdade individual. A segunda força controladora do coletivismo foi, simplesmente, sua ineficácia. O governo provou-se incapaz de gerir empreendimentos, de organizar recursos para alcançar objetivos específicos a preços razoáveis. Chafurdou em confusão burocrática e ineficiência. Uma desilusão disseminada acerca da eficácia de um governo centralizado na administração de programas.

Infelizmente, o exame do coletivismo não fiscalizou o crescimento do governo, melhor, desviou seu crescimento para um canal diferente. A ênfase deslocou-se das atividades de produção administradas pelo governo para a regulamentação indireta de empreendimentos supostamente privados e, ainda mais, para programas governamentais de transferência, envolvendo a retirada de tributos de alguns para fazer doações a outros – tudo em nome da igualdade e da erradicação da pobreza, mas na prática, produzindo uma mescla de subsídios errática e contraditória para grupos de interesse especiais. Como resultado, a fração da renda nacional gasta pelos governos continuou a aumentar.

No mundo das ideias, o resultado é ainda menos satisfatório para quem crê no individualismo. Por um lado, isso é muito surpreendente. A experiência do último quartel de século confirmou de modo contundente a validade da percepção central de Hayek – de que a coordenação das atividades humanas por intermédio de uma direção central e por cooperação voluntária são caminhos que levam a direções muito diferentes: a primeira, à servidão; a segunda, à liberdade. Essa experiência também fortaleceu muito um tema secundário – o direcionamento central também é um caminho para a pobreza do homem comum; a cooperação voluntária é o caminho da abundância.

As Alemanhas Oriental e Ocidental quase nos oferecem um experimento científico controlado nesse caso. Eram pessoas de mesmo sangue, mesma civilização, mesmo nível de capacidade técnica e conhecimento, fragmentadas por incidentes de guerra, e, no entanto, adotando métodos de organização social radicalmente diferentes – direção centralizada e mercado. Os resultados são muitíssimo claros. A Alemanha Oriental, não a Ocidental, teve de construir um muro para impedir que os cidadãos a deixassem. Nesse lado do muro, a tirania e a miséria; do outro, liberdade e afluência.

No Oriente Médio, Israel e Egito oferecem o mesmo contraste, como as Alemanhas Ocidental e Oriental. No Extremo Oriente, Malásia, Singapura, Tailândia, Formosa, Hong Kong e Japão – todas baseadas essencialmente no livre mercado – prosperam e o povo está cheio de esperança; muito distantes da Índia, Indonésia e da China comunista – todas fortemente baseadas no planejamento central. Mais uma vez, é a China comunista, e não Hong Kong, que tem de defender as fronteiras das pessoas que tentam sair.

Ainda assim, apesar dessa confirmação notável e dramática da tese de Hayek, o clima intelectual do Ocidente, após um breve interlúdio em que houve alguns sinais de ressurgência dos valores liberais de outrora, novamente começou a mover-se em direção a um antagonismo forte à livre iniciativa, à competição, à propriedade privada e ao governo limitado. Durante certo tempo, a descrição de Hayek das posturas intelectuais que governavam pareciam estar se tornando um tanto obsoleta. Atualmente, soa mais verdadeira que há uma década. É difícil saber o que gera essa evolução. Necessitamos desesperadamente de um novo livro de Hayek que nos ofereça uma percepção tão clara e penetrante das evoluções intelectuais do último quartel de século quanto *O Caminho da Servidão* nos ofereceu dos desdobramentos anteriores. Por que em todos os lugares, quase automaticamente, as classes intelectuais se põem ao lado do coletivismo – mesmo ao salmodiar *slogans* individualistas – e denigrem e insultam o capitalismo? Por que os meios de comunicação em quase todo canto estão dominados por esse ponto de vista?

Qualquer que seja a explicação, o fato do crescente apoio intelectual ao coletivismo – e creio ser um fato – torna o livro de Hayek tão atual hoje quanto o foi ao aparecer pela primeira vez. Esperemos que uma nova edição na Alemanha, mais do que todos os outros países, deva ser mais receptiva a essa mensagem – terá tanta influência quanto a primeira edição teve nos Estados Unidos e no Reino Unido. A batalha pela liberdade deve ser novamente ganha. Os socialistas, de todas as facções, aos quais Hayek dedicou este livro, devem ser, mais uma vez, persuadidos ou derrotados, caso eles e nós tenhamos de permanecer homens livres.

O penúltimo parágrafo de minha introdução à edição alemã é apenas o que não soa totalmente verdadeiro hoje. A queda do muro de Berlim em 9 de novembro de 1989, o colapso do comunismo por trás da Cortina de Ferro, com a dissolução da União Soviética em 25 de dezembro de 1991, e a mudança de características da China têm reduzido os defensores do coletivismo de tipo marxista a um bando pequeno, duro, concentrado nas universidades ocidentais. Hoje, há um amplo consenso de que o socialismo é um fracasso e o capitalismo um sucesso. No entanto, essa aparente conversão da comunidade intelectual para aquilo que poderia ser chamado de um ponto de vista hayekiano é enganoso. Enquanto o assunto versa sobre livre mercado e propriedade privada – e agora é mais respeitável defender, do que era há poucas décadas, quase um *laissez-faire* total – a maior parte da comunidade intelectual defende, quase automaticamente, qualquer expansão do poder governamental desde que, como apregoam, seja como meio de proteger os indivíduos das maléficas grandes corporações, amenizar a pobreza, proteger o meio-ambiente ou promover a "igualdade". O debate atual de um programa nacional de saúde pública nos oferece um exemplo notável, os intelectuais podem ter aprendido as palavras, mas ainda não captaram o tom.

Disse, no início, que *"de certo modo"*, a mensagem deste livro *"é até mais relevante aos Estados Unidos hoje do que era quando causou sensação [...] há meio século"*. A opinião intelectual era muito mais hostil ao tema do que parece ser agora, mas a prática conformava-se a ela muito mais que hoje. O governo no período pós-guerra era menor e menos invasivo do que é atualmente. Os programas *Great Society* [Grande Sociedade] do presidente Lyndon B. Johnson (1908-1973), dentre eles o Medicare e o Medicaid, e o *Clean Air* e as leis para deficientes do presidente George H. W. Bush (1924-2018), ainda estão aí, para não dizer as várias outras ampliações governamentais que o presidente Ronald Reagan (1911-2004) só conseguiu desacelerar, não reverter, nos oito anos em que esteve na presidência. O total de gasto governamental – federal, estadual e municipal – nos Estados Unidos subiu de 25% da renda nacional em 1950 para quase 45% em 1993.

Quase o mesmo é verdadeiro para a Grã-Bretanha, num certo sentido, mais dramático. O Partido Trabalhista, antes abertamente socialista, defende agora os mercados privados livres; e o Partido Conservador, outrora satisfeito em administrar as políticas socialistas dos trabalhistas, tentou revertê-las e, em certa medida, com Margaret Thatcher (1925-2013), foi bem-sucedido na reversão da extensão da propriedade e das operações governamentais. No entanto, Thatcher foi incapaz de recorrer a algo como uma provisão de apoio popular dos valores liberais que levaram à retirada da ordem de "controle das ocupações" logo depois da Segunda Guerra Mundial. E, ainda que tenha existido uma quantidade considerável de "privatizações", lá como aqui, o governo, hoje, gasta uma grande fração da renda nacional e é mais intrusivo do que era em 1950.

Em ambas as margens do Atlântico, não é exagero dizer que pregamos o individualismo e o capitalismo competitivo e, na prática, o socialismo.

NOTA SOBRE A HISTÓRIA DA PUBLICAÇÃO[3]

F. A. Hayek começou a trabalhar em *O Caminho da Servidão* em setembro de 1940 e o livro foi publicado pela primeira vez na Inglaterra, em 10 de março de 1944. Ele autorizou seu amigo, dr. Fritz Machlup (1902-1983), um refugiado austríaco que buscava uma carreira universitária eminente nos Estados Unidos e estava empregado, em 1944, no escritório de Custódia de Propriedade de Estrangeiros em Washington D. C., de assinar o contrato do livro com uma editora norte-americana. Antes disso, de ser submetido à University of Chicago Press, o livro foi rejeitado nos Estados Unidos por três

---

[3] A maior parte dessa seção tem por base a pesquisa feita por Alex Philipson, gerente de promoções da University of Chicago Press.

editoras – seja porque acreditavam que não iria vender, ao menos em um dos casos, seja porque o consideraram *"impróprio para ser publicado por uma editora de boa reputação"*[4].

Sem se deixar abater, Fritz Machlup mostrou as provas da edição britânica para Aaron Director (1901-2004), antigo membro do departamento de Economia da University of Chicago, que retornara à universidade depois da Segunda Guerra Mundial como economista na Faculdade de Direito. Em seguida, Frank H. Knight (1885-1972), economista célebre da universidade, recebeu um conjunto das provas e as apresentou à University of Chicago Press com a sugestão de Aaron Director de que a editora talvez gostasse de publicar o livro. A editora assinou contrato com F. A. Hayek, pelos direitos autorais norte-americanos, em abril de 1944, depois de persuadi-lo a fazer algumas modificações – *"a ser específico a respeito dos Estados Unidos [...] em vez de tender a uma audiência restrita à Inglaterra"*, como posteriormente recordou John Scoon, na ocasião, editor da casa:

> Na época em que o contrato de direitos autorais norte-americano foi assinado – começo de abril – começamos a ouvir a respeito do livro na Inglaterra, que fora publicado lá em 10 de março. A primeira impressão na Inglaterra foi de apenas 2.000 exemplares, mas foi vendida em, mais ou menos, um mês. Começou a ser citado no Parlamento e nos jornais, e uns poucos jornais por aqui começaram a mencioná-lo, vez por outra – mas, é claro, ainda não tínhamos certeza como fascinaria os Estados Unidos. Na verdade, dali até a data da publicação, não conseguíamos deixar livraria alguma, nem em Nova York, empolgada com o livro[5].

A edição de Chicago foi publicada no dia 18 de setembro de 1944, numa primeira impressão de 2.000 cópias, com introdução do jornalista John Chamberlain (1903-1995), na ocasião, assim como hoje, um autor renomado e resenhista de livros sobre assuntos econômicos. *"A primeira resenha que vimos"*, prossegue Scoon:

> [...] foi a de Orville Prescott (1907-1996), no *New York Times* de 20 de setembro, que era neutra e o chamava de "livreto triste e colérico", mas, naquela

---

4 Ver no presente volume o prefácio de F. A. Hayek para a edição norte-americana de 1956, na nota 7 na página 35.
5 Carta a C. Hartley Gratlan, 2 de maio de 1945.

ocasião, quando vimos a resenha de primeira página de Henry Hazlitt (1894-1993) no *Sunday Times Book Review*, ordenamos uma segunda impressão de 5.000 cópias. Em poucos dias tivemos pedidos de direitos de tradução para o alemão, espanhol, holandês e outros idiomas e, em 27 de setembro, solicitamos uma terceira impressão de 5.000 cópias, aumentando para 10.000 no dia seguinte.

Por volta da primeira semana de outubro muitas lojas estavam sem exemplares e tivemos uma tarefa tremenda e complexa de imprimir, encadernar, enviar e distribuir para consumidores deste país e do Canadá [...]. Desde o início, houve grande entusiasmo pelo livro, mas as vendas foram em altos e baixos [...]. A acrimônia com relação ao livro aumentou com o passar do tempo, chegando às alturas, quanto maior a impressão causada pelo livro (as pessoas tendem a ficar meio chateadas com ele; por que não o leem e descobrem o que Hayek realmente diz!).

O comentário de Scoon ainda é verdade hoje em dia.

O *Reader's Digest* publicou um resumo do livro em abril de 1945, e mais de 600.000 cópias da versão condensada foram, em seguida, distribuídas pelo Clube do Livro mensal. Prevendo a versão resumida do *Digest* e também uma turnê de palestras que Hayek agendara para a primavera de 1945, a editora de Chicago tentou uma sétima impressão maior. No entanto, a falta de papel limitou a editora a imprimir 10.000 exemplares e a forçou a reduzir o tamanho do livro para uma edição de bolso. É uma cópia dessa impressão que, por acaso, está na minha biblioteca pessoal.

Nos cinquenta anos desde a publicação norte-americana, em 1944, a University of Chicago Press vendeu mais de um quarto de milhão de cópias, 81.000 em capa dura e 175.000 em brochura. A primeira edição brochura foi publicada em 1956. O filho de F. A. Hayek, o microbiologista Laurence Hayek (1934-2004), relata que quase vinte traduções estrangeiras foram publicadas. Além disso, circularam traduções não autorizadas, clandestinas, em russo, polonês, tcheco e, possivelmente, outras línguas, quando a Europa Oriental estava por trás da Cortina de Ferro do comunismo. Não resta dúvida que os escritos de Hayek e, em especial este livro, foram importante fonte intelectual de desintegração da fé no comunismo por trás da Cortina de Ferro, bem como do nosso lado.

Desde a queda do Muro de Berlim, em 1989, é possível publicar o livro abertamente nos países e satélites da antiga União Soviética. Sei, por várias fontes, que há, em geral, um aumento de interesse pelas ideias de Hayek nesses países e, em particular, pelo livro *O Caminho da Servidão*.

A datar da morte de F. A. Hayek, em 23 de março de 1992, há um reconhecimento crescente da influência que ele exerceu tanto nos regimes comunistas como nos não-comunistas. Seus editores podem, com confiança, esperar o prosseguimento das vendas desse livro admirável enquanto triunfar a liberdade de imprensa – que, apesar de alguma erosão desde que ele o escreveu, está, não obstante, mais assegurada do que estaria, exatamente por conta de seu livro.

PREFÁCIO DE 1944

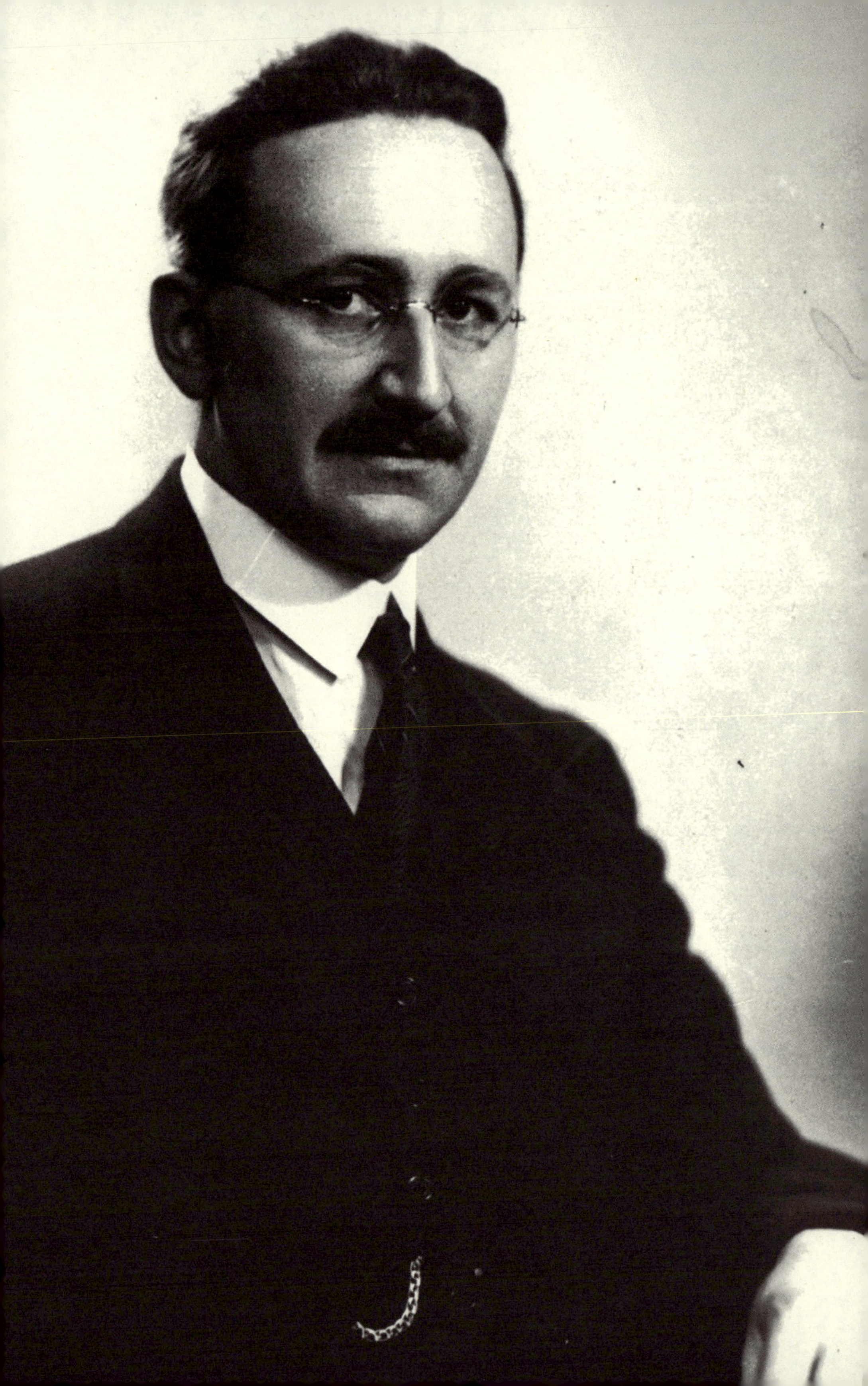

PREFÁCIO DO AUTOR À EDIÇÃO INGLESA DE 1944

Quando um estudioso das questões sociais escreve um livro político, seu primeiro dever é declará-lo francamente. Este é um livro político. Não quero disfarçar tal fato atribuindo-lhe – como talvez pudesse ter feito – o nome mais elegante e ambicioso de ensaio de filosofia social. Mas, seja sob que rótulo for, permanece a questão central de que tudo o que deverei dizer deriva de determinados valores fundamentais. Espero ter cumprido na própria obra uma segunda e não menos importante obrigação: deixar claro, acima de qualquer dúvida, quais são esses valores fundamentais de que depende toda a argumentação. Há, no entanto, algo que desejaria acrescentar. Embora este seja um livro político, tenho a máxima certeza de que as convicções que nele se expressam não são ditadas por meus interesses pessoais. Não consigo descobrir nenhuma razão para que o tipo de sociedade que me parece desejável deva oferecer maiores vantagens a mim do que à maioria do povo deste país. Na verdade, estou sempre ouvindo de meus colegas socialistas que, na qualidade de economista, eu ocuparia uma posição de muito maior relevo no tipo de sociedade a que me oponho desde que, é claro, resolvesse a aceitar suas concepções. Sinto-me igualmente convencido de que minha oposição a tais concepções não se deve a serem elas diferentes daquelas em que fui educado, pois são as mesmíssimas ideias que sustentei quando jovem e me levaram a fazer do estudo da economia a minha profissão. Àqueles que, como é uso hoje em dia, procuram motivos interesseiros em toda declaração de opinião política, talvez me seja permitido acrescentar que tenho todas as razões possíveis para *não* escrever ou publicar este livro. Ele, certamente, ofenderá muitas pessoas com quem gostaria de manter relações amigáveis. Forçou-me a pôr de lado a atividade para a qual me sinto melhor qualificado e a que atribuo maior importância em longo prazo; e, acima de tudo, sem dúvida prejudicará a acolhida aos resultados do trabalho mais estritamente acadêmico a que me impelem todas as minhas inclinações.

Se, apesar disso, passei a considerar a elaboração deste livro como um dever a que não me posso furtar, tal atitude decorreu, sobretudo, de uma característica peculiar das atuais discussões acerca dos problemas da futura política econômica, sobre os quais a população não está, de modo algum, suficientemente informada. Refiro-me ao fato de que a maioria dos economistas esteve, no correr dos últimos anos, absorvida pela máquina da guerra e silenciada por seus cargos oficiais. Assim, a opinião pública no que se refere a esses problemas é, numa medida alarmante, orientada por amadores e visionários, por gente que tem um interesse próprio a defender ou uma panaceia a vender. Em tais circunstâncias, alguém que ainda disponha de tempo ocioso para escrever teria pouco direito de guardar para si apreensões que as tendências do momento, por certo, criam no espírito de muitos que não as podem expressar publicamente – embora, em outras circunstâncias, eu devesse ter deixado de bom grado a discussão de questões de política nacional àqueles que estão, ao mesmo tempo, mais autorizados e melhor qualificados para a tarefa.

A tese central deste livro foi esboçada pela primeira vez num artigo intitulado "Freedom and the Economic System" [A Liberdade e o Sistema Econômico], publicado na *Contemporary Review* de abril de 1938, e posteriormente reimpresso, numa versão ampliada, como um dos *Public Policy Pamphlets* [*Panfletos de Política Governamental*] editados pelo professor H. D. Gideonse (1901-1985) para a University of Chicago Press, em 1939. Devo agradecer aos editores de ambas as publicações pela permissão para reproduzir aqui alguns trechos delas.

F. A. Hayek
London School of Economics, Cambridge
Dezembro de 1943

PREFÁCIO DE 1956

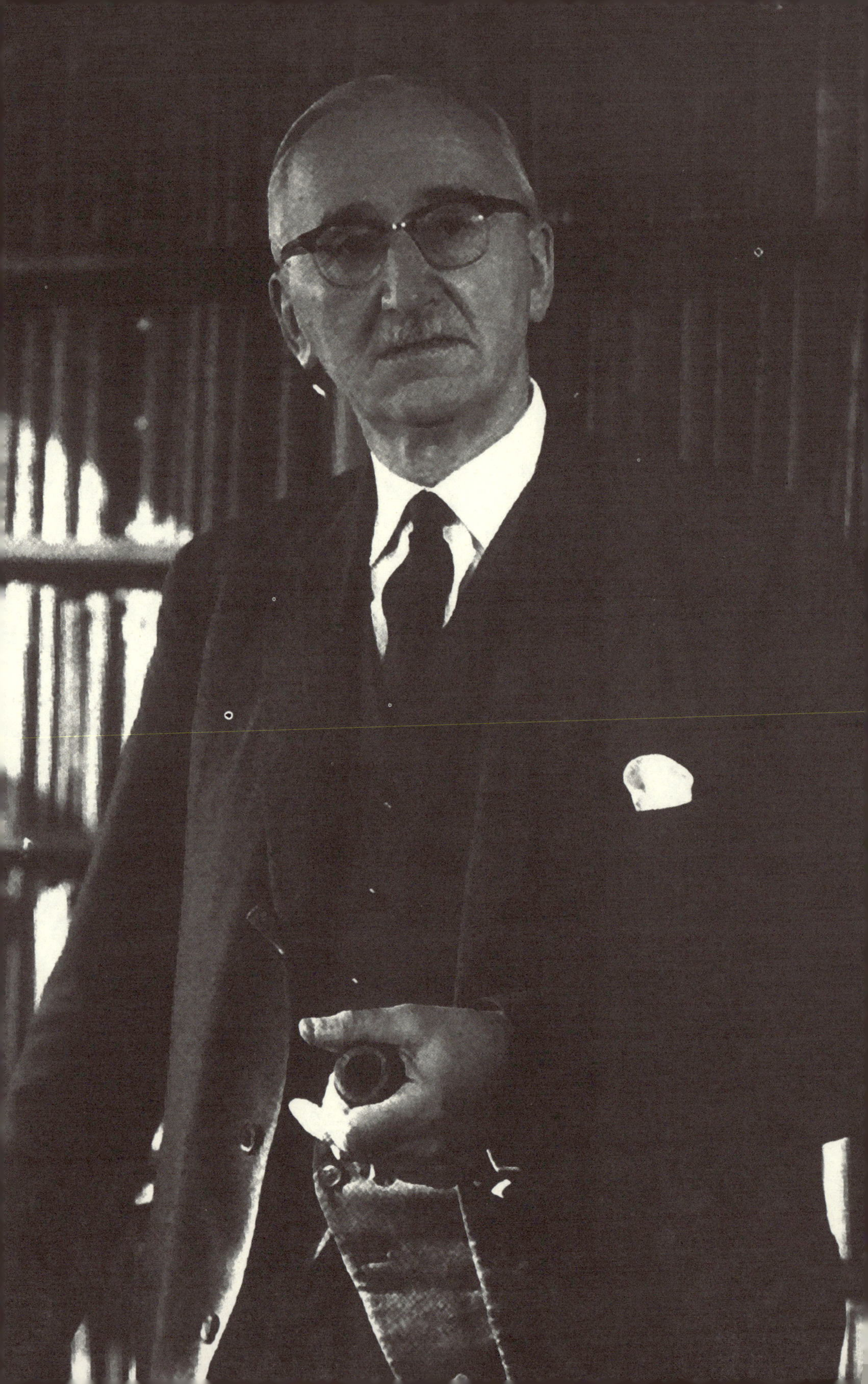

PREFÁCIO DO AUTOR À EDIÇÃO NORTE-AMERICANA DE 1956

Este livro seria talvez diferente sob alguns aspectos se, ao escrevê-lo, eu tivesse em vista, sobretudo, os leitores norte-americanos. No entanto, ele já conquistou, nos Estados Unidos, uma posição por demais definida, embora inesperada, para que se torne aconselhável revê-lo. Sua republicação sob nova forma tipográfica, contudo, mais de dez anos após a primeira edição, talvez seja uma ocasião apropriada para explicar seu objetivo original e para fazer alguns comentários sobre o sucesso absolutamente imprevisto e, em muitos sentidos, curioso que ele aqui obteve.

A obra foi escrita na Inglaterra durante a guerra e destinava-se quase exclusivamente ao público inglês. Na verdade, dirigia-se, sobretudo, a uma classe muito especial de leitores britânicos. Não foi de modo algum por zombaria que o dediquei "aos socialistas de todos os partidos". Originou-se nas numerosas discussões que, durante os dez anos anteriores, eu tivera com amigos e colegas cujas simpatias inclinavam-se para a esquerda. Foi em prosseguimento a essas discussões que escrevi *O Caminho da Servidão*.

Quando Adolf Hitler (1889-1945) subiu ao poder na Alemanha, eu já ensinava havia vários anos na Universidade de Londres, mantendo-me, porém, sempre em contato estreito com os assuntos do continente, o que tive condições de fazer até o início da guerra. O que assim pude observar sobre as origens e a evolução dos diversos movimentos totalitários fez-me sentir que a opinião pública inglesa (e meus amigos que abraçavam posições "avançadas" em matéria de questões sociais em particular) concebia aqueles movimentos de modo completamente errôneo. Já antes da guerra isso me havia levado a expor, num breve ensaio, o que se tornou o tema central deste livro. Após a eclosão do conflito, entretanto, senti que essa concepção distorcida, e tão generalizada, acerca dos sistemas políticos de nossos inimigos, e logo depois também de nosso novo aliado, a Rússia, constituía perigo sério, que deveria ser enfrentado com esforço mais sistemático. E já era bastante evidente que, após a guerra, a própria Inglaterra talvez viesse a experimentar a mesma orientação política que, como eu estava convencido, contribuíra tanto para destruir a liberdade em outros países.

Assim, esta obra tomou gradualmente o aspecto de uma advertência à *intelligentsia* socialista inglesa. Com os atrasos inevitáveis durante um período de guerra, ele foi, por fim, publicado no início da primavera de 1944. Essa data também explica por que julguei que, para ser ouvido, deveria restringir um tanto meus comentários sobre o regime de nossos aliados russos, escolhendo para exemplo, sobretudo, o que se passava na Alemanha.

O livro apareceu num momento propício. Só posso alegrar-me com o sucesso que ele teve na Inglaterra, o qual, embora de natureza muito diferente, não foi quantitativamente menor do que o que teria mais tarde nos Estados Unidos. Em linhas gerais, foi recebido com o mesmo espírito com que o escrevi. Sua argumentação foi examinada a sério por aqueles a quem em primeiro lugar se dirigia. Excetuados apenas certos líderes do Partido Trabalhista (os quais, como que para ilustrar minhas observações sobre as tendências nacionalistas do socialismo, atacaram o livro alegando que era escrito por um estrangeiro), foram impressionantes a atenção e a receptividade com que pessoas em geral o examinaram, as quais devem ter julgado minhas conclusões contrárias às suas mais firmes convicções[6]. O mesmo se aplica aos outros países europeus onde o livro foi publicado. A aceitação especialmente cordial

---

[6] O exemplo mais significativo das críticas feitas ao livro na Inglaterra, de um ponto de vista esquerdista, talvez seja o respectivo estudo cortês e franco: WOOTTON, Barbara. *Freedom under Planning*. London: George Allen & Unwin, 1946. Este trabalho é citado frequentemente nos Estados Unidos como uma contestação válida de minha argumentação, embora eu não possa deixar de pensar que mais de um leitor deve ter ficado com a impressão de que, como disse um jornalista americano, *"em substância, a obra parece confirmar a tese de Hayek"* (BARNARD, Chester I. *Southern Economic Journal*, January 1946).

que teve por parte da geração pós-nazista da Alemanha, quando exemplares de uma edição suíça chegaram por fim àquele país, constituiu um dos inesperados prazeres que esta obra me trouxe.

Bem diferente foi a acolhida que teve nos Estados Unidos, quando de sua publicação poucos meses depois de ter aparecido na Inglaterra. Ao escrevê-lo, quase não me perguntei se ele atrairia o público norte-americano. Fazia, então, vinte anos que eu estivera nos Estados Unidos pela última vez, como estudante, e perdera um tanto o contato com o pensamento daquele país. Não me era possível avaliar com segurança até que ponto minha argumentação teria aplicabilidade direta no cenário norte-americano, e não me surpreendi em absoluto quando o livro foi rejeitado pelas três primeiras editoras consultadas[7]. Foi por certo inesperado que, após sua publicação pelos atuais editores, tenha logo começado a vender em proporções quase sem precedentes para estudos dessa natureza, não destinados ao público comum[8]. E surpreendeu-me ainda mais a violência da reação que provocou em ambas as correntes políticas. Foi prodigamente elogiado em alguns círculos, e não menos apaixonadamente hostilizado em outros.

Ao contrário do que se dera na Inglaterra, o público norte-americano ao qual o livro mais se dirigia rejeitou-o de imediato, como um ataque tendencioso e torpe contra seus melhores ideais. Tal público parece nunca se ter detido para examinar sua argumentação. A linguagem e a emoção de algumas das críticas mais violentas dirigidas contra a obra foram realmente extraordinárias[9]. Mas foi quase tão surpreendente, para mim, a acolhida entusiástica recebida de muitos que nunca julguei que leriam uma obra desse tipo – e de muitos mais, que ainda hoje duvido terem-na, de fato, lido. E devo

---

7 Na ocasião, eu não sabia que, como foi posteriormente admitido por um conselheiro de uma das editoras, esse fato parece ter sido devido não a dúvidas quanto ao sucesso da obra, mas a preconceitos políticos. Chegou-se ao extremo de qualificar o livro como *"impróprio para ser publicado por uma editora de boa reputação"* (ver, a esse propósito, a afirmação de William Miller citada em: COUCH, W. T. "The Sainted Book Burners". *The Freeman*, April 1955, p. 423. Ver, também: MILLER, William. *The Book Industry: A Report of the Public Library Inquiry of the Social Science Research Council*. New York: Columbia University Press, 1949. p. 12).
8 Isso se deveu, em grande parte, à publicação de um resumo deste livro na *Reader's Digest*. Desejo prestar aqui minha homenagem pública aos editores da revista pela extrema perícia com que o elaboraram sem a minha assistência. É inevitável que a redução de um argumento complexo a uma fração de seu tamanho original produza simplificações enormes, mas que o resumo tenha sido realizado sem distorções e melhor do que eu mesmo teria conseguido fazer é um fato digno de nota.
9 A um leitor que deseje conhecer um exemplo de crítica violenta e injuriosa, provavelmente sem par nas discussões acadêmicas de nossos tempos, recomendo a obra: FINER, Herman. *Road to Reaction*. Boston: Little Brown, 1945.

acrescentar que, algumas vezes, a maneira como o livro foi tratado trouxe-me muito viva à memória aquela observação de *Lord* Acton (1834-1902):

> Em todos os tempos, foram raros os amigos sinceros da liberdade, e os triunfos desta se deveram a minorias que venceram associando-se a companheiros cujos objetivos com frequência diferiam dos seus; essas alianças, sempre arriscadas, têm sido às vezes desastrosas.

Parece muito pouco provável que a acolhida extraordinariamente diversa que a obra teve num e noutro lado do Atlântico se deva apenas à dessemelhança de temperamentos nacionais. Venho-me convencendo sempre mais de que a explicação reside numa diferença de situações intelectuais, por ocasião do aparecimento do livro. Na Inglaterra, como na Europa em geral, os problemas nele tratados tinham deixado de ser, havia muito, questões abstratas. Os ideais por mim analisados já haviam caído por terra, e mesmo seus partidários mais entusiastas presenciaram de modo concreto algumas das dificuldades e alguns dos resultados indesejados produzidos por sua aplicação prática. Eu escrevia, pois, sobre fenômenos dos quais quase todos os meus leitores europeus tinham uma experiência mais ou menos próxima e apenas expunha com método e coerência o que muitos sentiam intuitivamente. Já ia a meio caminho uma desilusão quanto a esses ideais, e estudá-los com espírito crítico apenas tornava essa desilusão mais articulada ou explícita.

Nos Estados Unidos, pelo contrário, esses ideais ainda tinham frescor e virulência. Havia apenas dez ou quinze anos – e não quarenta ou cinquenta, como na Inglaterra – que grande parte da *intelligentsia* contraíra a infecção. E, a despeito da experiência do *New Deal*, o entusiasmo por esse novo tipo de sociedade racionalmente construída ainda não fora maculado pela experiência prática. O que em alguma medida se tornava *vieux jeu* para a maioria dos europeus continuava sendo, para os radicais norte-americanos, a esperança radiosa de um mundo melhor, por eles abraçada e alimentada durante os anos ainda recentes da grande depressão econômica.

A opinião pública altera-se depressa nos Estados Unidos. Pouco tempo antes do aparecimento de *O Caminho da Servidão* (quão pouco, relativamente, era esse tempo, mesmo hoje é difícil lembrar), o planejamento econômico mais extremado havia sido defendido a sério, e o modelo russo recomendado como exemplo por homens que, em breve, desempenhariam papel importante na vida pública. Isso poderia ser demonstrado com facilidade, mas seria injurioso apontar nomes agora. Basta mencionar que, em 1934, o recém-criado *National Planning Board* dedicou enorme atenção aos exemplos de planejamento fornecidos por estes quatro países: Alemanha, Itália, Rússia e Japão. Dez anos mais tarde, havíamos aprendido a nos referir aos mesmos países como "totalitários". Tínhamos feito uma longa guerra com três deles, e, com o quarto, estávamos a ponto de iniciar a Guerra Fria. Mesmo assim, a argumentação deste livro, de que os acontecimentos políticos naqueles países tinham algo a ver com a orientação de sua política econômica, ainda naquela época foi rejeitada com indignação por aqueles que, nos Estados Unidos, defendiam o planejamento. Subitamente, tornou-se moda negar que a inspiração do planejamento viera da Rússia e sustentar, como o fez um de meus críticos eminentes, que era "fato óbvio que a Itália, a Rússia, o Japão e a Alemanha tinham chegado ao totalitarismo por caminhos muito diferentes".

Todo o clima intelectual nos Estados Unidos, por ocasião do aparecimento de *O Caminho da Servidão*, era propício a que o livro provocasse obrigatoriamente ou profundo choque, ou enorme regozijo, entre os membros dos grupos que se contrapunham de modo radical. Em consequência, apesar do sucesso aparente, a obra não teve aqui o tipo de efeito que eu desejara, e que se produzira em outros lugares. É verdade que suas principais conclusões são hoje largamente aceitas. Tornou-se quase um lugar-comum afirmar que fascismo e comunismo são meras variantes do mesmo totalitarismo que o controle centralizado da atividade econômica tende a produzir – afirmação que a muitos se afigurava quase sacrílega há doze anos. Reconhece-se amplamente, agora, até mesmo que o socialismo democrático é algo muito precário e instável, corroído por contradições internas e produzindo em toda a parte resultados dos mais desagradáveis para muitos de seus defensores.

Para que se chegasse a esse clima de sobriedade, contribuíram por certo, mais do que este livro, as lições dadas pelos acontecimentos e debates mais populares do problema[10]. E minha tese central não era tão original, ao ser publicada. Embora advertências semelhantes, feitas anteriormente, possam ter sido em grande parte esquecidas, os perigos inerentes à orientação política que eu criticava haviam sido apontados repetidas vezes. Quaisquer que sejam os méritos deste livro, não consistem em haver reiterado essa tese, mas em ter examinado, com paciência e minúcia, as razões por que o

---

10 Dessas, a mais eficaz foi sem dúvida foi o romance *1984*, de George Orwell (1903-1950). Antes, seu autor tivera a amabilidade de fazer uma resenha deste meu livro.

planejamento econômico produz tais resultados indesejados, e o processo pelo qual eles se verificam.

Por esse motivo, espero que as circunstâncias nos Estados Unidos sejam agora mais favoráveis a uma consideração séria da tese real deste livro do que o eram quando ele surgiu pela primeira vez. Creio que o que existe nele de importante deve ainda prestar seus serviços, embora reconheça que está quase morto no mundo ocidental o socialismo radical contra o qual ele se dirige primordialmente: aquele movimento estruturado, que visava a uma organização premeditada da vida econômica pelo Estado transformado em principal proprietário dos meios de produção. O século do socialismo, nesse sentido, provavelmente chegou ao fim por volta de 1948. Muitas de suas ilusões foram abandonadas, mesmo por seus próprios líderes; e, em outros países, assim como nos Estados Unidos, até a palavra "socialismo" perdeu muito de seu poder de atração. Sem dúvida, haverá quem tente salvar esse nome, em benefício de movimentos menos dogmáticos, menos doutrinários e menos sistemáticos. Mas uma argumentação aplicável apenas contra as concepções bem definidas de reforma social que caracterizavam os movimentos socialistas do passado poderia hoje afigurar-se mera investida contra moinhos de vento.

No entanto, ainda que o socialismo radical seja talvez coisa do passado, algumas de suas concepções penetraram demasiadamente a fundo em toda a estrutura do pensamento de hoje, a ponto de justificar atitudes de complacência. Se poucos, no Ocidente, querem reconstruir a sociedade a partir de seus alicerces com base em algum plano ideal, são, entretanto, numerosos os que ainda acreditam em medidas que, embora não visem a uma reforma completa da economia, podem produzir involuntariamente esse mesmo resultado, por efeito de conjunto. E, mais ainda do que quando escrevi esta obra, a defesa de uma política que em longo termo seja inconciliável com a preservação da sociedade livre já não é assunto a ser decidido por um partido. Essa mistura de ideais contraditórios e, com frequência, inconsistentes que, sob o rótulo de Estado previdenciário, em grande parte substituiu o socialismo como objetivo dos reformadores, precisa ser analisada com discernimento, se não quisermos que seus resultados sejam semelhantes aos do socialismo extremado. Não negamos que alguns de seus alvos, além de praticáveis, sejam louváveis. Mas há muitos meios de buscar o mesmo alvo; e, nas presentes condições da opinião pública, há um certo perigo de que nossa impaciência por obter resultados rápidos nos conduza a escolher instrumentos que, embora talvez mais eficientes para produzir determinados fins, são, entretanto, incompatíveis com a preservação de uma sociedade livre. A tendência crescente para confiar em coerções e discriminações de procedência administrativa, em casos em que a modificação de normas legais de ordem geral poderia, talvez mais lentamente, alcançar a mesma meta, bem como para recorrer a controles estatais diretos ou para criar entidades monopolísticas onde o uso judicioso de incentivos financeiros poderia atrair esforços espontâneos, constitui ainda um legado poderoso da era socialista, o qual talvez ainda influencie a política por muito tempo.

Exatamente porque nos próximos anos as ideologias políticas não parecem propensas a visar a um objetivo definido com clareza, mas reformas esparsas, afigura-se agora da maior importância uma compreensão plena do processo mediante o qual certas medidas podem destruir as bases de uma economia de mercado e asfixiar gradualmente o poder criador de uma civilização livre. Só compreendendo por que e como certo tipo de controle econômico tende a paralisar as forças propulsoras de uma sociedade livre, e que espécie de medidas são em particular perigosas nesse campo, poderemos esperar que as experiências sociais não nos conduzam a situações que ninguém entre nós deseja.

Este livro pretende ser uma contribuição para essa tarefa. Espero que, na atmosfera mais calma de hoje, seja ele, enfim, recebido no espírito dentro do qual foi concebido. Não como uma exortação à resistência contra qualquer progresso ou experiência, mas como uma advertência para que insistamos em submeter previamente toda modificação a certos testes (descritos no capítulo central que trata do Estado de Direito) antes de nos comprometermos a tomar um rumo do qual dificilmente conseguiremos nos afastar mais tarde.

O fato de este livro ter sido escrito com vistas apenas ao público inglês não parece ter prejudicado seriamente sua inteligibilidade pelo leitor norte-americano. Há, porém, uma questão de terminologia sobre a qual devo aqui dar uma explicação, a fim de prevenir mal-entendidos. Uso a todo momento a palavra "liberal" em seu sentido originário, do século XIX, que é ainda comumente empregado na Inglaterra. Na linguagem corrente nos Estados Unidos, seu significado é, com frequência, quase o oposto, pois, para camuflar-se, movimentos esquerdistas deste país, auxiliados pela confusão mental de muitos que realmente acreditam na liberdade, fizeram com que "liberal" passasse a indicar a defesa de quase todo tipo de controle governamental.

Interrogo-me ainda, perplexo, sobre a razão pela qual os que, de fato, creem em liberdade neste país não só permitiram que a esquerda se apropriasse desse termo quase insubstituível, mas chegaram a colaborar nessa manobra, passando a usá-lo em sentido pejorativo. Isso é lamentável, sobretudo, porque daí resultou a tendência de muitos verdadeiros liberais a se autodenominarem conservadores. É sem dúvida verdade que, na luta contra os adeptos do Estado todo-poderoso, o verdadeiro liberal deve, às vezes, fazer causa comum com os conservadores. Em certas circunstâncias, como na Inglaterra de hoje, seria difícil encontrar outro meio de trabalhar efetivamente pelos seus ideais. Mas o verdadeiro liberalismo distingue-se do conservantismo e é perigoso confundi-los. Embora elemento necessário em toda sociedade estável, o conservantismo não constitui, contudo, um programa social. Em suas tendências paternalistas, nacionalistas, de adoração ao poder, ele costuma revelar-se mais próximo do socialismo que do verdadeiro liberalismo. Com suas propensões tradicionalistas, anti-intelectuais e frequentemente místicas, ele nunca, a não ser em curtos períodos de desilusão, desperta simpatia nos jovens e em todos os demais que julgam desejáveis algumas mudanças para que este mundo se torne melhor. Por sua própria natureza, um movimento conservador tende a defender os privilégios já instituídos e a apoiar-se no poder governamental para protegê-los. A essência da posição liberal, pelo contrário, está na negação de todo privilégio, se este é entendido em seu sentido próprio e original, quanto a direitos que o Estado concede e garante a alguns, e que não são acessíveis em iguais condições a outros. Talvez seja necessária ainda uma palavra para esclarecer por que estou permitindo que este livro reapareça sem absolutamente nenhuma modificação, depois de decorridos quase doze anos. Várias vezes tentei revê-lo, e há numerosas passagens em que eu gostaria de apresentar explicações mais pormenorizadas, ou de ser mais cauto, ou de fortalecer a argumentação com maior número de ilustrações e provas.

Mas todas as tentativas de reescrevê-lo só demonstraram que eu nunca poderia redigir novamente um livro tão breve cobrindo um campo tão amplo. E parece-me que, entre os méritos que ele possa ter, o maior é sua relativa brevidade. Fui, portanto, forçado a concluir que, se lhe quiser fazer quaisquer acréscimos, devo elaborar estudos à parte. Comecei a executar essa tarefa escrevendo vários ensaios, alguns dos quais analisam mais minuciosamente certas posições filosóficas e econômicas em que este livro mal toca[11].

---

11 HAYEK, F. A. *Individualism and Economic Order*. Chicago: University of Chicago Press, 1948.

Sobre as origens das ideias aqui criticadas, em especial, e suas relações com alguns dos movimentos intelectuais mais poderosos e marcantes de nossos tempos, teci comentários em outro estudo[12]. Em breve, espero complementar o sumaríssimo capítulo central deste livro com uma análise mais extensa das relações entre igualdade e justiça[13].

Há, porém, um tópico sobre o qual o leitor com razão esperaria um comentário meu neste prólogo, que, mais do que qualquer outro, pediria uma nova obra. Pouco mais de um ano após a primeira edição de *O Caminho da Servidão*, assumiu o poder na Inglaterra um governo socialista, que durou seis anos. Devo responder, pelo menos brevemente, à pergunta sobre se essa experiência confirmou ou desmentiu minhas apreensões. Em todo caso, ela deu um novo alcance à minha argumentação, e creio poder acrescentar que revelou a muitos, aos quais raciocínios abstratos nunca teriam convencido, serem reais as dificuldades por mim apontadas. Com efeito, não muito depois da ascensão do governo trabalhista, numerosas questões postas de lado por meus críticos norte-americanos, como sendo produto de simples fantasia, tornaram-se temas centrais de debates políticos na Inglaterra. Em pouco tempo, até mesmo documentos oficiais estavam analisando com atenção o perigo do totalitarismo criado pela política de planejamento econômico. Nada ilustra melhor a maneira pela qual a lógica inerente à política socialista levou, involuntariamente, aquele governo a um tipo de coerção que lhe causava desagrado do que a passagem seguinte do *Economic Survey for 1947* (que o primeiro-ministro apresentou ao parlamento em fevereiro daquele ano) e os acontecimentos vindos depois.

> Há uma diferença essencial entre o planejamento totalitário e o democrático. O primeiro subordina todos os desejos e todas as preferências individuais às exigências do Estado. Com esse objetivo, emprega vários métodos de coerção sobre o indivíduo, privando-o da liberdade de escolha. Tais métodos podem ser necessários mesmo numa democracia, na situação extremamente crítica de uma grande guerra. Por isso, o povo britânico conferiu ao governo, durante a guerra, poderes especiais para intervir no setor trabalhista. Mas

---

[12] HAYEK, F. A. *The Counter Revolution of Science: Studies on the Abuse of Reason*. Glencoe: The Free Press, 1952.
[13] Um esboço antecipado do modo pelo qual pretendo tratar esse assunto encontra-se em quatro conferências minhas publicadas pelo Banco Nacional do Egito em: HAYEK, F. A. *The Political Ideal of the Rule of Law*. Cairo: National Bank of Egypt, 1955.

em tempos normais o povo de um país democrático não transferirá para o governo sua liberdade de escolha.

Um governo democrático deve, portanto, conduzir o planejamento econômico de modo a preservar ao máximo a liberdade de escolha de cada cidadão.

O ponto interessante dessa profissão de boas intenções é que, seis meses mais tarde, o mesmo governo viu-se, em plena paz, obrigado a fazer votar leis autorizando-o a intervir no campo trabalhista. A importância disso não diminui, como querem alguns, pelo fato de esses poderes nunca terem sido empregados. Isso porque, quando se sabe que as autoridades podem usar a coação, poucos esperam seu emprego efetivo. Mas é difícil compreender como pôde o governo insistir em tais ilusões, se o mesmo documento proclama que lhe caberia então *"declarar qual o melhor uso dos recursos, tendo em vista o interesse nacional"* e *"estipular qual o dever da nação em matéria econômica: determinar o que é mais importante e quais serão os objetivos políticos"*.

Evidentemente, seis anos de governo socialista na Inglaterra nada produziram que se assemelhasse a um Estado totalitário. No entanto, os que alegam que isso desmentiu a tese de *O Caminho da Servidão*, na realidade, deixaram escapar uma das afirmações fundamentais do livro: a mais importante transformação que um controle governamental amplo produz é de ordem psicológica. É uma alteração no caráter do povo. Isso constitui um processo necessariamente lento, que se estende não apenas por alguns anos, mas talvez por uma ou duas gerações. O importante é notar que os ideais políticos de um povo e sua atitude em face da autoridade tanto são efeitos quanto causas das instituições políticas sob as quais ele vive. O que significa, entre outras coisas, que mesmo uma vigorosa tradição de liberdade política não constitui garantia suficiente, quando o perigo consiste precisamente em novas instituições e novas orientações políticas que ameaçam corroer e destruir pouco a pouco aquele espírito. Sem dúvida, as consequências poderão ser evitadas se o mesmo espírito se reafirmar a tempo, e se o povo não apenas puser abaixo o partido que o vinha conduzindo para cada vez mais longe do caminho perigoso, mas também reconhecer a natureza da ameaça e mudar resolutamente de orientação. Não há ainda muitas razões para pensar que isso se deu na Inglaterra.

Mesmo assim, saltam aos olhos as mudanças por que passou o caráter do povo britânico, não apenas durante o governo trabalhista, mas ao longo do período muito maior em que gozou das bênçãos de um Estado previdenciário paternalista. Essas mudanças não podem ser demonstradas com facilidade, mas são sentidas com clareza por quem mora no país. A título de ilustração, citarei algumas passagens significativas de uma pesquisa sociológica sobre o impacto causado nas atitudes mentais dos jovens pelo excesso de regulamentação. A pesquisa refere-se à situação anterior à subida do governo trabalhista ao poder, por volta da época em que este livro foi publicado pela primeira vez, e examina, sobretudo, os efeitos das regulamentações do tempo da guerra, as quais o governo trabalhista tornou permanentes.

> É especialmente na cidade que a esfera de escolhas livres tende a desaparecer. Na escola, no local de trabalho, no vaivém do dia a dia, mesmo no arranjo e no suprimento do próprio lar, muitas das atividades em geral facultadas aos homens são quer proibidas, quer impostas. Escritórios especiais, denominados Agências para Orientação dos Cidadãos, são criados para guiar o povo desnorteado através do matagal de regras e para indicar aos obstinados as raras clareiras em que um indivíduo ainda pode fazer escolhas... [O rapaz da cidade] está condicionado a não levantar um dedo sem antes se reportar mentalmente a algum regulamento. O programa de um jovem comum da cidade para um dia comum de trabalho mostra que ele passa grandes períodos das horas em que está acordado movimentando-se de forma predeterminada por diretrizes de cuja elaboração não participou, cuja finalidade precisa raramente entender, e cujo acerto não pode julgar... A inferência de que um jovem da cidade necessita de mais disciplina e de um controle mais estrito é excessivamente apressada. Seria mais certo dizer que ele já sofre de uma dose exagerada de controles... Olhando para seus pais e irmãos ou irmãs mais velhos, descobre que também eles estão presos a regulamentos. Ele os vê tão aclimatados a essa situação, que raramente planejam e realizam por conta própria qualquer excursão ou iniciativa social. Assim, não vislumbra um período futuro em que um vigoroso espírito de responsabilidade lhe possa ser útil ou ter utilidade para outros... [Os jovens] são obrigados a engolir tantos controles externos sem sentido a seus olhos que procuram a fuga e a compensação numa ausência de disciplina tão completa quanto possível[14].

---

14 BARNES, L. J. *Youth Service in an English Country: A Report Prepared for King George's Jubilee Trust*. London, 1945.

Haverá excesso de pessimismo em recear que uma geração criada sob tais condições não rompa os grilhões aos quais se habituou? Creio, pelo contrário, que essa descrição antes confirma plenamente o que Alexis de Tocqueville (1805-1859) previu sobre um "novo tipo de servidão", que apareceria quando,

> [...] depois de ter subjugado sucessivamente cada membro da sociedade, modelando-lhe o espírito segundo sua vontade, o Estado estende então seus braços sobre toda a comunidade. Cobre o corpo social com uma rede de pequenas regras complicadas, minuciosas e uniformes, rede que as mentes mais originais e os caracteres mais fortes não conseguem penetrar para elevar-se acima da multidão. A vontade do homem não é destruída, mas amolecida, dobrada e guiada; ele raramente é obrigado a agir, mas é, com frequência, proibido de agir. Tal poder não destrói a existência, mas a torna impossível; não tiraniza, mas comprime, enerva, sufoca e entorpece um povo, até que cada nação seja reduzida a nada mais que um rebanho de tímidos animais industriais, cujo pastor é o governo. Sempre pensei que uma servidão metódica, pacata e suave, como a que acabo de descrever, pode ser combinada, com mais facilidade do que em geral se pensa, com alguma forma aparente de liberdade, e que poderia mesmo estabelecer-se sob as asas da soberania popular[15].

O que Tocqueville não considerou foi por quanto tempo tal governo permaneceria nas mãos de déspotas benevolentes, quando seria tão mais fácil para qualquer grupo de rufiões conservar-se indefinidamente no poder, desprezando todo o decoro tradicional da vida política. Talvez eu deva também recordar ao leitor que nunca acusei os partidos socialistas de visarem deliberadamente a um regime totalitário ou sequer suspeitei de que os líderes dos velhos movimentos socialistas jamais mostrassem tais inclinações. O que afirmei neste livro[16], e o que a experiência inglesa me vem tornando cada vez mais evidente, é que as consequências imprevistas mais inevitáveis da planificação socialista criam um estado de coisas no qual, persistindo a mesma orientação, as forças totalitárias acabarão dominando. Saliento explicitamente que o socialismo só pode ser posto em prática mediante a utilização de métodos

---

15 TOCQUEVILLE, Alexis de. *Democracy in America*. Parte II, livro IV, *capítulo VI*.
16 Seria necessário ler todo este capítulo para dar-se conta da perspicácia com que Tocqueville conseguiu prognosticar os efeitos psicológicos do moderno Estado previdenciário. Diga-se de passagem, foram suas frequentes referências à "nova servidão" que me sugeriram o título deste livro.

que a maior parte dos socialistas desaprova. Acrescento, ainda, que nisso os velhos partidos socialistas eram inibidos por seus ideais democráticos e não tinham a rudeza necessária para realizar a tarefa escolhida por eles. Temo que a impressão deixada pelo governo trabalhista seja de que tais inibições são, afinal de contas, menores entre os socialistas britânicos do que o foram entre seus companheiros socialistas da Alemanha 25 anos antes. Sem dúvida, os sociais-democratas alemães, na década de 1920, sob condições econômicas iguais ou mais difíceis, nunca chegaram tão perto do planejamento totalitário como o governo trabalhista britânico.

Como não posso aqui examinar em detalhes os efeitos dessas orientações políticas, citarei de modo conciso a opinião de outros observadores, menos suspeitos do que eu. Algumas das condenações mais enérgicas, na realidade, vêm de homens que pouco antes haviam sido membros do Partido Trabalhista. Assim, Ivor Thomas (1905-1993), em obra aparentemente destinada a explicar por que deixou o partido, chega à conclusão que,

> [...] sob o ponto de vista das liberdades humanas fundamentais, há pouca escolha entre comunismo, socialismo e nacional-socialismo. Todos eles são exemplos do Estado coletivista ou totalitário. Na sua essência, socialismo pleno não é apenas o mesmo que comunismo, mas dificilmente se diferencia do fascismo[17].

O mais grave dessa evolução é o crescimento da coerção administrativa arbitrária e a progressiva destruição do Estado de Direito, fundamento da liberdade britânica, e isso pelas exatas razões aqui analisadas no capítulo VI (A Planificação e o Estado de Direito). Evidentemente, tal processo iniciara-se muito antes da ascensão do último governo trabalhista e havia sido acentuado pela guerra. Contudo, as experiências de planejamento econômico sob o governo trabalhista levaram essa evolução a tal ponto que se tornou hoje duvidoso se se pode dizer que o Estado de Direito ainda prevalece na Inglaterra. O "novo despotismo" sobre o qual um ministro da Suprema Corte de Justiça advertiu a Inglaterra há 25 anos é, como *The Economist* observou recentemente, não mais um simples perigo, mas um fato concreto[18]. Trata-se de um despotismo exercido por uma burocracia conscienciosa e honesta, em

---

17 THOMAS, Ivor. *The Socialist Tragedy*. London: Latimer House, 1949. p. 241-242.
18 Em artigo publicado no número de 19 de junho de 1954, no qual se analisa o *Report on the Public Inquiry Ordered by the Minister of Agriculture into the Disposal of Land at Crichel Down* (Cmd. 9176, Londres: H. M.

prol daquilo que ela sinceramente acredita ser o bem do país. Mas, apesar disso, o governo é arbitrário, e, na prática, não está sujeito a um efetivo controle parlamentar. Sua máquina poderia ser eficaz para outros fins, que não os de ordem beneficente para os quais é agora usada. Duvido de que tenha ocorrido muito exagero quando, há pouco tempo, um eminente jurista britânico, em cuidadosa análise dessas tendências, chegou à conclusão de que,

> [...] na Inglaterra de hoje, vivemos à beira da ditadura. A transição seria fácil e rápida, podendo ser realizada em plena legalidade. Se considerarmos os poderes incomensuráveis de que goza o atual governo, bem como a ausência de qualquer fiscalização eficaz como seria uma constituição escrita ou uma segunda câmara realmente ativa, veremos que já foram dados tantos passos em direção à ditadura que os que ainda faltam são relativamente pequenos[19].

Para uma análise mais minuciosa da política econômica do governo trabalhista inglês e de suas consequências, nada posso fazer de melhor do que remeter o leitor à obra *Ordeal by Planning* [*Provação por Planejamento*][20], do professor John Jewkes (1902-1988). É o estudo mais bem feito que conheço sobre um exemplo concreto dos fenômenos que analisei aqui em termos genéricos. Ele complementa este livro melhor do que tudo quanto eu pudesse acrescentar. É uma lição cuja importância vai muito além da Grã-Bretanha.

Parece agora improvável que, mesmo se outro governo trabalhista vier a subir ao poder na Inglaterra, ele retome as experiências de nacionalização e planejamento em larga escala. Mas em tal país, como em todo o mundo, a derrota sofrida pelo violento ataque do socialismo sistemático apenas tem dado, aos que desejam ardentemente a preservação da liberdade, uma pausa para respirar. Durante esta, devemos reexaminar nossas ambições e desfazer-nos de todos os elementos da herança socialista que representam um perigo para a sociedade livre. Sem semelhante revisão de nossos objetivos sociais, é provável que continuemos a ser arrastados na mesma direção para a qual um socialismo completo apenas nos teria conduzido um pouco mais rapidamente.

F. A. Hayek

Stationery Office, 1954). O artigo merece estudo cuidadoso por parte de todos os que se interessam pela psicologia de uma burocracia planificadora.
19 KEETON, G. W. *The Passing of Parliament*. London: Ernest Benn, 1952.
20 JEWKES, John. *Ordeal by Planning*. London: Macmillan, 1948.

PREFÁCIO DE 1976

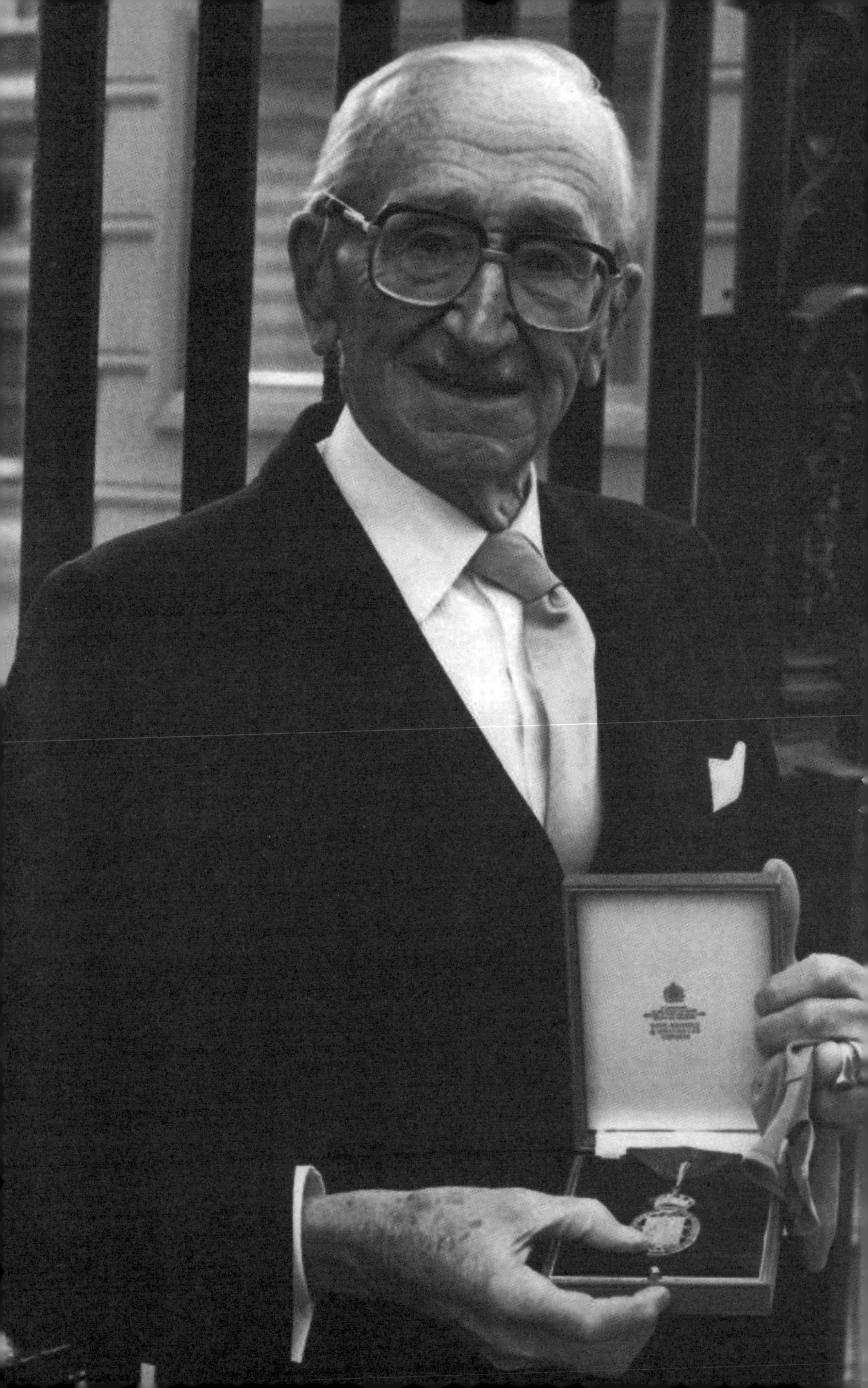

PREFÁCIO DO AUTOR À EDIÇÃO INGLESA DE 1976

Este livro, escrito nas horas vagas entre 1940 e 1943, enquanto minha mente ainda tinha por ocupação fundamental problemas de teoria econômica pura, tornou-se para mim, como era de se esperar, o ponto de partida de mais de trinta anos de trabalho num novo campo. Esta primeira experiência numa nova direção foi motivada pelo desgosto que me causava a interpretação totalmente errônea dada pelos círculos "progressistas" ingleses ao caráter do movimento nazista, o que me levou de um memorando ao então diretor da London School of Economics (LSE), *Sir* William Beveridge (1879-1963), a um artigo publicado na *Contemporary Review* em 1938. A pedido do professor H. D. Gideonse (1901-1985), da Universidade de Chicago, ampliei o artigo para que fosse publicado em seus *Public Policy Pamphlets*. Por fim, tendo em vista as circunstâncias, ao constatar que todos os meus colegas britânicos mais competentes estavam preocupados com os problemas mais prementes da condução da guerra, expandi-o relutantemente na forma deste pequeno tratado. A despeito do sucesso de todo inesperado do livro – no caso da edição norte-americana, não cogitava de início, ainda mais do que no da britânica – senti-me por muito tempo um tanto insatisfeito com ele. Embora tivesse declarado com franqueza em seu início que se tratava de uma obra política, fui levado, pela maioria de meus colegas cientistas sociais, a considerar que aplicara minha capacidade no campo errado. Sentia-me temeroso de que, indo além da economia técnica, pudesse ter excedido minha competência. Não falarei aqui da fúria que a obra despertou em certos meios, ou da curiosa diferença entre sua acolhida na Grã-Bretanha e nos Estados Unidos – que comentei ligeiramente, vinte anos atrás, no prefácio à primeira edição norte-americana em brochura. Apenas para indicar o caráter da reação generalizada, mencionarei que um filósofo muito conhecido, cujo nome não irei citar, escreveu a outro para censurá-lo por haver elogiado este escandaloso livro que, "é claro, (ele) não lerá".

Mas, embora tenha feito um grande esforço no sentido de retornar à economia propriamente dita, não fui capaz de libertar-me da sensação de que os problemas em que tão impremeditadamente embarcara eram mais desafiadores e importantes que os da teoria econômica, e de que muito do que dissera em meu primeiro esboço carecia de clarificação e aperfeiçoamento. Quando o escrevi, também não me tinha, de modo algum, libertado o suficiente de todos os preconceitos e superstições que dominavam a opinião geral, e menos ainda aprendera a evitar todas as confusões prevalecentes de termos e conceitos de que me tornei, a partir de então, muito cônscio. E a análise das consequências das políticas socialistas que o livro tenta fazer é, sem dúvida, incompleta, se não se faz acompanhar da necessária explanação sobre o que uma ordem de mercado adequadamente orientada exige e pode alcançar. Foi sobretudo a esse último problema que dediquei o trabalho que realizei a partir daí nesse campo.

O primeiro resultado desses esforços de explicação da natureza de uma ordem de liberdade foi um livro substancial, chamado *The Constitution of Liberty* [*Os Fundamentos da Liberdade*][21], de 1960, no qual tentei essencialmente expressar sob nova forma e tornar mais coerentes as doutrinas do liberalismo clássico do século XIX. A consciência de que a nova formulação deixara sem solução algumas questões relevantes levou-me, em seguida, a um esforço suplementar no sentido de apresentar minhas próprias respostas num trabalho em três volumes intitulado *Law, Legislation, and Liberty* [*Direito, Legislação e*

---

21 A obra foi lançada em português na seguinte edição: HAYEK, F. A. *Os Fundamentos da Liberdade*. Intr. Henry Maksoud; trad. Anna Maria Capovilla e José Ítalo Stelle. Brasília / São Paulo: Editora Universidade de Brasília / Visão, 1983. (N. E.)

Liberdade], cujo primeiro volume foi lançado em 1973; o segundo, em 1976 e o terceiro está em vias de ser concluído[22].

Nos últimos vinte anos em que permaneci empenhado nessas tarefas, acredito ter aprendido muito sobre os problemas analisados no presente livro que, segundo me parece, jamais reli durante esse tempo. Com vistas a este prefácio, não mais me sinto no dever de me desculpar; ao contrário: pela primeira vez, estou bastante orgulhoso dele – e não menos da intuição que me levou a dedicá-lo "aos socialistas de todos os partidos". De fato, embora eu tenha aprendido nesse intervalo muita coisa que não sabia quando o escrevi, surpreendeu-me muitas vezes nessa releitura o quanto já havia percebido no início e que meu trabalho posterior confirmou. E embora, espero, minhas obras posteriores venham a ser mais gratificantes ao especialista, estou agora pronto a recomendar, sem hesitação, este primeiro livro ao leitor comum, desejoso de uma introdução simples e não técnica ao que acredito ser ainda uma das questões mais ameaçadoras que teremos de resolver.

O leitor, provavelmente, perguntará se isso significa que ainda estou disposto a defender todas as principais conclusões desta obra: e a resposta é, em linhas gerais, afirmativa. A mais importante ressalva que tenho a acrescentar deve-se à circunstância de que, nesse meio tempo, a terminologia modificou-se e, por essa razão, o que digo no livro pode dar margem a falsas interpretações. Quando o escrevi, socialismo significava, inequivocamente, a estatização dos meios de produção e o planejamento econômico central que ela tornava possível e necessário. Nesse sentido, por exemplo, a Suécia está hoje muito mais distante do socialismo em matéria da organização que a Grã-Bretanha e a Áustria. No entanto a Suécia seja tida, em geral, como bem mais socializada. Isso se deve ao fato de que socialismo passou a significar, sobretudo, a redistribuição extensiva da renda por meio da tributação e das instituições do Estado previdenciário (*Welfare State*). Na última acepção do termo, os efeitos que analiso neste livro se produzem muito mais lenta, indireta e imperfeitamente. Acredito que o resultado tenda a ser quase o mesmo, ainda que os processos pelos quais seja produzido não coincidam de todo com o que se descreve no livro.

---

22 O terceiro volume da obra foi publicado em 1979 com o título *The Political Order of a Free People* [*A Ordem Política de um Povo Livre*]. Os títulos dos primeiro e segundo volumes são, respectivamente, *Rules and Order* [*Normas e Ordem*] e *The Mirage of Social Justice* [*A Miragem da Justiça Social*]. Em língua portuguesa a trilogia foi fançada na seguinte edição: HAYEK, F. A. *Direito, Legislação e Liberdade: Uma Nova Formulação dos Princípios Liberais de Justiça e Economia Política*. Apres. Henry Maksoud; trad. Anna Maria Capovilla, José Ítalo Stelle, Manuel Paulo Ferreira e Maria Luiza X. de A. Borges. São Paulo: Visão, 1985. 3v. (N. E.)

Afirmou-se com frequência que eu sustentara que qualquer movimento na direção do socialismo levaria forçosamente ao totalitarismo. Conquanto o perigo exista, não é isso o que o livro diz. O que ele contém é a advertência de que, a menos que retifiquemos os princípios de nossa política de governo, advirão algumas consequências bastante desagradáveis, que a maioria dos defensores dessa política não deseja.

Os pontos que hoje considero falhos neste livro são, sobretudo, a pouca ênfase que dei à relevância da experiência do comunismo na Rússia – falha talvez perdoável quando lembramos que, quando o escrevi, a Rússia era nossa aliada na guerra – e o fato de não me ter libertado inteiramente de todas as superstições intervencionistas então em voga, o que me levou a fazer várias concessões, as quais hoje reputo injustificadas. E, sem dúvida, não tinha ainda plena consciência de como as coisas iam mal em certos aspectos. Ainda pensava estar formulando uma pergunta retórica quando indagava, por exemplo, se Adolf Hitler (1889-1945) obtivera seus poderes ilimitados de maneira estritamente constitucional – "quem sugeriria que o Estado de Direito ainda prevalecia na Alemanha?" –, só para descobrir mais tarde que os professores Hans Kelsen (1881-1973) e Harold J. Laski (1893-1950), e é provável que muitos outros juristas e cientistas políticos socialistas, seguidores desses influentes autores, haviam justamente afirmado isso. De maneira bastante generalizada, novos estudos das tendências do pensamento e das instituições contemporâneas levaram-me, na realidade, a ficar mais alarmado e preocupado. E tanto a influência das ideias socialistas quanto a crença ingênua nas boas intenções dos detentores do poder totalitário cresceram acentuadamente desde que escrevi este livro.

Por muito tempo, ressenti-me de ser mais conhecido pelo que considerava um panfleto de ocasião que por meu trabalho estritamente científico. Depois de reexaminar o que escrevi naquela época, à luz de cerca de trinta anos de estudos mais aprofundados sobre os problemas que então levantei, já não me sinto assim. Embora o livro possa conter muitas afirmações que, quando o escrevi, não tinha condições de demonstrar de forma convincente, constituiu um esforço genuíno para encontrar a verdade e deu lugar a descobertas que ajudarão mesmo àqueles que discordam de mim a evitar graves perigos.

F. A. Hayek

INTRODUÇÃO

INTRODUÇÃO

"Poucas descobertas são mais irritantes do que as que revelam a origem das ideias".

– Lord Acton (1834-1902)

Os acontecimentos contemporâneos diferem dos históricos porque desconhecemos os resultados que irão produzir. Olhando para trás, podemos avaliar a significação dos fatos passados e acompanhar as consequências que tiveram. Mas, enquanto a história se desenrola, ainda não é história para nós. Ela nos conduz a um terreno desconhecido e só de quando em quando podemos vislumbrar o que está à nossa frente. Tudo seria bem diverso se nos fosse dado reviver os mesmos fatos com o pleno conhecimento do que tivéssemos visto antes. Quão diferentes as coisas nos pareceriam, quão importantes e até mesmo alarmantes se nos afigurariam mudanças que agora mal notamos. Talvez seja uma felicidade para o homem o fato de que ele jamais poderá ter semelhante experiência e de que ignore quaisquer leis a que a história deva obedecer.

Contudo, embora a história nunca se repita em condições idênticas, e exatamente porque seu desenrolar nunca é inevitável, podemos, de certo modo, aprender do passado a evitar a repetição de um mesmo processo. Não é preciso ser profeta para dar-se conta de perigos iminentes. Uma combinação acidental de vivência e interesse muitas vezes revelará a um homem certos aspectos dos acontecimentos que poucos terão visto.

As páginas que se seguem são o resultado de uma experiência que se aproxima tanto quanto possível dessa oportunidade de vivermos duas vezes o mesmo período histórico – ou, pelo menos, de observarmos duas vezes uma evolução de ideias muito semelhante. Enquanto tal experiência tem pouca probabilidade de ser obtida em apenas um país, pode-se vir a adquiri-la, sob certas circunstâncias, vivendo alternadamente e por longos períodos em países diferentes. Embora as influências sofridas pela tendência do pensamento, na maioria das nações civilizadas, sejam em grande parte semelhantes, elas não operam ao mesmo tempo nem com a mesma rapidez. Dessa maneira, indo de um país para outro, é possível observar duas vezes fases análogas de um processo intelectual. Os sentidos, em tais circunstâncias, adquirem uma agudeza especial. Quando ouvimos serem expressas pela segunda vez as opiniões de vinte ou vinte e cinco anos atrás, ou reclamadas as mesmas medidas, tais opiniões e medidas adquirem um novo sentido como sintomas de uma tendência definida. Elas sugerem, se não a necessidade, pelo menos a probabilidade de que o rumo dos acontecimentos será semelhante. Faz-se hoje necessário declarar esta verdade amarga: é o destino da Alemanha que estamos em perigo de seguir. Reconheço que esse perigo não é imediato, pois as condições na Inglaterra ainda estão de tal modo distantes daquelas que em anos recentes ocorreram na Alemanha, que se torna difícil acreditar estarmos marchando na mesma direção. Contudo, embora a estrada seja longa, trata-se de uma estrada na qual, à medida que se avança, é mais difícil voltar atrás. Se, a longo prazo, somos os criadores do nosso destino, de imediato somos escravos das ideias que criamos.

Somente reconhecendo o perigo a tempo poderemos ter esperança de evitá-lo. Não é com a Alemanha de Adolf Hitler (1889-1945), a Alemanha da presente guerra, que a Inglaterra já apresenta semelhanças. Mas os que estudam as correntes de ideias dificilmente deixarão de observar que há mais do que uma semelhança superficial entre o rumo do pensamento na Alemanha durante e após a Primeira Guerra Mundial e o atual rumo das ideias neste país. Nele, por certo, existe agora o mesmo propósito de que a organização introduzida no país para fins defensivos seja mantida para objetivos produtivos. Há o mesmo desprezo pelo liberalismo do século XIX, o mesmo e espúrio "realismo" e até cinismo, a mesma aceitação fatalista de "tendências inevitáveis". E, pelo menos nove em cada dez lições que nossos reformadores mais vociferantes tão ansiosamente desejam que aprendamos com tal guerra, são as mesmas que os alemães aprenderam com a última guerra e que muito contribuíram para produzir o regime nazista. Nas páginas deste livro, teremos a oportunidade de mostrar que há ainda numerosos outros pontos em que, com um intervalo de quinze a vinte e cinco anos, parecemos seguir o exemplo da Alemanha. Embora não nos agrade lembrar o fato, não faz muitos anos que a política socialista daquele país costumava ser considerada pelos progressistas como um exemplo a se seguir, assim como, em anos mais recentes, a Suécia foi o modelo para o qual se voltavam os olhos progressistas. Todos aqueles cuja memória vai mais longe sabem quão profundamente, durante pelo menos uma geração, antes da última guerra, o pensamento e a prática dos alemães influenciaram os ideais e a política na Inglaterra.

Passei cerca de metade da minha vida de adulto na Áustria, onde nasci, sempre em estreito contato com a vida intelectual alemã, e a outra metade, nos Estados Unidos e na Inglaterra. Nos últimos doze anos, durante os quais este país tornou-se para mim um lar, fui-me convencendo sempre mais e mais de que, no mínimo, algumas das forças que destruíram a liberdade na Alemanha também estão em atividade aqui na Inglaterra. E de que o caráter e a origem desse perigo são, se possível, ainda menos compreendidos aqui do que o foram na Alemanha. A suprema tragédia, ainda não percebida, está em que, na Alemanha, foram em grande parte pessoas de boa vontade, homens que eram admirados e tidos como exemplos nos países democráticos, os que prepararam o caminho para as forças que agora representam tudo o que detestam – se é que eles mesmos não as criaram. Contudo, nossa possibilidade de evitar um destino semelhante depende de encararmos o perigo e de estarmos dispostos a revisar mesmo nossas mais caras esperanças e ambições no caso de estas se revelarem a fonte desse perigo. Ainda são bem escassos os sinais de que tenhamos a coragem intelectual para reconhecer perante nós mesmos a possibilidade de termos errado.

Poucos estão prontos a admitir que a ascensão do nazismo e do fascismo não foi uma reação contra as tendências socialistas do período precedente, mas o resultado necessário dessas mesmas tendências. Esta é uma verdade que a maioria das pessoas reluta em aceitar, mesmo quando as semelhanças entre muitos aspectos detestáveis dos regimes internos da Rússia comunista e da Alemanha nacional-socialista são amplamente reconhecidas. Em consequência, muitos dos que se julgam infinitamente superiores às aberrações do nazismo e detestam, com sinceridade, todas as suas manifestações trabalham ao mesmo tempo em prol de ideais cuja realização levaria diretamente à tirania que odeiam.

Todos os paralelos entre a marcha dos acontecimentos em diferentes países são, sem dúvida, enganosos, mas meus argumentos não se baseiam apenas em tais paralelos. Tampouco afirmo que uma evolução nesse sentido seja inevitável. Se o fosse, não haveria razão para escrever estas páginas. Tal evolução pode ser evitada se as pessoas perceberem a tempo para onde as levarão seus esforços. Mas até época recente havia pouca esperança de que fosse bem-sucedida qualquer tentativa para lhes fazer ver esse perigo. Parece, todavia, que agora a ocasião é propícia a uma discussão mais completa de todo o assunto. Não há apenas o fato de que a existência do problema é agora admitida de modo mais amplo. Há também razões especiais que, nesta conjuntura, tornam imperativo considerar de frente tais questões.

Talvez se diga não ser este o momento para se debater um ponto sobre o qual as opiniões conflitam violentamente. No entanto o socialismo de que falamos não é um assunto partidário, e as questões aqui discutidas pouco têm a ver com as questões em disputa entre partidos políticos. Para nosso problema, pouco importa o fato de alguns grupos desejarem menor grau de socialismo do que outros, de que estes queiram o socialismo em função do interesse de um grupo e aqueles, no interesse de outro. O importante é que, se considerarmos as pessoas cujas opiniões influem nos acontecimentos neste país, todas elas são, em certa medida, socialistas. Se já não está em voga acentuar que "agora todos somos socialistas", isso acontece apenas porque o fato é demasiado óbvio. Dificilmente haverá alguém que duvide de que devemos continuar caminhando para o socialismo, e muitos há que estão tentando desviar esse movimento no simples interesse de um grupo ou de uma classe em particular. É porque quase todos o desejam que estejamos marchando nessa direção. Não há nenhum fato objetivo que torne essa marcha inevitável. Mais tarde, teremos algo a dizer sobre a pretensa inevitabilidade da "planificação". A questão principal está em saber aonde esse movimento nos levará. Se as pessoas cujas convicções lhes emprestam agora um impulso irresistível começarem a ver o que apenas uns poucos já compreenderam, não será possível que recuem horrorizadas e abandonem o propósito em que durante meio século tanta gente de boa vontade se tem empenhado? Saber aonde nos levarão essas ideias comuns à nossa geração é problema não para um partido, mas para cada um de nós – e da mais importante significação. Poderíamos imaginar maior tragédia do que, no esforço de modelar conscientemente nosso futuro de acordo com elevados ideais, estarmos de fato e involuntariamente produzindo o oposto daquilo por que vimos lutando?

Há, porém, um motivo bem mais premente para que procuremos compreender a sério, neste momento, as forças que criaram o nacional-socialismo: o fato de que isso nos capacitará a entender nosso inimigo e o que está em jogo entre nós. Não se pode negar que ainda são pouco conhecidos os ideais positivos pelos quais estamos lutando. Sabemos que lutamos pela liberdade de conduzir nossa vida de acordo com nossas próprias ideias. Isso é muito, mas não é o bastante.

Não é o suficiente para nos dar a firme convicção de que necessitamos a fim de resistir a um inimigo que usa a propaganda como uma de suas armas principais, e não apenas do modo mais ruidoso, mas também nas suas formas mais sutis. É ainda mais insuficiente quando temos de enfrentar essa propaganda não só nos países sob o controle do inimigo, mas em outras regiões, onde seus efeitos não desaparecerão com a derrota das potências do Eixo.

Não é o bastante se precisarmos demonstrar aos outros que aquilo por que lutamos é digno de seu apoio, e tampouco basta para nos guiar na construção de uma nova Europa a salvo dos perigos diante dos quais o Velho Mundo sucumbiu. É lamentável que os ingleses, ao tratarem com os ditadores antes do conflito, não menos que em suas tentativas de propaganda e na discussão dos alvos de guerra, tenham mostrado uma íntima insegurança e incerteza quanto a objetivos que só podem ser explicados pela confusão acerca dos próprios ideais e da natureza das diferenças que os separam do inimigo. Fomos enganados, tanto por nos termos recusado a acreditar que o inimigo era sincero ao esposar algumas crenças das quais compartilhamos quanto por termos acreditado na sinceridade de algumas de suas outras alegações. Não se enganaram, tanto os partidos da esquerda quanto os da direita, ao acreditarem que o partido nacional-socialista estava a serviço dos capitalistas e contra todas as formas de socialismo? Quantos aspectos do sistema de Hitler não nos foram apontados como exemplo pelos círculos mais inesperados, sem que se notasse que eles eram parte desse sistema e incompatíveis com a sociedade livre que esperamos preservar? É impressionante o número de erros perigosos que cometemos antes e depois do início da guerra por não entendermos nosso adversário. Chega-se a ter a impressão de que não desejamos compreender a sequência dos fatos que produziram o totalitarismo porque tal compreensão poderia destruir algumas das mais caras ilusões a que nos apegamos.

Nunca seremos bem-sucedidos ao tratarmos com os alemães se não compreendermos o caráter e a evolução das ideias que agora os governam. A teoria, mais uma vez apresentada, de que eles são pervertidos por natureza é dificilmente defensável e não dignifica os que a sustentam. Essa teoria desonra a longa série de pensadores ingleses que, durante os últimos cem anos de bom grado, se tem apropriado do que há de melhor – e não apenas do melhor – no pensamento alemão. Negligencia o fato de que John Stuart Mill (1806-1873), quando escreveu há oitenta anos seu grande ensaio *On Liberty* [*Da Liberdade*], de 1859, inspirou-se, mais do que em quaisquer outros homens, em dois alemães – Johann Wolfgang von Goethe (1749-1832) e Wilhelm von Humboldt (1767-1835)[23] – esquecendo, ainda, que dois entre os mais influentes antepassados intelectuais do nacional-socialismo – Thomas Carlyle (1795-1881) e Houston Stewart Chamberlain (1855-1927) – foram um escocês e outro inglês. Em suas formas mais cruas, esse ponto de vista é uma desgraça para aqueles que, mantendo-o, adotam as teorias raciais alemãs em seus piores aspectos.

O problema não está em saber por que os alemães, como tais, são pervertidos, pois não é congenitamente provável que o sejam mais do que qualquer outro povo, mas em determinar as circunstâncias que, durante os últimos setenta anos, possibilitaram o desenvolvimento progressivo e a vitória final de um determinado conjunto de ideias, e em verificar por que motivo essa vitória acabou erguendo às primeiras posições os elementos mais viciosos entre eles. O simples ódio a tudo o que for alemão e não a determinadas ideias é, ademais, bastante perigoso, pois os que a ele se entregam mostram-se cegos diante de uma ameaça real. É de temer que semelhante atitude seja, muitas vezes, uma simples forma de evasão, causada pela relutância em reconhecer tendências que não estão circunscritas à Alemanha, e pela pouca disposição de reexaminar, alijando-as, se necessário, convicções que fomos tomar dos alemães e com as quais estamos tão iludidos quanto os próprios alemães já o estiveram. Tal fato é ainda mais perigoso porque o argumento de que apenas a maldade peculiar aos alemães produziu o sistema nazista provavelmente se tornará uma justificativa para compelir-nos a aceitar as próprias instituições que engendraram essa maldade.

---

23 Como algumas pessoas poderão achar exagerada esta afirmativa, talvez valha a pena mencionar o testemunho de *Lord* John Morley (1838-1923) que, em suas *Recollections* [*Recordações*], de 1917, se refere ao *"fato reconhecido"* de que o argumento básico do ensaio *On Liberty*, de John Stuart Mill, *"não era original, mas provindo da Alemanha"*.

A interpretação do que se passou na Alemanha e na Itália, a ser apresentada neste livro, é muito diversa da que foi dada pela maioria dos observadores estrangeiros e pela maior parte dos exilados daqueles países. No entanto, se tal interpretação for correta, ela também explicará por que uma visão desses acontecimentos em sua perspectiva exata é quase impossível para as pessoas que – como a maioria dos exilados e dos correspondentes estrangeiros de jornais norte-americanos e ingleses – adotam os pontos de vista socialistas ora predominantes[24].

Muitos aceitam a opinião enganosa e superficial de que o nacional-socialismo é meramente uma reação fomentada por aqueles cujos interesses ou privilégios estavam ameaçados pelo avanço do socialismo. Esse ponto de vista foi naturalmente defendido por todos os que, embora em certa ocasião, tivessem participado do movimento ideológico que levou ao nacional-socialismo, detiveram-se a certa altura desse processo e, devido ao conflito com os nazistas que semelhante atitude provocou, viram-se forçados a abandonar seu país. No entanto o fato de que essas pessoas eram numericamente a única oposição ponderável aos nazistas não significa senão que, em sentido amplo, quase todos os alemães se haviam convertido em socialistas e que o liberalismo, no velho sentido, fora alijado pelo socialismo. Conforme esperamos demonstrar, o conflito existente na Alemanha entre a "direita" nacional-socialista e a "esquerda" é o tipo de embate sempre verificado entre facções socialistas rivais. Se esta interpretação for correta, significará, todavia, que muitos dos refugiados socialistas, ao aferrarem-se às suas ideias, estão atualmente, embora com a melhor boa vontade do mundo, cooperando para induzir seu país adotivo a seguir o caminho tomado pela Alemanha.

Sei que muitos de meus amigos ingleses se sentiram, algumas vezes, chocados pelas ideias semifascistas ocasionalmente expressas por refugiados alemães de cujas genuínas convicções socialistas não se podia duvidar. Mas, enquanto esses observadores ingleses atribuíam tais ideias ao fato de que os outros eram alemães, a verdadeira explicação é que eles eram socialistas cuja

---

[24] A concepção que vigora quase universalmente nos Estados Unidos acerca das relações entre a Grã-Bretanha e a Índia ilustra bem até que ponto as ideias sustentadas em todos os setores, mesmo nos mais conservadores, de um país inteiro podem ser influenciadas pela tendência esquerdista predominante entre seus correspondentes estrangeiros. O inglês que deseja ter uma visão correta dos acontecimentos no continente europeu deve considerar seriamente a possibilidade de seus pontos de vista terem sido distorcidos da mesma maneira, e pelas mesmas razões. Isso não depõe contra a sinceridade dos correspondentes norte-americanos e ingleses. Contudo, qualquer pessoa que conheça os círculos nativos com os quais os correspondentes estrangeiros mantêm em geral estreito contato não terá dificuldade em entender a origem daquela tendência.

experiência os havia levado muitos estágios além dos já atingidos pelos socialistas na Inglaterra e nos Estados Unidos. Sem dúvida, é verdade que os socialistas alemães encontraram grande apoio, em seu país, em certos aspectos da tradição prussiana; e o parentesco entre prussianismo e socialismo, do qual ambos os lados se glorificam na Alemanha, fortalece nosso principal argumento[25]. Mas seria um erro acreditar que foi o elemento especificamente alemão, e não o elemento socialista, que produziu o totalitarismo. Era, com efeito, a preponderância das ideias socialistas, e não o prussianismo, o que a Alemanha tinha em comum com a Itália e a Rússia – e foi das massas e não das classes imbuídas da tradição prussiana, com auxílio das massas, que surgiu o nacional-socialismo.

---

[25] É inegável que, de fato, existe certo parentesco entre o socialismo e a organização do Estado prussiano, feita conscientemente de cima para baixo como em nenhum outro país, o que, aliás, já era claramente reconhecido pelos antigos socialistas franceses. Muito antes de ter surgido o ideal de conduzir todo o Estado dentro dos mesmos princípios de direção de uma fábrica, ideal que viria inspirar o socialismo do século XIX, o poeta prussiano Novalis (1772-1801) já havia deplorado que *"nenhum outro Estado jamais foi administrado de modo tão semelhante a uma fábrica quanto a Prússia desde a morte de Frederico Guilherme"* (Ver: NOVALIS. *Glauben und Liebe, oder der König und die Königin*. 1798).

CAPÍTULO 1

- CAPÍTULO I -

O Caminho Abandonado

> *"A tese básica deste programa não é a de que o sistema de livre iniciativa fracassou em nossa época, mas a de que tal sistema ainda não foi posto em prática".*
> – Franklin Delano Roosevelt (1882-1945)

Quando o curso da civilização toma um rumo inesperado, ao invés do progresso contínuo que nos habituamos a esperar, vemo-nos ameaçados por males que associamos à barbárie do passado – naturalmente atribuímos a culpa a tudo, exceto a nós mesmos. Não temos todos nos esforçado ao máximo? Não têm muitos dos espíritos mais esclarecidos desenvolvido um trabalho incansável para tornar este mundo melhor? Não estiveram nossos esforços e esperanças voltados para maior liberdade, justiça e prosperidade? Se o resultado diverge tanto dos objetivos, se, ao invés de liberdade e prosperidade, servidão e miséria surgem-nos à frente, não se mostra óbvio que forças sinistras frustraram nossas intenções e somos vítimas de algum poder maligno que é preciso dominar antes de retomarmos o caminho para um mundo melhor? Por mais que possamos discordar quanto à causa dessa situação – o capitalista perverso ou o espírito malévolo desta ou daquela nação, a estupidez de nossos pais ou um sistema social que ainda não foi derrubado por completo, apesar de meio século de lutas – todos estamos certos de uma coisa, ou pelo menos estávamos, até recentemente: as ideias que ao longo da geração passada foram seguidas pela maioria dos homens de boa vontade e determinaram grandes mudanças em nossa vida social não podiam estar erradas. Estamos dispostos a aceitar quase todas as explicações para a presente crise de nossa civilização, exceto que ela resulte de um erro de nossa parte, e que a busca de alguns dos nossos mais caros ideais tenha produzido efeitos tão diferentes dos esperados.

Enquanto concentramos todas as nossas energias em vencer esta guerra, é-nos às vezes difícil lembrar que, mesmo antes da guerra, os valores pelos quais hoje lutamos estavam ameaçados, em nosso próprio país, e destruídos em outros. Embora neste momento os ideais diferentes sejam representados por nações antagônicas que lutam para preservá-los, não devemos esquecer que o atual conflito surgiu de um embate de ideias no seio do qual, não há muito, havia apenas uma civilização europeia. Tampouco devemos esquecer que as tendências que culminaram com a criação dos sistemas totalitários não estavam limitadas aos países que a elas sucumbiram.

Conquanto a primeira tarefa seja agora vencer a guerra, a vitória nos proporcionará apenas outra oportunidade para enfrentar os problemas básicos e encontrar um meio de evitar o destino que atingiu civilizações congêneres. Não deixa de ser difícil pensar na Alemanha, na Itália ou na Rússia, não como mundos diferentes, mas como produtos de uma evolução de ideias da qual nós mesmos participamos. É mais fácil e mais cômodo, pelo menos no tocante aos nossos inimigos, pensar que eles são inteiramente diferentes de nós e que aqui não pode acontecer o que lá aconteceu. Contudo, a história desses países nos anos anteriores ao surgimento do sistema totalitário apresentava poucos aspectos estranhos à nossa. O conflito externo é o resultado de uma transformação do pensamento europeu que se acelerou mais entre alguns povos, levando-os a uma divergência irreconciliável com nossos ideais, transformação que, no entanto, não deixou de nos atingir.

O fato de uma mudança das ideias e a força de vontade humana terem tornado o mundo o que ele é agora, embora os próprios homens não previssem esses resultados, e de nenhuma mudança espontânea nos fatos nos ter obrigado a adaptar a isso, nosso pensamento seja talvez algo que os ingleses tenham particular dificuldade de compreender, justamente porque, para sua felicidade, eles tardaram a acompanhar a modificação do pensamento verificada entre a maior parte dos povos europeus. Ainda julgamos que os ideais pelos quais nos pautamos, e que nortearam a geração passada, só se realizarão no futuro, e não percebemos o quanto, nesses últimos vinte e cinco anos, eles já transformaram não apenas o mundo, mas também este país. Ainda acreditamos que, até época recente, éramos governados pelo que se definia, de modo vago, como as ideias do século XIX, ou o princípio do *laissez-faire*. Em relação a alguns países, e do ponto de vista dos que estão impacientes por acelerar tais mudanças, talvez essa convicção se justifique em parte. Mas, embora até 1931 a Inglaterra tenha avançado muito lentamente no caminho trilhado por outros países, estava tão adiantada nessa ocasião que só aqueles cuja memória alcança os anos anteriores à Primeira Guerra Mundial sabem o que era um mundo liberal[26].

O aspecto crucial de que nosso povo ainda tão pouco se apercebe, contudo, não é apenas a magnitude das transformações ocorridas durante a geração passada, mas o fato de elas significarem um completo desvio da evolução de nossas ideias e da ordem social. Durante pelo menos vinte e cinco anos antes de o espectro do totalitarismo se tornar uma ameaça real, fomos nos afastando progressivamente das ideias básicas sobre as quais se erguera a Civilização Ocidental. O fato de que esse novo rumo tomado com tanta esperança e ambição nos fizesse deparar com o horror do totalitarismo representou um profundo choque para esta geração, que se recusa ainda a relacionar uma coisa à outra. Contudo tal desdobramento apenas confirma as advertências dos fundadores da filosofia liberal que ainda professamos. Fomos aos poucos abandonando aquela liberdade de ação econômica sem a qual a liberdade política e social jamais existiu no passado. Embora alguns dos maiores pensadores políticos do século XIX, como Alexis de Tocqueville e *Lord* Acton, advertissem-nos de que socialismo significa escravidão, fomos continuamente avançando em direção a ele. E agora, tendo visto uma nova forma de escravidão manifestar-se diante de nós, já esquecemos de tal modo essa advertência que mal nos damos conta da possível relação entre as duas coisas[27].

---

26 Já nesse ano o *Macmillan Report* [*Relatório Macmillan*] falava em *"mudança de atitude do governo deste país nos últimos tempos, e sua crescente preocupação com a gestão da vida do povo independentemente do partido que esteja no poder"*, e acrescentava que "o Parlamento encontra-se cada vez mais empenhado em criar uma legislação cujo objetivo consciente seja controlar as atividades cotidianas da comunidade e intervém hoje em questões outrora consideradas fora de seu âmbito". E fazia esta afirmação antes que a Inglaterra, nesse mesmo ano, mudasse decisivamente o curso de sua política governamental e, no curto e inglório período que vai de 1931 a 1939, transformasse por completo seu sistema econômico, tornando-o irreconhecível.
27 Mesmo advertências muito mais recentes, que se revelaram terrivelmente justificadas, foram quase de todo esquecidas. Não faz trinta anos que Hilaire Belloc (1870-1953), num livro, publicado originalmente

Capítulo I | O Caminho Abandonado

A tendência moderna ao socialismo não implica apenas um rompimento definitivo com o passado recente, mas com toda a evolução da civilização ocidental, e isso se torna claro quando o consideramos não só em relação ao século XIX, mas numa perspectiva histórica mais ampla. Estamos rapidamente abandonando não só as ideias de Richard Cobden (1804-1865) e John Bright (1811-1889), de Adam Smith (1723-1790) e David Hume (1711-1776), ou mesmo de John Locke (1632-1704) e John Milton (1608-1674), mas também uma das características mais importantes da civilização ocidental que evoluiu a partir dos fundamentos lançados pelo cristianismo e pelos gregos e romanos. Renunciamos progressivamente não só ao liberalismo dos séculos XVIII e XIX, mas ao individualismo essencial que herdamos de Erasmo de Roterdã (1466-1536) e Michel de Montaigne (1533-1592), de Cícero (106-43 a.C.) e Tácito (56-120), de Péricles (495-429 a.C.) e Tucídides (460-400 a.C.). O líder nazista que definiu a revolução nacional-socialista como uma contra-renascença estava mais próximo da verdade do que provavelmente imaginava. Ela representou a etapa final da destruição da civilização construída pelo homem moderno a partir da Renascença e que era, acima de tudo, uma civilização individualista. O individualismo tem, hoje, uma conotação negativa e passou a ser associado ao egoísmo. Mas o individualismo a que nos referimos, em oposição ao socialismo e a todas as outras formas de coletivismo, não está necessariamente relacionado a tal acepção. Só de maneira gradual, no decorrer deste livro, é que poderemos esclarecer a distinção entre os dois princípios opostos. Por enquanto, diríamos que o individualismo, o qual mediante os elementos fornecidos pelo cristianismo e pela filosofia da antiguidade clássica, pôde desenvolver-se pela primeira vez em sua forma plena durante a Renascença. A partir daí, evoluiu e penetrou na chamada civilização ocidental, tendo como características essenciais o respeito pelo indivíduo como ser humano, ou seja, o reconhecimento da supremacia de suas preferências e opiniões na esfera individual, por mais limitada que esta possa ser, e a convicção de que é desejável que os indivíduos desenvolvam dotes e inclinações pessoais. "Liberdade" é, agora, uma palavra tão desgastada que devemos hesitar em empregá-la para expressar os ideais por ela representados durante aquele período. Talvez "tolerância" seja o único termo que ainda

---

em 1913, que explica o que ocorreu na Alemanha melhor do que a maioria das obras escritas após os acontecimentos, diz: *"A aplicação da doutrina socialista à sociedade capitalista produz um terceiro fenômeno diferente daqueles que o geraram, a saber: o Estado Servil"*. (BELLOC, Hilaire. *The Servile State*. London: Constable, 3ª ed., 1927. p. XIV).

expresse o pleno significado do princípio que predominou durante esse período, e apenas em tempos recentes voltou a declinar, desaparecendo de todo com o advento do Estado totalitário.

A transformação gradual de um sistema hierárquico organizado em moldes rígidos num sistema em que os homens podiam, pelo menos, tentar dirigir a própria vida, tendo a oportunidade de conhecer e escolher diferentes formas de existência, está intimamente ligada ao desenvolvimento do comércio. Das cidades comerciais do norte da Itália, a nova concepção de vida irradiou-se, graças ao comércio, para o oeste e o norte da Europa e chegou, através da França e do sudoeste da Alemanha, aos Países Baixos e às Ilhas Britânicas, consolidando-se onde quer que não fosse sufocada pelo despotismo político. Nos Países Baixos e na Grã-Bretanha, conheceu por um longo tempo sua mais plena expansão e pôde, pela primeira vez, evoluir livremente, tornando-se a base da vida política e social nesses países. E foi deles que, em fins do século XVII e durante o século XVIII, essa concepção voltou a difundir-se, agora melhor desenvolvida, para oeste e leste, para o Novo Mundo e para a Europa Central, onde guerras devastadoras e a opressão política haviam, em grande parte, asfixiado os primórdios de uma evolução semelhante ocorrida em séculos anteriores[28].

Durante todo esse período moderno da história europeia, a tendência geral do desenvolvimento social era libertar o indivíduo das restrições que o mantinham sujeito a padrões determinados pelo costume ou pela autoridade quanto às suas atividades ordinárias. A constatação de que os esforços empreendidos pelos indivíduos de modo espontâneo, e não dirigido pela autoridade, eram capazes de produzir uma complexa ordem de atividades econômicas só poderia ocorrer depois que esse processo de desenvolvimento tivesse avançado até certo ponto. A elaboração de uma tese coerente de defesa da liberdade econômica resultou do livre desenvolvimento das atividades econômicas que tinham sido um subproduto imprevisto e não planejado da liberdade política.

O resultado mais importante da liberação das energias individuais foi, talvez, o maravilhoso desenvolvimento da ciência que acompanhou o avanço da liberdade individual da Itália à Inglaterra e mais além. O fato de que a criatividade do homem não fora menor em épocas anteriores é demonstrado

---

28 O mais fatídico desses acontecimentos, de consequências até hoje visíveis, foi a subjugação e parcial destruição da burguesia alemã pelos príncipes territoriais nos séculos XV e XVI.

por numerosos brinquedos automáticos muitíssimo engenhosos e por outros instrumentos mecânicos construídos quando a técnica industrial ainda permanecia estacionária, bem como pelo desenvolvimento de alguns setores da economia, que, como a indústria extrativa ou a relojoaria, não estavam sujeitos a controles restritivos. No entanto, as poucas tentativas no sentido de uma aplicação industrial mais ampla dos inventos mecânicos, alguns deles extraordinariamente avançados, foram de pronto suprimidas, e o desejo de conhecimentos sufocado, pois a submissão às ideias dominantes era considerada imperiosa: as opiniões da maioria sobre o que era certo e conveniente foram fechando o caminho ao indivíduo inovador. Só depois que a liberdade industrial possibilitou a livre utilização dos novos conhecimentos, que se tornou possível qualquer experimentação – desde que alguém se dispusesse a financiá-la, e, cumpre acrescentar, isso ocorria, na maioria das vezes, fora do âmbito das autoridades oficialmente encarregadas do cultivo do saber –, é que a ciência deu os grandes passos que, nos últimos cento e cinquenta anos, mudaram a face do mundo.

Como tantas vezes acontece, a natureza de nossa civilização foi percebida com maior clareza por seus adversários do que pela maioria de seus defensores: *"A eterna doença do Ocidente, a revolta do indivíduo contra a espécie"*, conforme a chamou Auguste Comte (1798-1857), aquele totalitário do século XIX, foi, na realidade, a força que construiu nossa civilização. A contribuição do século XIX ao individualismo do período precedente foi apenas trazer a todas as classes a consciência da liberdade, desenvolver sistemática e continuamente o que surgira de modo aleatório e fragmentário e disseminá-lo da Inglaterra e da Holanda para a maior parte do continente europeu.

As consequências desse processo de crescimento superaram as expectativas. Onde quer que fossem suprimidos os obstáculos ao livre exercício do engenho humano, o homem logo se tornava capaz de satisfazer seu crescente número de desejos. E se, por um lado, a elevação do padrão de vida em breve levava à descoberta de grandes mazelas na sociedade que os homens não mais estavam dispostos a tolerar, por outro lado, provavelmente, não houve classe que não se tenha beneficiado de modo substancial com o progresso geral. Não poderemos fazer justiça a esse crescimento estarrecedor se o medirmos pelos padrões contemporâneos, que dele decorrem e que agora tornam evidentes tantos defeitos antes não percebidos. O que tal progresso significou para seus protagonistas deve ser avaliado pelas esperanças e pelos desejos que os homens tinham quando ele começou; e não cabe a menor dúvida de que seu êxito ultrapassou os sonhos mais ousados. Em princípios do século XX, o trabalhador do mundo ocidental havia alcançado um grau de conforto material, segurança e independência que pareceria impossível um século antes.

Provavelmente, o que no futuro será considerado o efeito mais significativo e abrangente desse êxito é a nova consciência de poder sobre o próprio destino, a convicção das infinitas possibilidades de melhorar a própria sorte, adquiridas pelo homem em virtude do sucesso já alcançado. Com o sucesso nasceu a ambição – e o homem tem todo o direito de ser ambicioso. O que tinha sido uma promessa animadora já não parecia suficiente, e o ritmo do progresso afigurava-se demasiado lento. Os princípios que haviam possibilitado esse avanço no passado começaram a ser considerados obstáculos à rapidez do progresso, a serem eliminados imediatamente, e não mais as condições para a preservação e para o desenvolvimento do que já fora conquistado.

※ ※ ※

Os princípios básicos do liberalismo não contêm nenhum elemento que o faça um credo estacionário, nenhuma regra fixa e imutável. O princípio fundamental segundo o qual devemos utilizar ao máximo as forças espontâneas da sociedade e recorrer o menos possível à coerção pode ter uma infinita variedade de aplicações. Há, em particular, enorme diferença entre criar deliberadamente um sistema no qual a concorrência produza os maiores benefícios possíveis e aceitar passivamente as instituições tais como elas são. Talvez nada tenha sido mais prejudicial à causa liberal do que a obstinada insistência de alguns liberais em certas regras gerais primitivas, sobretudo o princípio do *laissez-faire*. Contudo, de certa maneira, essa insistência era necessária e inevitável. Diante dos inumeráveis interesses a demonstrar que certas medidas trariam benefícios óbvios e imediatos a alguns, enquanto o mal por elas causado era muito mais indireto e difícil de perceber, apenas regras fixas e imutáveis teriam sido eficazes. E como se firmara uma forte convicção de que era imprescindível haver liberdade na área industrial, a tentação de apresentá-la como uma regra sem exceções foi grande demais para ser evitada.

No entanto essa atitude assumida por muitos vulgarizadores da doutrina liberal tornava quase inevitável que, uma vez abalados alguns de seus pontos, logo toda ela desmoronasse. Tal posição enfraqueceu-se ainda mais, devido ao progresso necessariamente lento de uma política que visava à gradativa melhoria do arcabouço institucional de uma sociedade livre. Esse progresso dependia da nossa maior compreensão das forças sociais e das condições mais favoráveis a seu bom funcionamento. Como a tarefa era auxiliar e, onde fosse preciso, suplementar a ação de tais forças, o primeiro requisito era compreendê-las. A atitude do liberal para com a sociedade é semelhante à do jardineiro que cuida de uma planta e que, a fim de criar as condições mais favoráveis a seu crescimento, deve conhecer tudo o que for possível a respeito da estrutura e das funções dessa planta.

Nenhum espírito sensato teria duvidado de que as regras primitivas nas quais foram expressos os princípios da política econômica do século XIX eram apenas o começo, de que ainda tínhamos muito a aprender e de que havia ainda imensas possibilidades de progresso no caminho que vínhamos seguindo. Mas esse progresso só seria alcançado à medida que conquistássemos um crescente domínio intelectual das forças que teríamos de empregar. Muitas eram as tarefas evidentes, como o aperfeiçoamento do sistema monetário e a prevenção ou o controle do monopólio, e eram ainda mais numerosas as tarefas menores, mas nem por isso menos importantes, em outros campos em que o governo, sem dúvida, detinha enormes poderes para o bem e para o mal. Tudo levava a esperar que, com uma melhor compreensão dos problemas, algum dia teríamos condições de empregar com êxito esses poderes.

Mas, se o avanço rumo ao que costumamos chamar ação "positiva" não podia deixar de ser lento, e se, para aperfeiçoar-se de imediato, o liberalismo tinha de valer-se, em grande parte, do aumento gradual da riqueza trazida pela liberdade, precisaria por outro lado combater constantemente as propostas políticas antiliberais que ameaçavam esse avanço. O liberalismo veio a ser considerado uma filosofia "negativa", porque não podia oferecer a cada indivíduo mais do que uma participação no progresso comum – cada vez mais considerado natural e inevitável e não mais encarado como decorrente da política de liberdade. Pode-se mesmo dizer que o próprio sucesso do liberalismo se tornou a causa de seu declínio. Devido ao êxito já alcançado, o homem mostrou-se cada vez menos disposto a tolerar os males ainda existentes, que a essa altura lhe pareciam insuportáveis e desnecessários.

✳ ✳ ✳

A impaciência crescente em face do lento progresso da política liberal, a justa irritação com aqueles que empregavam a fraseologia liberal em defesa de privilégios antissociais, e a ilimitada ambição aparentemente justificada pela melhoria material já conquistada fizeram com que, ao aproximar-se o fim do século, a crença nos princípios básicos do liberalismo fosse aos poucos abandonada. Tudo o que fora conquistado passou a ser considerado um bem estável, indestrutível e definitivo. Os olhos do povo fixaram-se em novas reivindicações, cuja rápida satisfação parecia obstada pelo apego aos velhos princípios. Passou-se a acreditar cada vez mais que não se poderia esperar maior progresso dentro das velhas diretrizes e da estrutura geral que permitira os avanços anteriores, mas apenas mediante uma completa reestruturação da sociedade. Já não se tratava de ampliar ou melhorar o mecanismo existente, mas de descartá-lo e substituí-lo por outro. E, conforme as esperanças da nova geração se voltavam para algo inteiramente novo, a compreensão e o interesse pelo funcionamento da sociedade existente sofreram brusco declínio. Com esse declínio, diminuiu também nossa consciência sobre tudo o que dependia da existência do sistema liberal.

Não cabe aqui discutir como essa mudança de perspectiva foi estimulada pela irrefletida aplicação, aos problemas sociais, da estrutura de pensamento resultante da preocupação com problemas tecnológicos (a estrutura de pensamento do engenheiro e do especialista em ciências físicas e naturais), e como, ao mesmo tempo, esse hábito mental tendia a desacreditar os resultados dos estudos anteriores sobre a sociedade que não se ajustavam aos seus preconceitos e a impor ideais organizacionais a uma esfera em que esses não são próprios[29]. Tudo o que pretendemos demonstrar é que nossa atitude para com a sociedade mudou totalmente, embora de maneira gradual e a passos quase imperceptíveis. Aquilo que, em cada fase desse processo de transformação parecia apenas ligeira mudança, provocou, por efeito cumulativo, uma diferença fundamental entre a velha atitude liberal para com a sociedade e a atual abordagem dos problemas sociais. Disso resultou uma completa inversão de rumo, um completo abandono da tradição individualista que criou a civilização ocidental. Segundo as ideias hoje dominantes, o problema já não está mais em saber qual a melhor maneira de utilizarmos as forças espontâneas encontradas numa sociedade livre.

---

29 O autor procurou esboçar as origens desse processo em duas séries de artigos: HAYEK, F. A. "The Counter-Revolution of Science – Part 1". *Economica*, Vol. 8, No. 29 (February, 1941): 9-36; Idem. "The Counter-Revolution of Science – Part 2". *Economica*, Vol. 8, No. 30 (May, 1941): 119-50; Idem. "The Counter-Revolution of Science – Part 3". *Economica*, Vol. 8, No. 31 (August, 1941): 281-320; Idem. "Scientism and the Study of Society – Part 1". *Economica*, Vol. 9, No. 35 (August 1942): 267-91; Idem. "Scientism and the Study of Society – Part 2". *Economica*, Vol. 10, No. 37 (February 1943): 34-63; Idem. "Scientism and the Study of Society – Part 3". *Economica*, Vol. 11, No. 41 (February 1944): 27-39.

Capítulo I | O Caminho Abandonado

De fato, decidimos prescindir das forças que produziram resultados imprevistos e substituir o mecanismo anônimo e impessoal do mercado pela condução coletiva e "consciente" de todas as forças sociais em direção a objetivos deliberadamente escolhidos. A diferença não poderia ser melhor ilustrada do que pela posição radical assumida numa obra muito elogiada, cujo programa, denominado pelo autor "Planejamento para a Liberdade", comentaremos mais de uma vez. *"Jamais tivemos de instituir e dirigir todo o sistema da natureza, como hoje somos obrigados a fazer com a sociedade"*, escreve o doutor Karl Mannheim (1893-1947). *"A humanidade tende cada vez mais a controlar toda a sua vida social, embora nunca haja tentado criar uma segunda natureza"*[30].

É significativo que essa mudança no rumo das ideias tenha coincidido com uma inversão da trajetória que elas vinham seguindo no espaço. Durante mais de duzentos anos, o pensamento inglês irradiou-se para leste. O regime de liberdade ao qual se chegara na Inglaterra parecia destinado a difundir-se por todo o mundo. Por volta de 1870, as ideias liberais haviam alcançado provavelmente seu ponto máximo de expansão para leste. Daí por diante, porém, começaram a retroceder, e um ideário diferente, que não era novo, mas na realidade muito antigo, passou a avançar de leste para oeste. A Inglaterra perdeu a liderança intelectual na esfera social e política e passou a importar ideias. Nos sessenta anos seguintes, a Alemanha converteu-se no centro de onde as ideias destinadas a governar o mundo no século XX se propagaram para leste e oeste. Georg Wilhelm Friedrich Hegel (1770-1831) ou Karl Marx (1818-1883), Friedrich List (1789-1846) ou Gustav von Schmoller (1838-1917), Werner Sombart (1863-1941) ou Karl Mannheim, o socialismo em sua forma mais radical ou apenas a "organização" ou a "planificação" de natureza menos radical – o pensamento alemão foi pronta e amplamente importado, e as instituições alemãs imitadas.

Embora a maioria das novas ideias, e em particular o socialismo, não se tivesse originado na Alemanha, foi nesta que se aperfeiçoou e alcançou, durante o último quarto do século XIX e o primeiro do século XX, seu mais completo desenvolvimento. Esquecemos agora, muitas vezes, como foi considerável a liderança mantida pela Alemanha durante esse período no que concerne à teoria e à prática do socialismo. Esquecemos também que, uma geração antes de o socialismo se tornar uma séria questão na

---

[30] MANNHEIM, Karl. *Man and Society in an Age of Reconstruction: Studies in Modern Social Structure*. London: Kegan Paul and Co., Ltd., 1940. p. 175.

Inglaterra, a Alemanha tinha um numeroso partido socialista no parlamento, e que, até data recente, o desenvolvimento da doutrina socialista ocorria quase inteiramente na Alemanha e na Áustria, de sorte que, mesmo hoje, os russos partem do ponto em que os alemães se detiveram. A maioria dos socialistas ingleses ainda não se deu conta de que quase todos os problemas que começam agora a descobrir foram há muito tempo exaustivamente debatidos pelos socialistas alemães.

A influência intelectual que os pensadores germânicos exerceram durante esse período em todo o mundo baseava-se não apenas no grande progresso material da Alemanha, mas, sobretudo, no extraordinário prestígio que os cientistas e pensadores alemães haviam conquistado nos cem anos precedentes, quando o país se tornara, mais uma vez, membro integrante, e mesmo preeminente, da civilização europeia. Mas em breve essa influência serviria para difundir, a partir da Alemanha, ideias que visavam a abalar os alicerces dessa civilização. Os próprios alemães – ou, pelo menos, os divulgadores de tais ideias – tinham inteira consciência do conflito: a herança comum da civilização europeia tornara-se para eles, muito antes do nazismo, a civilização "ocidental". E a palavra "ocidental" não tinha mais a acepção comum de Ocidente, mas passara a significar o mundo a oeste do Reno. "Ocidental", nesse sentido, era sinônimo de liberalismo e democracia, capitalismo e individualismo, livre comércio e toda forma de internacionalismo ou amor à paz.

No entanto, apesar do desprezo mal disfarçado que um número sempre crescente de alemães devotava aos ideais "superficiais" do Ocidente, ou talvez por essa razão, os povos desse mesmo continuaram importando ideias germânicas. E foram induzidos a acreditar que suas convicções anteriores não passavam de pretextos para justificar interesses egoísticos, que o livre-comércio era uma doutrina inventada para defender interesses ingleses, e que os ideais políticos que a Inglaterra legara ao mundo estavam irremediavelmente ultrapassados e constituíam motivo de vergonha.

CAPÍTULO II

- CAPÍTULO II -

A GRANDE UTOPIA

"O que sempre fez do Estado um verdadeiro inferno foram justamente as tentativas de torná-lo um paraíso".
– Friedrich Hölderlin (1770-1843)

Se o socialismo substituiu o liberalismo como a doutrina da maioria dos progressistas, isso não significa apenas que as pessoas tenham esquecido as advertências dos grandes pensadores liberais sobre as consequências do coletivismo. Tal fato ocorreu porque elas passaram a acreditar exatamente no contrário daquilo que esses pensadores haviam predito. E o mais extraordinário é que o mesmo socialismo que, além de ser reconhecido a princípio como a mais grave ameaça à liberdade, surgiu como uma reação ostensiva contra o liberalismo da Revolução Francesa. Além disso, obteve a aceitação geral sob a bandeira da liberdade. Quase não nos ocorre hoje que o socialismo era, de início, francamente autoritário. Os autores franceses que lançaram as bases do socialismo moderno não tinham dúvida de que suas ideias só poderiam ser postas em prática por um forte governo ditatorial. Para eles, o socialismo significava uma tentativa de "acabar com a Revolução" por meio de uma reorganização intencional da sociedade em moldes hierárquicos e pela imposição de um "poder espiritual" coercitivo. No que se referia à liberdade, os fundadores do socialismo não escondiam suas intenções. Eles consideravam a liberdade de pensamento a origem de todos os males da sociedade do século XIX, e o primeiro dos planejadores modernos, Claude-Henri de Rouvroy (1760-1825), o Conde de Saint-Simon, chegou a predizer que aqueles que não obedecessem às comissões de planejamento por ele propostas seriam *"tratados como gado"*.

Foi apenas sob a influência das fortes correntes democráticas que antecederam a revolução de 1848 que o socialismo começou a aliar-se às forças da liberdade. Contudo, o novo "socialismo democrático" precisou de muito tempo para vencer as suspeitas despertadas por seus antecedentes. Alexis de Tocqueville, mais do que ninguém, percebeu que a democracia, como instituição essencialmente individualista, entrava em contradição frontal com o socialismo.

> A democracia amplia a esfera da liberdade individual [dizia ele em 1848]; o socialismo a restringe. A democracia atribui a cada homem o valor máximo; o socialismo faz de cada homem um mero agente, um simples número. Democracia e socialismo nada têm em comum exceto uma palavra: igualdade. Mas observe-se a diferença: enquanto a democracia procura a igualdade na liberdade, o socialismo procura a igualdade na repressão e na servidão[31].

Para afastar essas suspeitas e atrelar a si o mais forte de todos os incentivos políticos – o anseio de liberdade –, o socialismo começou a utilizar com maior frequência a promessa de uma "nova liberdade". O advento do socialismo seria um salto do reino da necessidade para o reino da liberdade. Ele traria a "liberdade econômica", sem a qual a liberdade política já obtida "de nada serviria". Somente o socialismo seria capaz de pôr termo à luta secular pela liberdade como um todo, na qual a conquista da liberdade política era apenas um primeiro passo.

É importante perceber a sutil alteração de sentido a que se submeteu a palavra liberdade para tornar plausível tal argumento. Para os grandes apóstolos da liberdade política, essa palavra significava que o indivíduo estaria

---

31 TOCQUEVILLE, Alexis de. "Discours prononcé à l'Assemblée Constituante le 12 septembre 1848 sur la question du droit au travail". *In*: Œuvres *complètes d'Alexis de Tocqueville - Volume IX:* Études économiques, *politiques et littéraires*. Paris: Michel Lévy, 1866. p. 546.

livre da coerção e do poder arbitrário de outros homens, livre das restrições que não lhe deixavam outra alternativa senão obedecer às ordens do superior ao qual estava vinculado. Na nova liberdade prometida, porém, o indivíduo se libertaria da necessidade, da força das circunstâncias que limitam, inevitavelmente, o âmbito da efetiva capacidade de escolha de todos nós, embora o de alguns muito mais do que o de outros. Para que o homem pudesse ser verdadeiramente livre, o "despotismo da necessidade material" deveria ser vencido. Do mesmo modo, deveriam ser atenuadas "as restrições decorrentes do sistema econômico".

Liberdade, nesse sentido, não passa, é claro, de um sinônimo de poder[32] ou riqueza. Contudo, embora a promessa dessa nova liberdade frequentemente se somasse a promessas irresponsáveis de um significativo aumento da riqueza material na sociedade socialista, não se esperava alcançar essa liberdade econômica mediante vitória tão grande sobre a escassez da natureza. A promessa, na realidade, significava que as grandes disparidades existentes na efetiva possibilidade de escolha de cada indivíduo estavam destinadas a desaparecer. A reivindicação da nova liberdade não passava, assim, da velha reivindicação de uma distribuição equitativa da riqueza. Mas o novo rótulo forneceu aos socialistas mais uma palavra em comum com os liberais, e eles a exploraram ao máximo. E, conquanto o termo fosse empregado em sentido diferente pelas duas correntes, poucos o notaram, e menor número ainda se perguntou se as duas formas de liberdade prometidas poderiam realmente harmonizar-se. Sem dúvida, a promessa de maior liberdade tornou-se uma das armas mais eficazes da propaganda socialista. Por certo, a convicção de que o socialismo traria a liberdade é autêntica e sincera. Mas essa convicção apenas intensificaria a tragédia se ficasse demonstrado que aquilo que nos prometiam como o caminho da liberdade era, na realidade, o caminho da servidão. Foi inquestionavelmente a promessa de maior liberdade que atraiu um número crescente de liberais para o socialismo e tornou-os incapazes de perceber o conflito existente entre os princípios do socialismo e

---

32 A frequente confusão de liberdade com poder, que encontraremos mais de uma vez neste estudo, é assunto demasiado extenso para ser examinado em detalhes aqui. Tão antiga quanto o próprio socialismo, está tão intimamente ligada a ele que, há quase setenta anos, um estudioso francês, discutindo suas origens saintsimonianas, era levado a dizer que esta teoria da liberdade *"est à elle seule tout Le socialisme"* (JANET, Paul. *Saint-Simon et le saint-simonisme*. Paris: G. Baillière et cie., 1878. p. 26, nota). O defensor mais explícito dessa confusão é, significativamente, o mais importante filósofo do liberalismo esquerdista norte-americano, John Dewey (1859-1952), para quem *"a liberdade é o poder efetivo de fazer coisas específicas"*, de sorte que *"reivindicação de liberdade é reivindicação de poder"* (DEWEY, John. *"Liberty and Social Control"*. The Social Frontier, 2, November 1935, p. 41).

os do liberalismo. Tal fato possibilitou, em muitas ocasiões, que os socialistas usurpassem o próprio nome do antigo partido da liberdade. O socialismo foi aceito pela maior parte da *intelligentsia* como o herdeiro aparente da tradição liberal. Não surpreende, pois, que seja inconcebível aos socialistas a ideia de tal sistema conduzir ao oposto da liberdade.

Nos últimos anos, todavia, os antigos temores quanto às consequências imprevistas do socialismo voltaram a ser enfaticamente manifestados nas esferas mais inesperadas. Os mais diversos observadores, a despeito da expectativa em contrário com que abordam o assunto, têm-se impressionado com a extraordinária semelhança, em muitos aspectos, das condições de vida nos regimes fascista e comunista.

Enquanto os "progressistas" na Inglaterra e em outros países ainda se iludiam julgando que o comunismo e o fascismo eram polos opostos, um número cada vez maior de pessoas começava a indagar se essas novas tiranias não seriam o resultado das mesmas tendências. Os próprios comunistas devem ter ficado um tanto abalados com depoimentos como o de Max Eastman (1883-1969), velho amigo de Vladimir Lenin (1870-1924), compelido a admitir que, *"ao invés de melhor, o stalinismo é pior que o fascismo, mais cruel, bárbaro, injusto, imoral, antidemocrático, e sem a atenuante de qualquer esperança ou escrúpulo"*, de sorte que *"seria mais correto defini-lo como superfascista"*. E, quando esse autor reconhece que *"stalinismo é socialismo, no sentido de que constitui uma decorrência política inevitável embora imprevista da estatização e da coletivização, elementos em que ele* [Josef Stalin (1878-1953)] *fundamentara parte do seu plano de construção de uma sociedade sem classes"*[33], a conclusão claramente se reveste de significação ainda maior.

O caso de Max Eastman é, talvez, o mais notável. Contudo, ele não é absolutamente o primeiro nem o único simpatizante da experiência russa a formular semelhantes conclusões. Algum tempo antes, William Henry Chamberlin (1897-1969), que nos doze anos passados na Rússia como correspondente norte-americano vira todos os seus ideais destruídos, resumira as conclusões de seus estudos naquele país, bem como na Alemanha e na Itália, declarando que:

> O socialismo sem dúvida *não* será, ao menos no começo, o caminho da liberdade, mas o da ditadura e das contra-ditaduras, da mais violenta guerra civil.

---

33 EASTMAN, Max. *Stalin's Russia and the Crisis of Socialism*. New York: W. W. Norton, 1940. p. 82.

O socialismo alcançado e mantido por meios democráticos parece pertencer definitivamente ao mundo das utopias[34].

Do mesmo modo, o escritor inglês Frederick Augustus Voigt (1892-1957), após observar por muitos anos os acontecimentos na Europa, como correspondente estrangeiro, concluiu que *"o marxismo levou ao fascismo e ao nacional-socialismo porque, em essência, marxismo é fascismo e nacional-socialismo"*[35].

E o doutor Walter Lippmann (1889-1974) chegou à convicção de que

> [...] a geração à qual pertencemos está agora aprendendo pela experiência o que acontece quando os homens se afastam da liberdade para organizar de forma coercitiva suas atividades. Embora prometam a si mesmos uma vida mais abundante, na prática têm de renunciar a ela; à medida que a organização centralizada se amplia, a variedade de objetivos necessariamente cede lugar à uniformidade. Esta é a nêmesis da sociedade planificada e do princípio autoritário na condução das questões humanas[36].

Podemos encontrar, nas publicações desses últimos anos, afirmações dessa ordem, formuladas por pessoas em condições de julgar, particularmente aquelas de homens que, como cidadãos de países agora totalitários, viveram o período da transformação e foram compelidos a revisar muitas convicções que antes acalentavam. Citaremos, ainda, o exemplo de um escritor alemão que exprime a mesma ideia, em termos talvez mais precisos do que os já mencionados. Escreve Peter Drucker (1909-2005):

> O completo desmoronamento da crença na possibilidade de alcançar a liberdade e a igualdade por meio do marxismo obrigou a Rússia a trilhar o mesmo caminho que a Alemanha, rumo a uma sociedade totalitária e de valores puramente negativos, não econômica, sem liberdade nem igualdade. Isso não quer dizer que comunismo e fascismo sejam essencialmente a mesma coisa. O fascismo é o estágio atingido depois que o comunismo se

---

34 CHAMBERLIN, W. H. *A False Utopia: Collectivism In Theory And Practice*. London: Duckworth, 1937. p. 202-03.
35 VOIGT, F. A. *Unto Caesar*. New York, G. P. Putnam's Sons, 1938. p. 95.
36 LIPPMANN, Walter. "The Government of Posterity". *Atlantic Monthly*. November 1936. p. 552.

revela uma ilusão, conforme aconteceu tanto na Rússia stalinista quanto na Alemanha pré-hitlerista[37].

Não menos significativa é a história intelectual de muitos líderes nazistas e fascistas. Todos os que têm observado a evolução desses movimentos na Itália[38] ou na Alemanha surpreenderam-se com o número de líderes, começando por Benito Mussolini (1883-1945) – sem excluir Pierre Laval (1883-1945) e Vidkun Quisling (1887-1945) –, que, a princípio, foram socialistas e acabaram se tornando fascistas ou nazistas.

E o que ocorreu com os líderes aconteceu muito mais com os liderados. A relativa facilidade com que um jovem comunista podia converter-se em nazista ou vice-versa era notória na Alemanha, sobretudo para os propagandistas dos dois partidos. Na década de 1930, muitos professores universitários conheceram estudantes ingleses e norte-americanos que, regressando do continente europeu, não sabiam ao certo se eram comunistas ou nazistas – sabiam apenas que detestavam a civilização liberal do Ocidente.

É verdade que, na Alemanha, antes de 1933, e na Itália, antes de 1922, comunistas e nazistas ou fascistas entravam mais frequentemente em conflito entre si do que com os outros partidos. Disputavam o apoio de pessoas da mesma mentalidade e votavam uns aos outros o ódio que se tem aos hereges. No entanto, seu modo de agir demonstrava quão semelhantes são de fato. Para ambos, o verdadeiro inimigo, o homem com o qual nada tinham em comum e ao qual não poderiam esperar convencer, era o liberal da velha escola. Enquanto o nazista para o comunista, o comunista para o nazista, e para ambos o socialista, são recrutas em potencial, terreno propício à sua pregação – embora se tenham deixado levar por falsos profetas –, eles sabem que é impossível qualquer tipo de entendimento com os que realmente acreditam na liberdade individual.

Para que disso não duvidem aqueles que se deixaram levar pela propaganda oficial de um e de outro lado, citarei mais uma afirmação feita por uma autoridade acima de qualquer suspeita. Num artigo com o significativo título de "A redescoberta do liberalismo", o professor Eduard Heimann

---

[37] DRUCKER, Peter. *The End of Economic Man: A Study of the New Totalitarianism*. New York: John Day Company, 1939. p. 230.
[38] Uma esclarecedora exposição da história intelectual de muitos líderes fascistas foi escrita Robert Michels (1876-1936), ele próprio fascista e ex-marxista, encontra-se na seguinte obra: MICHAELS, Robert. *Sozialismus und Faschismus als politische Strömungen in Italien: Historische Studien*. München: Meyer & Jessen, 1925. Vol. II, p. 264-66, 311-12.

(1889-1967), um dos líderes do socialismo religioso alemão, escreve: o hitlerismo proclama-se tanto democracia autêntica quanto socialismo autêntico, e a terrível verdade é que, de certa maneira, suas pretensões são verídicas – apenas num grau infinitesimal, sem dúvida, mas de qualquer modo suficiente para servir de base a essas fantásticas distorções.

> O hitlerismo chega mesmo a se definir o protetor do cristianismo, e o mais terrível é que esse grosseiro equívoco consegue ainda causar alguma impressão. Mas um fato se destaca com perfeita clareza em toda essa confusão: Hitler jamais pretendeu representar o verdadeiro liberalismo. O liberalismo tem a honra de ser a doutrina mais odiada por Hitler[39].

Deve-se acrescentar que tal ódio teve poucas oportunidades de se manifestar na prática simplesmente porque, ao tempo em que Hitler subiu ao poder, o liberalismo, para todos os efeitos, estava morto na Alemanha. O socialismo o havia liquidado. Enquanto, para muitos que observaram de perto a transição do socialismo para o fascismo, a relação entre os dois sistemas ficou cada vez mais evidente, na Inglaterra a maioria ainda acredita que socialismo e liberdade podem ser conciliados.

Não há dúvida de que a maior parte dos socialistas ingleses ainda crê profundamente no ideal liberal de liberdade e recuaria, caso se convencesse de que a realização de seu programa implicaria a destruição da liberdade. O problema é tão pouco compreendido, os ideais mais irreconciliáveis ainda convivem com tal naturalidade, que assistimos hoje a sérios debates sobre conceitos expressos em termos contraditórios, como o de "socialismo individualista". Se é essa a atitude mental que nos está levando para um novo mundo, nada será mais urgente do que examinarmos com seriedade o verdadeiro significado da evolução dos acontecimentos em outros países. Embora nossas conclusões apenas confirmem os temores já expressos por outros, os motivos por que essa evolução não pode ser considerada acidental só se manifestarão mediante um exame bastante minucioso dos principais aspectos dessa transformação da vida social. O socialismo democrático, a grande utopia das

---

39 HEIMANN, Eduard. "The Rediscovery of Liberalism". *Social Research*. Vol. VIII, No. 4, November 1941. A esse respeito, convém lembrar que, fossem quais fossem as suas razões, Hitler julgou oportuno declarar em um de seus discursos, em fevereiro de 1941, que *"basicamente, nacional-socialismo e marxismo são a mesma coisa"* (Ver: *The Bulletin of International News*. Royal Institute of International Affairs, Vol. XVIII, No. 5, p. 269).

últimas gerações, não só é irrealizável, mas o próprio esforço necessário para concretizá-lo gera algo tão inteiramente diverso que poucos dos que agora o desejam estariam dispostos a aceitar suas consequências. No entanto, tais evidências não serão aceitas enquanto essa relação de causa e efeito não for explicitada em todos os seus aspectos.

CAPÍTULO III

- CAPÍTULO III -

Individualismo e Coletivismo

"Os socialistas acreditam em duas coisas absolutamente diversas e talvez até contraditórias: liberdade e organização".
– Elie Halévy (1870-1937)

Antes de prosseguir na análise de nosso tema principal, resta-nos um obstáculo a transpor: esclarecer um equívoco responsável em grande parte pelo modo como estamos sendo levados a situações não desejadas por ninguém. Esse equívoco, na realidade, diz respeito ao próprio conceito de socialismo. Tal conceito pode significar simplesmente os ideais de justiça social, maior igualdade e segurança que são os fins últimos do socialismo – e é muitas vezes usado nesse sentido.

Mas significa também o método específico pelo qual a maior parte dos socialistas espera alcançar esses fins, e que para muitas pessoas inteligentes são os únicos métodos pelos quais esses objetivos podem ser plena e rapidamente alcançados. Nesse sentido, socialismo equivale à abolição da iniciativa privada e da propriedade privada dos meios de produção e à criação de um sistema de "economia planificada" no qual o empresário que trabalha visando ao lucro é substituído por um órgão central de planejamento.

Muitos se definem socialistas, embora considerem apenas a primeira acepção do termo, isto é, o socialismo representado pela justiça social, e acreditam profundamente nos fins últimos do socialismo sem, contudo, cogitar nem entender a maneira de alcançá-los – sabem apenas que devem ser alcançados a qualquer custo. No entanto, para quase todos os que não consideram o socialismo uma simples esperança, e, sim, um objeto da política prática, os métodos característicos do socialismo moderno são tão essenciais quanto seus próprios fins. Por outro lado, muitos que, como os socialistas, prezam os fins últimos dessa doutrina, recusam-se a apoiá-la por estarem convencidos de que os métodos propostos pelos socialistas põem em perigo outros valores. O debate em torno do socialismo tornou-se, dessa maneira, em grande parte, um debate sobre meios e não sobre fins – embora a questão implique também saber se os diferentes fins do socialismo poderão ser alcançados simultaneamente.

Isso já seria suficiente para criar confusão. E a confusão aumentou porque, em geral, não se admite que os que repudiam os meios apreciem os fins. E ainda não é tudo. A situação torna-se mais complexa porque o mesmo meio – a "planificação econômica", principal instrumento da reforma socialista – pode ser utilizado para vários outros fins. Se quisermos realizar uma distribuição da renda conforme as ideias correntes de justiça social, torna-se imperativo centralizar a direção da atividade econômica. Consequentemente, a "planificação" é desejada por todos os que exigem que a "produção para o consumo" substitua a produção orientada para o lucro. Contudo essa planificação não será menos indispensável se a distribuição da renda for efetuada de modo oposto ao que reputamos justo. Se pretendêssemos, por exemplo, que uma elite racial, os nórdicos, os membros de um partido ou uma aristocracia fossem beneficiados por uma maior parcela de bens e amenidades, os métodos que seríamos obrigados a empregar seriam os mesmos que empregaríamos para assegurar uma distribuição igualitária.

Talvez possa parecer injusto empregar o termo "socialismo" para designar os métodos e não suas finalidades, ou aplicar a um determinado método o termo que para muitos exprime um ideal último. Seria preferível talvez chamar de coletivismo os métodos que podem ser usados para uma grande variedade de fins, e considerar o socialismo uma espécie desse gênero. No entanto, ainda que para a maioria dos socialistas somente uma espécie de coletivismo represente o verdadeiro socialismo, não devemos esquecer que o socialismo é uma espécie de coletivismo. Portanto, tudo o que se aplica ao coletivismo se aplica também ao socialismo. Quase todos os pontos de divergência entre socialistas e liberais referem-se aos métodos comuns a todas as formas de coletivismo, e não aos fins específicos para os quais os socialistas desejam empregá-los. Todas as consequências de que trataremos neste livro decorrem dos métodos coletivistas, independentemente dos fins para os quais são usados. Também não devemos esquecer que o socialismo não é apenas a espécie mais importante de coletivismo ou de "planificação". É ainda a doutrina que persuadiu inúmeras pessoas de tendências liberais a se submeterem mais uma vez ao rígido controle da vida econômica que haviam abolido, pois, segundo Adam Smith, tal controle faz com que os governos, *"para se manterem, sejam obrigados a tornar-se opressores e tirânicos"*[40].

Os problemas causados pela ambiguidade na linguagem política comum não desaparecerão, mesmo que passemos a aplicar o termo "coletivismo" para indicar todos os tipos de "economia planificada", seja qual for a finalidade do planejamento. O significado do termo tornar-se-á mais preciso se deixarmos claro que por ele entendemos a espécie de planejamento necessário à realização de qualquer ideal distributivo. Mas, como a ideia de planejamento econômico central seduz, em grande parte, pela própria indefinição de seu significado, é indispensável estabelecer-lhe o sentido preciso antes de discutirmos suas consequências.

O conceito de "planejamento" deve sua popularidade, em grande parte, ao fato de todos desejarmos, obviamente, tratar os problemas ordinários da maneira mais racional e de, para tanto, precisarmos utilizar toda a capacidade de previsão possível. Nesse sentido, se não for um completo fatalista, todo indivíduo será um planejador; todo ato político será (ou deveria ser) um ato de planejamento. Assim, só haverá distinção entre o bom e o mau planejamento, entre um planejamento sábio e previdente e o míope e insensato. Um economista, que estuda a maneira como os homens, de fato, planejam suas atividades e como deveriam organizá-las, seria a última pessoa a opor-se a esse procedimento em tal acepção genérica. Mas não é nesse sentido que nossos entusiastas de uma sociedade planejada empregam atualmente esse termo. Tampouco é apenas nesse sentido que será

---

[40] De um memorando escrito por Adam Smith em 1755 e citado por Dugald Stewart (1753-1828) em *Memoir of Adam Smith*.

necessário planejar se desejarmos a distribuição da renda ou da riqueza conforme determinado padrão. Segundo os modernos planejadores, e os objetivos que eles perseguem, não basta traçar uma estrutura permanente, a mais racional possível, dentro da qual cada pessoa conduza suas várias atividades de acordo com seus planos individuais. Esse plano liberal, segundo eles, não é um plano e, de fato, não tem por objetivo satisfazer qualquer ideia relativa à parcela da renda que caberá a cada indivíduo. O que nossos planejadores exigem é um controle centralizado de toda a atividade econômica de acordo com um plano único, que estabeleça a maneira pela qual os recursos da sociedade sejam "conscientemente dirigidos" a fim de servir, de uma forma definida, a finalidades determinadas.

O debate entre os planejadores modernos e os seus adversários, por conseguinte, não visa a estabelecer se devemos ou não escolher racionalmente entre as várias formas possíveis de organização da sociedade; não diz respeito à necessidade de recorrermos à previsão e ao raciocínio sistemático no planejamento de nossos assuntos ordinários. Refere-se à maneira de proceder nesse sentido. Busca determinar se os detentores do poder coercitivo devem limitar-se, em geral, a criar condições em que os próprios indivíduos disponham de um grau de conhecimento e iniciativa que lhes permita planejar com o maior êxito; ou se a utilização racional dos nossos recursos exige uma direção e uma organização *central* de todas as nossas atividades segundo algum "projeto" elaborado para tal fim. Os socialistas de todos os partidos apropriaram-se do termo "planejamento" para designar este último tipo de organização, e a palavra passou a ser empregada comumente nesse sentido. Mas, embora com isso se pretenda sugerir que o planejamento central é a única maneira racional de conduzirmos nossos negócios, nada fica provado, evidentemente. E essa permanece a questão sobre a qual discordam planejadores e liberais. É importante não confundir a oposição a essa espécie de planejamento com uma dogmática atitude de *laissez-faire*. A doutrina liberal é a favor do emprego mais efetivo das forças da concorrência como um meio de coordenar os esforços humanos e não de deixar as coisas como estão. Baseia-se na convicção de que, onde exista a concorrência efetiva, ela sempre se revelará a melhor maneira de orientar os esforços individuais. Essa doutrina não nega, mas até enfatiza que, para a concorrência funcionar de forma benéfica, será necessária a criação de uma estrutura legal cuidadosamente elaborada, e que nem as normas legais existentes, nem as do passado, estão isentas de graves falhas. Tampouco deixa de reconhecer que, sendo impossível criar as condições necessárias para tornar efetiva a concorrência, seja preciso recorrer a outros métodos capazes de orientar a atividade econômica. Todavia, o liberalismo econômico é contrário à substituição da concorrência por métodos menos eficazes de coordenação dos esforços individuais. E considera a concorrência um método superior, não somente por constituir, na maioria das circunstâncias, o melhor método que se conhece, mas, sobretudo, por ser o único método pelo qual nossas atividades podem ajustar-se umas às outras sem a intervenção coercitiva ou arbitrária da autoridade. Com efeito, uma das principais justificativas da concorrência é que ela dispensa a necessidade de um "controle social consciente" e oferece aos indivíduos a oportunidade de decidir se as perspectivas de determinada ocupação são suficientes para compensar as desvantagens e os riscos que a acompanham.

O bom uso da concorrência como princípio de organização social exclui certos tipos de intervenção coercitiva na vida econômica, mas admite outros que, às vezes, podem auxiliar consideravelmente seu funcionamento, e mesmo exige determinadas formas de ação governamental. Contudo há boas razões para que os requisitos negativos, os casos em que não se deve empregar a coerção, tenham sido particularmente enfatizados. Em primeiro lugar, é necessário que os agentes, no mercado, tenham liberdade para vender e comprar a qualquer preço que encontre um interessado na transação, e que todos sejam livres para produzir, vender e comprar qualquer coisa que possa ser produzida ou vendida. E é essencial que o acesso às diferentes ocupações seja facultado a todos, e que a lei não tolere que indivíduos ou grupos tentem restringir esse acesso pelo uso aberto ou disfarçado da força.

Qualquer tentativa de controlar os preços ou as quantidades desta ou daquela mercadoria impede que a concorrência promova uma efetiva coordenação dos esforços individuais, porque as alterações de preço deixarão de registrar todas as alterações importantes das condições de mercado e não mais fornecerão ao indivíduo a informação confiável pela qual possa orientar suas ações.

No entanto, esse princípio não se aplica necessariamente às medidas que apenas restringem os métodos de produção permitidos, desde que tais cortes afetem de igual modo todos os produtores virtuais e não sejam utilizados como meio indireto de controle de preços e quantidades. Embora todos esses controles dos métodos ou da produção imponham custos adicionais, pois tornam necessário o emprego de recursos maiores para alcançar determinado nível de produção, sua aplicação pode trazer bons resultados em certas circunstâncias. Proibir o uso de substâncias tóxicas ou exigir precauções especiais para sua utilização, limitar as horas de trabalho ou requerer certas disposições sanitárias é inteiramente compatível com a manutenção da concorrência. A única questão é estabelecer se, neste ou naquele caso, as vantagens obtidas são maiores do que os custos sociais decorrentes de tais medidas. A manutenção da concorrência tampouco é incompatível com um amplo sistema de serviços sociais desde que a organização de tais serviços não torne ineficaz a concorrência em vastos setores da vida econômica.

É lamentável, embora não seja difícil de explicar, que no passado se tenha dado muito menos atenção aos requisitos positivos para um eficiente funcionamento do sistema de concorrência do que aos pontos negativos. O funcionamento da concorrência não apenas requer a organização adequada de certas instituições como a moeda, os mercados e os canais de informação. Algumas delas nunca poderão ser convenientemente geridas pela iniciativa privada, mas dependem, sobretudo, da existência de um sistema legal apropriado, estruturado de modo a manter a concorrência e a possibilitar que ela produza os resultados mais benéficos possíveis. Não basta que a lei reconheça o princípio da propriedade privada e da liberdade de contrato. Também é importante uma definição precisa do direito de propriedade aplicado a questões diferentes. Infelizmente, até o momento tem sido negligenciado o estudo sistemático das instituições legais que farão o sistema competitivo funcionar de maneira eficiente. Com base em sólidos argumentos, podemos demonstrar que graves falhas, particularmente com relação às leis de sociedades anônimas e de patentes, não só levaram a concorrência a funcionar de modo muito menos eficaz como ainda causaram sua destruição em muitos setores.

Há, por fim, certos campos nos quais, sem dúvida, nenhuma disposição legal poderá criar a condição primeira da qual depende a eficácia do sistema de concorrência e de propriedade privada, ou seja, que o proprietário se beneficie de todos os serviços úteis prestados por sua propriedade e sofra as consequências dos danos causados por seu uso. Quando, por exemplo, é impraticável condicionar o usufruto de certos serviços ao pagamento de um preço, a concorrência não produzirá tais serviços; e o sistema de preços também não funcionará de modo conveniente quando o dano causado a outrem por certos usos da propriedade não puder ser cobrado ao proprietário. Em todos esses casos, há uma divergência entre os itens incorporados ao cálculo privado e os que influem no bem-estar social. Sempre que essa divergência se tornar significativa, tais serviços talvez devam ser prestados recorrendo-se a outro método que não a concorrência. Por exemplo, a colocação de sinais de tráfego nas ruas e, na maioria das circunstâncias, a construção das próprias vias públicas, não pode ser paga por seus usuários individualmente. Tampouco certos efeitos nocivos do desmatamento, de determinados métodos agrícolas, ou da fumaça e do ruído das fábricas, dizem respeito apenas ao proprietário em questão ou àqueles que aceitam se expor a esses efeitos em troca de uma compensação estipulada. Em tais casos, devemos procurar outros meios de controle que possam substituir o mecanismo de preços. No entanto, o fato de termos de recorrer a um controle direto pela autoridade, quando é impossível criar as condições para o funcionamento apropriado da concorrência, não prova que devamos suprimi-la nos setores em que possamos fazê-la funcionar adequadamente.

Criar as condições em que a concorrência seja tão eficiente quanto possível, complementar-lhe a ação quando ela não o possa ser, fornecer os serviços que, nas palavras de Adam Smith, *"embora ofereçam as maiores vantagens para a sociedade, são, contudo de tal natureza que o lucro jamais compensaria os gastos de qualquer indivíduo ou pequeno grupo de indivíduos"*, são as tarefas que oferecem, na verdade, um campo vasto e indisputável para a atividade estatal. Em nenhum sistema racionalmente defensável, seria possível o Estado ficar sem qualquer função. Um sistema eficaz de concorrência necessita, como qualquer outro, de uma estrutura legal elaborada com inteligência e sempre aperfeiçoada. Mesmo os pré-requisitos mais essenciais a seu funcionamento adequado, como a prevenção da fraude e do estelionato (inclusive a exploração da ignorância), constituem um vasto campo de atividade legislativa, que até hoje não foi dominado por completo.

Contudo a criação de uma estrutura adequada ao funcionamento benéfico da concorrência estava longe de ser completada quando, em toda a parte, os Estados começaram a substituí-la por um princípio diferente e inconciliável. Já não se tratava de fazer funcionar a concorrência e de complementar-lhe a ação, mas de suplantá-la inteiramente. É importante esclarecer bem o seguinte: o atual movimento favorável à planificação é um movimento contrário à concorrência, uma nova bandeira sob a qual se uniram os velhos inimigos do mercado livre. E, embora interesses de toda sorte estejam tentando agora restabelecer sob tal égide privilégios que a era liberal suprimiu, foi a propaganda socialista em favor da planificação que restaurou, entre as pessoas de tendências liberais, a respeitabilidade, da oposição à concorrência, e que dissipou a saudável suspeita que toda tentativa de suprimir a concorrência costumava despertar[41]. Na realidade, o que une os socialistas da esquerda e da direita é essa hostilidade comum à concorrência e o desejo de substituí-la por uma economia dirigida. Não obstante os termos "capitalismo" e "socialismo" ainda serem usados, em geral, para designar, respectivamente, as formas passada e futura da sociedade, eles ocultam a natureza da transição que vivemos, em vez de elucidá-la.

No entanto, embora todas as mudanças que estamos observando se inclinem para uma direção central abrangente da atividade econômica, a luta universal contra a concorrência promete gerar, antes de tudo, algo ainda pior sob vários aspectos: uma situação que não pode satisfazer nem os planejadores nem os liberais, uma espécie de organização sindicalista ou "corporativista", onde a concorrência é mais ou menos suprimida, mas o planejamento fica nas mãos de monopólios independentes, controlados por cada setor da economia. Esse é, inevitavelmente, o primeiro resultado de uma situação na qual todos, unidos na hostilidade à concorrência, concordam um pouco mais. Eliminando a concorrência de modo gradual em cada setor da economia, essa política deixa o consumidor à mercê da ação monopólica conjunta dos capitalistas e dos trabalhadores dos setores melhor organizados. No entanto, embora tal situação já exista há algum tempo em vastas esferas de atividade, e seja o objetivo de grande parte dos agitadores confusos (e de quase todos os agitadores interessados) favoráveis ao planejamento, não deverá subsistir nem poderá ser justificada de forma racional. Essa organização independente, feita por monopólios econômicos, produziria, na realidade, efeitos opostos aos visados pela própria ideia de planejamento.

Uma vez alcançado esse estágio, a única alternativa para a volta ao sistema de concorrência é o controle dos monopólios pelo Estado, que, para

---

41 É certo que, nos últimos tempos, alguns teóricos socialistas, aguilhoados pela crítica e impelidos pelo temor da extinção da liberdade numa sociedade centralmente planificada, idearam uma nova espécie de "socialismo competitivo" que, esperam, evitará as dificuldades e perigos de um planejamento central, associando a abolição da propriedade privada à plena preservação da liberdade individual. Embora certas publicações especializadas tenham debatido esta nova espécie de socialismo, é bastante improvável que ela consiga atrair os políticos práticos. E, se tal ocorrer, não será difícil mostrar (como já fiz em outro trabalho – veja: HAYEK, F. A. "Socialist Calculation: The Competitive 'Solution'". *Economica*, Vol. 7, No. 26 (May, 1940): 125-49) que esses planos repousam numa ilusão e pecam por uma contradição intrínseca. É impossível assumir o controle de todos os recursos produtivos sem, ao mesmo tempo, determinar por quem e em benefício de quem tais recursos devem ser usados. Embora neste chamado "socialismo competitivo" a planificação por uma autoridade central se tornasse um tanto mais indireta, seus efeitos não seriam, em essência, diferentes, e a concorrência seria pouco mais que uma farsa.

ser eficaz, deve tornar-se cada vez mais completo e minucioso. É desse estágio que estamos rapidamente nos aproximando. Pouco antes da guerra, um semanário apontava *"vários sintomas de que os dirigentes da política inglesa começavam a aceitar a ideia do desenvolvimento nacional por meio de monopólios tutelados"*[42]. Era, provavelmente, uma avaliação exata da situação na época. A partir daí, esse processo tem sido bastante acelerado pela guerra, e suas graves falhas e perigos se tornarão cada vez mais evidentes com o decorrer do tempo.

A centralização absoluta da gestão da atividade econômica ainda atemoriza a maioria das pessoas, sobretudo pela ideia em si mesma, mas também devido à tremenda dificuldade que isso implica. Se, todavia, estamos nos aproximando rapidamente de tal situação, é porque muitos ainda acreditam que seja possível encontrar um meio-termo entre a concorrência "atomística" e o dirigismo central. Com efeito, à primeira vista nada parece mais plausível, ou tem maior probabilidade de atrair as simpatias dos homens sensatos, do que escolher como meta não a extrema descentralização da livre concorrência nem a centralização completa representada por um plano único, mas uma judiciosa combinação dos dois métodos. Não obstante, o simples senso comum não se revela um guia seguro nesse campo. Embora a concorrência consiga suportar certo grau de controle governamental, ela não pode ser harmonizada em qualquer escala com o planejamento central sem que deixe de operar como guia eficaz da produção. Tampouco é o "planejamento" um remédio que, tomado em pequenas doses, possa produzir os efeitos esperados de sua plena aplicação. Quando incompletos, tanto a concorrência quanto o dirigismo central se tornam instrumentos fracos e ineficientes. Eles constituem princípios alternativos usados na solução do mesmo problema e, se combinados, nenhum dos dois funcionará efetivamente, e o resultado será pior do que se tivéssemos aderido a qualquer dos dois sistemas. Ou, em outras palavras, planificação e concorrência só podem ser combinadas quando se planeja visando à concorrência, mas nunca contra ela.

Para que o leitor compreenda a tese defendida neste trabalho, é de extrema importância ter em mente que nossa crítica visa exclusivamente ao planejamento contrário à concorrência – o que pretende substituí-la. Isso é tanto mais importante por não podermos, dentro dos limites desta obra, discutir o outro tipo de planejamento, imprescindível para tornar a concorrência

---

[42] *The Spectator*. March 3, 1939. p. 337.

tão eficaz e benéfica quanto possível. Mas como, no uso corrente, "planejamento" tornou-se quase sinônimo de planificação contra a concorrência, será algumas vezes inevitável, por motivos de concisão, designá-lo apenas como planejamento, embora isso importe deixar aos nossos adversários um excelente termo que mereceria melhor aplicação.

CAPÍTULO IV

- CAPÍTULO IV -

A "Inevitabilidade" da Planificação

> *"Fomos os primeiros a afirmar que, quanto mais complexa se torna a civilização, mais se deve restringir a liberdade do indivíduo".*
>
> – Benito Mussolini (1883-1945)

É significativo que poucos defensores da planificação se contentem em afirmar que o planejamento central se mostra desejável. A maioria deles afirma que não há mais escolha, e que circunstâncias incontroláveis nos obrigam a substituir a concorrência pelo planejamento. Cultiva-se deliberadamente o mito de que estamos tomando esse novo caminho não por nossa vontade, mas porque a concorrência está sendo eliminada por transformações tecnológicas que não podemos deter nem devemos impedir. E, raramente, o argumento vai além disso. Trata-se de uma dessas asserções que, transmitidas de autor para autor, por mera repetição acabam sendo admitidas como fatos estabelecidos. Todavia, é desprovida de qualquer fundamento. A tendência ao monopólio e ao planejamento não decorre de "fatos objetivos" e incontroláveis. É, ao contrário, produto de opiniões promovidas e propagadas durante meio século, até chegarem a dominar toda a nossa política de governo.

Dos vários argumentos empregados para demonstrar a inevitabilidade da planificação, o mais usado é aquele segundo o qual as transformações tecnológicas foram tornando impossível a concorrência em campos cada vez mais numerosos, só nos restando escolher entre o controle da produção por monopólios privados ou o controle pelo governo. Essa ideia provém, sobretudo, da doutrina marxista da "concentração da indústria", embora, como tantos conceitos marxistas, seja agora cultivada em muitos círculos que a receberam de terceira ou quarta mão e ignoram sua origem. Não contestamos, naturalmente, o fato histórico do crescimento progressivo dos monopólios durante os últimos cinquenta anos e a restrição cada vez maior do campo em que reina a concorrência. Muitas vezes, porém, exagera-se bastante a amplitude do fenômeno[43].

A questão realmente importante é determinar se esses fatos constituem consequência necessária do progresso da tecnologia ou se não serão simples resultado das políticas adotadas na maioria dos países. Veremos dentro em pouco que a história real da evolução desse fenômeno aponta para esta última hipótese. Mas, antes de tudo, devemos considerar até que ponto os modernos progressos tecnológicos são do gênero que torna inevitável o crescimento dos monopólios.

A causa de natureza tecnológica a que se atribui o surgimento do monopólio seria a superioridade das grandes firmas em relação às pequenas, por causa da maior eficiência dos modernos métodos de produção em massa. Afirma-se que os métodos modernos criaram, na maior parte dos setores da economia, condições que permitem à grande empresa aumentar sua produção a custos unitários decrescentes, fazendo com que, em *todos os* países, ela possa oferecer preços mais baixos e expulsar a pequena empresa do mercado. Esse processo continuaria até que, em cada setor, só restasse uma ou, no máximo, um número restrito de empresas gigantes. Tal argumento ressalta apenas um dos efeitos que, às vezes, acompanha o progresso tecnológico, menosprezando outros que atuam no sentido contrário, e não é confirmado por um exame cuidadoso dos fatos. Não podemos aqui investigar a questão

---

[43] Para uma análise mais completa destes problemas, veja o seguinte ensaio: ROBBINS, Lionel. "The Inevitability of Monopoly". In: *The Economic Basis of Class Conflict and Other Essays in Political Economy*. 1939. p. 45-80.

em detalhes e teremos de contentar-nos com os melhores testemunhos disponíveis. O mais abrangente estudo realizado sobre o assunto nos últimos tempos é o da comissão provisória de economia nacional norte-americana sobre a *Concentração do Poder Econômico*. O relatório final dessa comissão (que, certamente, não pode ser acusada de uma indevida parcialidade para com o liberalismo) conclui que o suposto desaparecimento da concorrência em função da maior eficiência dos métodos de produção em larga escala *"não pode ser comprovado pelos elementos de que dispomos"*[44]. E a minuciosa monografia sobre a matéria, redigida para a comissão, assim sintetiza a conclusão:

> [...] a maior eficiência das grandes empresas não foi demonstrada; em muitos setores, não foram encontradas as vantagens que eliminariam a concorrência. Tampouco as economias de escala, quando existem, pressupõem invariavelmente o monopólio [...]. As dimensões que favorecem a eficiência máxima podem ser alcançadas muito antes de a maior parte da produção estar sujeita a esse gênero de controle. Não se pode aceitar a conclusão de que as vantagens da produção em grande escala levam inevitavelmente à abolição da concorrência. Cumpre notar, contudo, que o monopólio é, muitas vezes, produto de outros fatores que não o menor custo decorrente da produção em larga escala. Ele resulta de conluios e é promovido pela política governamental. Quando se invalidam tais acordos e se altera a política, a concorrência pode ser restabelecida[45].

Um estudo da situação na Inglaterra produziria resultados muito semelhantes. Se observarmos a regularidade e a frequência com que os aspirantes ao monopólio obtêm o auxílio do Estado para tornar efetivo seu controle, iremos nos convencer de que o monopólio não é, em absoluto, inevitável.

Essa conclusão é bastante corroborada pela ordem histórica em que o declínio da concorrência e o surto do monopólio se manifestaram nos diferentes países. Se decorressem dos avanços tecnológicos ou fossem produto necessário da evolução do "capitalismo", teriam de surgir em primeiro lugar nos países cujo sistema econômico é mais avançado. Na realidade, apareceram pela primeira vez no último quarto do século XIX, em países

---

[44] *Final Report and Recommendations of the Temporary National Economic Committee*. 77ª Legislatura, 1ª Sessão, Documento nº 35 do Senado, 1941. p. 89.
[45] WILCOX, Clair. *Competition and Monopoly in American Industry*. Monografia da Comissão Provisória de Economia Nacional, nº 21, 1940. p. 314.

relativamente jovens do ponto de vista da industrialização: os Estados Unidos e a Alemanha. Em especial neste último país, que veio a ser considerado modelo da evolução lógica do capitalismo, o surgimento de cartéis e sindicatos tem sido deliberadamente promovido desde 1878 pela política governamental. Não só o protecionismo, mas também estímulos diretos, e por fim a coação, foram empregados pelos governos para favorecer a criação de monopólios, visando ao controle de preços e vendas. Foi lá que, com a ajuda do Estado, a primeira grande experiência de "planejamento científico" e "organização consciente da indústria" fez surgir monopólios gigantes, apresentados como consequências inevitáveis cinquenta anos antes que a mesma política fosse adotada na Inglaterra.

Os teóricos alemães do socialismo, sobretudo Werner Sombart, fizeram generalizações com base na experiência de seu país, e foi em grande parte devido à sua influência que se estabeleceu o conceito da transição inevitável do sistema de concorrência para o "capitalismo monopólico". O fato de, nos Estados Unidos, uma política altamente protecionista haver possibilitado evolução, algo semelhante parecia confirmar essas generalizações. No entanto, os acontecimentos na Alemanha passaram a ser considerados mais representativos de uma tendência universal do que o que se verificou nos Estados Unidos. Desse modo, tornou-se lugar-comum falar – como o faz um recente ensaio político de ampla divulgação – de uma *"Alemanha em que todas as forças sociais e políticas da civilização moderna alcançaram sua forma mais avançada"*[46].

Perceberemos quão pouco tudo isso era inevitável e como resultava muito mais da política governamental se considerarmos a situação da Inglaterra até 1931 e o que ocorreu depois desse ano em que a Grã-Bretanha também passou a adotar a política de protecionismo geral. Com exceção de poucos setores que já gozavam da proteção estatal antes disso, há doze anos apenas ainda reinava na economia britânica um clima de concorrência mais livre, talvez, do que em qualquer outra época de sua história. E, embora durante a década de 1920 essa economia fosse muito prejudicada por políticas governamentais incompatíveis no tocante a salários e moeda, pelo menos os anos anteriores a 1929 mostraram vantagens em relação à década de 1930 quanto ao problema do emprego e à atividade econômica geral. Só depois da adoção da política protecionista e da modificação geral da política econômica

---

46 NIEBUHR, Reinhold. *Moral Man and Immoral Society: A Study in Ethics and Politics*. New York: Charles Scribner's Sons,1932.

britânica que a acompanhou foi que o desenvolvimento dos monopólios assumiu um ritmo espantoso, transformando a indústria inglesa a um ponto que até então o público ainda não havia percebido. Dizer que tal desdobramento tem algo a ver com o progresso tecnológico desse período e que as necessidades de ordem tecnológica que atuaram na Alemanha nas décadas de 1880 e 1890 se fizeram sentir na Inglaterra na década de 1930 não é menos absurdo que a afirmação, implícita na frase de Mussolini que serve de epígrafe a este capítulo, segundo a qual a Itália foi obrigada a abolir a liberdade individual antes de qualquer outra nação europeia porque sua civilização se encontrava muito à frente da dos outros países.

     No que concerne à Inglaterra, a tese de que essa mudança de opinião e de política governamental apenas acompanha uma transformação inexorável dos fatos poderia parecer verossímil justamente porque este país seguiu com certo atraso a evolução intelectual dos demais. Desse modo, poderíamos argumentar que a organização monopólica da indústria tomou impulso, embora a opinião pública ainda fosse favorável à concorrência, mas que a vontade do povo foi frustrada por fatos externos. No entanto a verdadeira relação entre a teoria e a prática evidencia-se quando analisamos o protótipo dessa evolução na Alemanha. Não há dúvida de que, naquele país, a supressão da concorrência resultou de uma política adotada pelo governo para servir ao ideal hoje denominado planejamento. No avanço gradual rumo a uma sociedade completamente planificada, os alemães e todos aqueles que ora imitam seu exemplo não fazem mais que seguir o curso traçado pelos pensadores do século XIX, em especial os pensadores alemães. A história das ideias dos últimos 60 ou 80 anos é, com efeito, uma ilustração perfeita da seguinte verdade: na evolução social nada é inevitável, a não ser o que se pensa que é.

     A afirmação de que os modernos progressos da tecnologia levam, inevitavelmente, à planificação também pode ser interpretada de outra maneira. Ela pode dar a entender que a complexidade de nossa moderna civilização industrial faz surgir novos problemas que não poderemos solucionar senão por meio do planejamento central. De certo modo, essa asserção é verdadeira – mas não no sentido amplo que lhe é atribuído. É, por exemplo, lugar-comum que muitos dos problemas de uma cidade moderna, assim como numerosos outros causados pela íntima contiguidade espacial, não são convenientemente solucionados pela concorrência. Mas não são esses problemas, como os dos "serviços públicos", entre outros, os mais importantes aos olhos daqueles que invocam a complexidade da civilização moderna como justificativa para o planejamento central. O que eles costumam afirmar é que a dificuldade cada vez maior de se obter uma visão coerente de todo o processo econômico torna indispensável a coordenação exercida por um órgão central, a fim de que a vida social não mergulhe no caos.

Essa justificativa se fundamenta em uma ideia completamente errônea do modo como funciona a concorrência. Longe de se adequar apenas a condições mais ou menos simples, é a própria complexidade da divisão do trabalho no mundo moderno que faz da concorrência o único método pelo qual essa coordenação pode se produzir de modo eficaz. Um planejamento ou um controle eficiente não apresentariam dificuldades se as condições fossem tão simples que apenas uma pessoa pudesse fiscalizar todos os fatos importantes. A descentralização só se torna imperiosa quando os fatores a serem considerados são tão numerosos que é impossível obter uma visão de conjunto. Uma vez estabelecida a necessidade da descentralização, surge o problema da coordenação – um tipo de coordenação que dê aos órgãos particulares a autonomia de ajustar suas atividades a fatos que só eles podem conhecer e que, no entanto, promova ao mesmo tempo um ajustamento mútuo de seus respectivos planos. Como a descentralização tornou-se necessária porque ninguém pode equilibrar de maneira intencional todos os elementos que influenciam as decisões de tantos indivíduos, a coordenação não pode, é claro, ser efetuada por "controle consciente", mas apenas por meio de uma estrutura que proporcione a cada agente as informações de que precisa para um ajuste efetivo de suas decisões às dos demais. E, como nunca se podem conhecer todos os pormenores das modificações que influem constantemente nas condições da oferta e da procura das diferentes mercadorias, e nenhum órgão tem a possibilidade de reuni-los e divulgá-los com suficiente rapidez, torna-se necessário algum sistema de registro que assinale de forma automática todos os efeitos relevantes das ações individuais – sistema cujas indicações serão, ao mesmo tempo, o resultado das decisões individuais e a orientação para estas.

É justamente essa a função que o sistema de preços desempenha no regime de concorrência, e que nenhum outro sistema sequer promete realizar. Ele possibilita aos empresários ajustar sua atividade à de seus concidadãos, pela observação das oscilações de um certo número de preços, tal como o maquinista dirige o trem observando alguns mostradores. É importante assinalar que o sistema de preços só cumprirá sua função se a concorrência predominar, ou seja, se o produtor tiver que se adaptar às alterações de preços e não puder controlá-las. Quanto mais complexo o todo, mais dependemos da divisão de conhecimentos entre indivíduos cujos esforços separados são coordenados pelo mecanismo impessoal, transmissor dessas importantes informações, que denominamos sistema de preços.

Não é exagero dizer que, se tivéssemos precisado depender de planejamento central consciente para o desenvolvimento de nosso sistema industrial, este nunca teria alcançado o grau de diferenciação, complexidade e flexibilidade a que chegou. Comparado a esse método, que soluciona o problema econômico por meio da descentralização e da coordenação automática, o dirigismo central, mais óbvio em aparência, é incrivelmente canhestro, primitivo e de alcance limitado. Se a divisão do trabalho alcançou a amplitude que torna possível a civilização moderna, não foi por ter sido criada para tal fim, mas porque a humanidade descobriu por acaso um método graças ao qual essa divisão pôde ser estendida muito além dos limites dentro dos quais teria sido possível planejá-la. Longe, portanto, de tornar mais necessário o dirigismo central, a maior complexidade exigirá, mais do que nunca, o emprego de uma técnica que não dependa de controle consciente.

Há outra teoria que relaciona o surgimento dos monopólios ao progresso tecnológico, mas que emprega argumentos quase opostos aos que acabamos de considerar. Embora muitas vezes não seja formulada com clareza, essa teoria também exerceu considerável influência. Ela não afirma que a técnica moderna destrói a concorrência, mas, ao contrário, que será impossível fazer uso de muitas das novas possibilidades tecnológicas, a menos que se garanta proteção contra a concorrência – isto é, a não ser que monopólios sejam concedidos. Esse tipo de raciocínio não é necessariamente fraudulento, como talvez suspeite o leitor crítico. A contestação óbvia, ou seja, a de que, se uma nova técnica de satisfação das nossas necessidades for realmente melhor que outra, será capaz de resistir a toda sorte de concorrência – não resolve todos os casos a que o argumento se refere. Sem dúvida, muitas vezes ele não passa de uma forma de alegação usada por grupos de interesse. E, com mais frequência ainda, baseia-se talvez numa confusão entre a qualidade técnica considerada da perspectiva limitada do especialista e sua conveniência do ponto de vista da sociedade como um todo.

Resta, entretanto, uma série de casos em que o argumento tem certa relevância. Poderíamos conceber, por exemplo, que a indústria britânica de automóveis pudesse oferecer um carro mais barato e melhor do que os dos Estados Unidos, se todos na Inglaterra fossem obrigados a usar o mesmo tipo de carro:

ou que a eletricidade para todos os fins se tornasse mais barata do que o carvão ou o gás, se fosse possível, obrigando as pessoas a usar apenas eletricidade. Em exemplos como esses, não seria impossível que todos nos encontrássemos em situação melhor e preferíssemos essa nova situação, se nos fosse permitido escolher. Mas não haveria possibilidade de escolha, porque a alternativa seria usarmos todos o mesmo carro barato (ou somente eletricidade), ou ser-nos dado escolher entre essas coisas, cada uma a um preço muito mais elevado. Não sei se isso é válido para qualquer dos exemplos apontados. Contudo devemos reconhecer que é possível, por uma padronização compulsória ou pela restrição da variedade de artigos além de um determinado limite, criar em certos campos uma abundância mais que suficiente para compensar a limitação imposta à escolha do consumidor. É até concebível que surja algum dia um novo invento cujo emprego pareça indiscutivelmente benéfico, mas que só possa ser usado se todos ou quase todos forem obrigados a utilizá-lo ao mesmo tempo.

Quer esses exemplos possam ou não ter uma importância considerável e duradoura, não justificam, por certo, a ideia de que o progresso técnico torna inevitável o dirigismo central. Tornariam apenas necessário escolher entre o usufruto compulsório de determinada vantagem e sua não obtenção – ou, na maioria dos casos, sua obtenção posterior, no momento em que novos progressos da técnica tivessem superado as dificuldades existentes. Em tais circunstâncias, seríamos obrigados a sacrificar uma possível vantagem imediata em troca da liberdade – mas, por outro lado, evitaríamos que os progressos futuros dependessem de conhecimentos que, agora, apenas determinadas pessoas detêm. Sacrificando hoje tais vantagens hipotéticas imediatas, estaremos preservando um importante estímulo ao progresso futuro. Embora, no curto prazo, seja talvez bastante elevado o preço que tenhamos de pagar pela variedade e pela liberdade de escolha, numa perspectiva mais ampla, o próprio progresso material dependerá dessa variedade, porque nunca nos é dado prever qual das numerosas maneiras de se oferecer determinado bem ou serviço possibilitará o surgimento de algo mais perfeito. Não se pode afirmar, é claro, que a preservação da liberdade com o sacrifício de algum acréscimo ao nosso presente conforto material será recompensada em todos os casos. Mas a posição em favor da liberdade é justamente a de que devemos reservar espaço para os progressos espontâneos e imprevisíveis. Por conseguinte, ela não deixa de se aplicar quando, em face de nossos conhecimentos atuais, a obrigatoriedade só parece trazer vantagens, e ainda que em determinado caso não seja realmente prejudicial.

Em muitos dos atuais debates sobre os efeitos do progresso tecnológico, este nos é apresentado como algo externo a nós e que poderia obrigar-nos a utilizar os novos conhecimentos de uma forma específica. Se é verdade que as invenções nos conferiram um poder formidável, por outro lado mostra-se absurdo insinuar que devemos empregar esse poder para destruir nosso legado mais precioso: a liberdade. Isso significa, contudo, que, se quisermos preservá-la, deveremos zelar por ela mais do que nunca e estar preparados para fazer sacrifícios em seu favor. Ainda que os modernos avanços tecnológicos não nos forcem a empreender um planejamento econômico abrangente, em função deles torna-se infinitamente mais perigoso o poder de uma autoridade planejadora.

Embora seja indubitável que o impulso para o planejamento resulta de uma ação deliberada e que nenhuma necessidade externa nos obriga a isso, vale a pena indagar, contudo, por que encontramos entre os maiores entusiastas da planificação um número tão grande de técnicos e especialistas. A explicação desse fenômeno tem muita relação com um importante fato que os críticos do planejamento deveriam ter sempre presente. Sem dúvida alguma, quase todos os ideais tecnológicos dos nossos especialistas poderiam ser realizados num prazo relativamente curto, se realizá-los se tornasse o objetivo único da humanidade. Há uma quantidade infinita de boas coisas que todos nós admitimos serem extremamente desejáveis e também possíveis, mas são poucas as que poderemos ter esperança de obter durante nossa existência, e algumas só conquistaremos de maneira muito imperfeita. São as ambições frustradas do especialista em seu próprio campo de trabalho que o levam a revoltar-se contra a ordem reinante. Todos nós temos dificuldade em aceitar que coisas consideradas pelo consenso tão desejáveis quanto possíveis deixem de ser feitas. O fato de que essas coisas não podem ser realizadas todas ao mesmo tempo, e de que cada uma delas não pode ser obtida senão com o sacrifício de outras, só se torna evidente quando se levam em conta fatores alheios a qualquer especialidade, os quais só podem ser apreciados mediante penoso esforço intelectual. Tal esforço é ainda mais penoso porque nos obriga a considerar, em uma perspectiva mais ampla, os objetos de quase todas as nossas aspirações e a compará-los com outros alheios a nosso interesse imediato e com os quais, por isso, não nos importamos.

Cada um dos numerosos objetivos que, considerados isoladamente, seria possível obter numa sociedade planificada, gera entusiastas do planejamento que esperam impingir aos dirigentes da sociedade sua ideia sobre

Capítulo IV | A "Inevitabilidade" da Planificação

o valor daquele objetivo particular. E as esperanças de alguns deles seriam, decerto, realizadas, visto que uma sociedade planificada daria, sem dúvida, maior estímulo a alguns objetivos do que atualmente se faz. Seria ridículo negar que, nas atuais sociedades planificadas ou semiplanificadas, existem todas as boas coisas que os povos desses países devem inteiramente ao planejamento.

As magníficas autoestradas da Alemanha e da Itália são um exemplo dos mais citados, embora representem um tipo de planejamento que também é possível numa sociedade liberal. É, porém, igualmente ridículo mencionar tais exemplos de aperfeiçoamento técnico em setores específicos como prova da superioridade geral da planificação. Seria mais correto dizer que uma excelência técnica tão divergente das condições gerais é prova de má aplicação de recursos. Os que tiveram a oportunidade de observar que, nas famosas rodovias alemãs, o tráfego é menos intenso do que em muitas estradas secundárias da Inglaterra não terão dúvidas de que, ao menos para fins de paz, sua construção era injustificada. Se os planejadores, nesse caso, preferiram "canhões" à "manteiga", isso é outra questão[47].

Mas, de acordo com nossos padrões, não há nisso motivo para entusiasmo. A ilusão do especialista de que, numa sociedade planejada, ele conseguiria maior apoio para os objetivos de seu interesse é um fenômeno mais geral do que faz supor, à primeira vista, o termo "especialista". No que concerne a nossos interesses e predileções, todos somos, em certa medida, especialistas. Todos julgamos que nossa escala pessoal, de valores não é apenas pessoal, e que, num livre debate entre pessoas razoáveis, lograríamos convencer os outros de que nosso ponto de vista é o mais justo. O admirador da paisagem campestre que pretende, acima de tudo, preservar seu aspecto tradicional e apagar as marcas já deixadas pela indústria em sua formosa superfície é não menos que o entusiasta da higiene que quer pôr abaixo todas as casas velhas e insalubres, embora pitorescas; o automobilista que gostaria de ver os campos cortados por grandes estradas de rodagem; o fanático da eficiência que aspira ao máximo de especialização e mecanização, assim como o idealista que, a bem do desenvolvimento da personalidade, deseja a preservação do maior número possível de artesãos independentes – todos eles sabem que seu objetivo só pode ser completamente alcançado mediante a planificação, e por essa razão a desejam.

---

[47] Entretanto, no momento em que corrijo estas provas, chega a notícia de que os trabalhos de conservação das autoestradas alemãs foram suspensos.

No entanto a adoção do planejamento social que reclamam não deixará de trazer à tona o conflito oculto existente entre esses objetivos. O movimento a favor de uma sociedade dirigida deve sua força atual, sobretudo, ao fato de que, embora o planejamento, em grande parte, ainda não passe de uma aspiração, reúne todos os idealistas que têm um só propósito fundamental, todos os homens e mulheres que consagram sua vida a somente uma missão. As esperanças que eles depositam no planejamento não resultam, entretanto, de uma visão ampla da sociedade, mas, ao contrário, de um ponto de vista muito limitado, e em geral são fruto da importância exagerada atribuída a finalidades por eles consideradas prioritárias. Com isso, não pretendemos subestimar o grande valor pragmático dessas pessoas numa sociedade livre como a nossa, valor que as faz objeto de merecida admiração. Contudo, esse mesmo valor faria dos que mais ardentemente desejam planejar a sociedade os indivíduos mais perigosos se tal lhes fosse permitido.

Seriam, também, os mais intolerantes para com os planos alheios. Entre o idealista dedicado e o fanático, muitas vezes há apenas um passo. Embora o ressentimento do especialista frustrado constitua o mais poderoso estímulo à reivindicação de planejamento central, é difícil imaginar um mundo mais intolerável – e também mais irracional – do que aquele em que se permitisse aos mais eminentes especialistas de cada campo proceder sem entraves à realização dos seus ideais.

Tampouco pode a "coordenação" converter-se numa nova especialidade, como parecem julgar alguns planejadores. O economista é o último a atribuir-se os conhecimentos que o coordenador teria de dominar. Ele se empenha em defender um método que promova tal coordenação sem a necessidade de um ditador onisciente. Mas isso implica, justamente, a preservação das restrições impessoais – e muitas vezes ininteligíveis – aos esforços do indivíduo, restrições essas que muito irritam a todos os especialistas.

CAPÍTULO V

- CAPÍTULO V -

Planificação e Democracia

> *"O estadista que pretendesse ditar aos indivíduos o modo de empregar seu capital não somente assumiria uma sobrecarga de cuidados desnecessários como se arrogaria uma autoridade que não seria prudente confiar a conselho ou senado de qualquer espécie, e que jamais seria tão perigosa como nas mãos de um homem insensato e presunçoso a ponto de julgar-se apto a exercê-la".*
>
> – Adam Smith (1723-1790)

A característica comum a todos os sistemas coletivistas pode ser definida, numa expressão tida em grande estima pelos socialistas de todas as escolas, como a organização intencional das atividades da sociedade em função de um objetivo social definido. Aliás, uma das principais queixas formuladas pelos críticos socialistas contra nossa sociedade atual sempre foi a ausência, em tal coletividade, dessa direção "consciente" visando a uma finalidade única e o fato de seu funcionamento ser deixado ao sabor dos caprichos e do arbítrio de indivíduos irresponsáveis.

Capítulo V | PLANIFICAÇÃO E DEMOCRACIA

Sob diversos aspectos, essa é uma formulação muito clara da questão básica, que nos conduz diretamente ao ponto em que a liberdade individual entra em conflito com o coletivismo. Os vários gêneros de coletivismo – comunismo, fascismo etc. – diferem entre si quanto ao fim para o qual pretendem dirigir os esforços da sociedade.

Todos eles, porém, distinguem-se do liberalismo e do individualismo, por pretenderem organizar a sociedade inteira e todos os seus recursos visando a essa finalidade única e por se negarem a reconhecer esferas autônomas em que os objetivos individuais são soberanos. Em suma, são totalitários na verdadeira acepção desse novo termo que adotamos para designar as manifestações inesperadas e, no entanto, inseparáveis do que, em teoria, chamamos coletivismo.

O "objetivo social", ou o "propósito comum" para o qual se pretende organizar a sociedade, costuma ser vagamente definido como o "bem comum", o "bem-estar geral" ou o "interesse comum". Não é necessário muito esforço para se perceber que esses termos não estão suficientemente definidos para determinar uma linha específica de ação. O bem-estar e a felicidade de milhões não podem ser aferidos numa escala única de valores. O bem-estar de um povo, assim como a felicidade de um homem, depende de inúmeras coisas que lhe podem ser proporcionadas numa infinita variedade de combinações. Não é possível exprimi-las de modo adequado como um objetivo único, mas apenas como uma hierarquia de objetivos, uma ampla escala em que cada necessidade de cada pessoa tem seu lugar. A direção de todas as nossas atividades de acordo com um plano único pressupõe que, para cada uma de nossas necessidades, se atribua uma posição numa ordem de valores que deve ser bastante completa para tornar possível a escolha entre as diferentes alternativas que o planejador tem diante de si. Pressupõe, em suma, a existência de um código ético completo, em que todos os diferentes valores humanos estejam colocados em seu devido lugar.

O conceito de um código moral completo nos é estranho e convém um esforço de imaginação para percebermos o que ele envolve. Não costumamos pensar que códigos morais sejam mais completos ou menos completos. O fato de estarmos sempre escolhendo entre valores diferentes, sem qualquer código social que prescreva de que modo devemos escolher, não nos causa surpresa nem nos leva a pensar que nosso código de moral seja incompleto. Em nossa sociedade, não há ocasião nem motivo para que as pessoas tenham ideias idênticas sobre o que é preciso fazer em cada situação.

No entanto, quando todos os meios a ser empregados pertencem à sociedade e devem ser usados em nome desta, de acordo com um plano unitário, é preciso que todas as decisões referentes às medidas a serem adotadas fiquem submetidas a uma perspectiva "social". Num mundo como esse, não tardaríamos a descobrir que nosso código moral está cheio de lacunas.

Não pretendemos analisar aqui se é ou não desejável ter um código moral completo como o que acabamos de descrever. Salientaremos apenas que, até agora, o progresso da civilização tem sido acompanhado por uma constante limitação da esfera em que os atos individuais se acham sujeitos a regras fixas. As normas que constituem nosso código moral comum têm-se tornado cada vez menos numerosas e de caráter mais geral. Desde o homem primitivo, restringido por um complicado ritual que abrangia quase todas as suas atividades cotidianas, limitado por inúmeros tabus, e que mal podia conceber uma conduta diferente da dos seus companheiros, a moral vem apresentando uma tendência a tornar-se cada vez mais uma simples linha divisória a circunscrever a esfera em que o indivíduo pode agir livremente. A adoção de um código comum de ética que seja abrangente a ponto de determinar um plano econômico unitário implicaria em uma total inversão dessa tendência.

O essencial para nós é que tal código ético completo não existe. A tentativa de dirigir toda a atividade econômica de acordo com um plano único suscitaria inúmeras questões cuja solução somente as regras morais poderiam fornecer, mas para as quais a moral em vigor não tem resposta e, quando tem, ela não pode proporcionar um consenso sobre o que se deve fazer. As ideias humanas sobre essas questões ou não estão definidas ou são conflitantes porque, na sociedade livre em que vivemos, não temos a oportunidade de refletir a seu respeito, e muito menos de formar opiniões comuns sobre o assunto.

Além de não termos uma escala que inclua todos os valores, seria impossível a qualquer intelecto abarcar a infinita gama de necessidades de diferentes indivíduos que competem entre disponíveis e atribuir um peso definido a cada uma delas. No que diz respeito ao nosso problema, não tem grande importância se os objetivos de cada indivíduo visam apenas às suas necessidades pessoais ou se incluem as de seus amigos mais próximos, ou mesmo dos mais distantes – ou seja, se ele é egoísta ou altruísta na acepção comum de ambas as palavras. O fundamental é que cada pessoa só se pode ocupar de um campo limitado. Só se dá conta da premência de um número limitado de necessidades. Quer seus interesses girem apenas em torno das próprias necessidades físicas, quer haja preocupação com o bem-estar de cada ser humano que conhece, os objetivos que lhe podem dizer respeito corresponderão sempre a uma parte infinitesimal das necessidades de todos os homens.

Esse é o fato fundamental em que se baseia toda a filosofia do individualismo. Ela não parte do pressuposto de que o homem seja egoísta ou deva sê-lo, como muitas vezes se afirma. Parte apenas do fato incontestável de que os limites dos nossos poderes de imaginação nos impedem de incluir em nossa escala de valores mais que uma parcela das necessidades da sociedade inteira. Como, em sentido estrito, tal escala só pode existir na mente de cada um, segue-se que só existem escalas parciais de valores, as quais são inevitavelmente distintas entre si e mesmo conflitantes. Daí concluem os individualistas que se deve permitir ao indivíduo, dentro de certos limites, seguir seus próprios valores e preferências em vez dos de outrem; e que, nesse contexto, o sistema de objetivos do indivíduo deve ser soberano, não estando sujeito aos ditames alheios. É esse reconhecimento do indivíduo como juiz supremo dos próprios objetivos. É a convicção de que suas ideias deveriam governar-lhe tanto quanto possível a conduta que constitui a essência da visão individualista.

Esse ponto de vista não exclui, é claro, a existência de fins sociais ou, antes, a possibilidade de uma coincidência de objetivos individuais que torna oportuna a união de indivíduos na persecução destes. Limita, porém, essa ação comum aos casos em que as opiniões individuais coincidem. Os chamados "fins sociais" são, pois, simplesmente, objetivos idênticos de muitos indivíduos – ou objetivos para cuja realização os indivíduos estão dispostos a contribuir em troca da ajuda que recebem no tocante à satisfação de seus próprios desejos. A ação comum limita-se, assim, aos campos em que as pessoas concordam acerca de objetivos comuns. Com muita frequência, tais objetivos comuns não constituirão os objetivos supremos do indivíduo, mas apenas meios que diferentes pessoas podem utilizar para alcançar diferentes propósitos. Com efeito, é mais provável que as pessoas concordem quanto a uma ação comum se o fim visado por todos não constitui para eles um objetivo supremo, e sim um meio capaz de servir a uma grande variedade de propósitos.

Quando os indivíduos se aliam com um esforço conjunto para realizar objetivos que têm em comum, são conferidos às organizações por eles formadas para esse fim, como o Estado, um sistema próprio de objetivos e seus próprios meios de ação. Entretanto qualquer organização assim constituída continua sendo uma "pessoa" entre as demais. No caso do Estado, trata-se de uma "pessoa" muito mais poderosa que qualquer outra, é claro, mas que, mesmo assim, tem sua esfera separada e limitada, dentro da qual seus objetivos serão supremos. Os limites dessa esfera são determinados pelo grau de consenso dos indivíduos acerca de objetivos específicos; e a probabilidade de que eles concordem sobre determinada linha de ação diminui à proporção que se amplia o âmbito dela. Os cidadãos serão praticamente unânimes em admitir o exercício de certas funções do Estado. Acerca de outras, poderá existir o acordo de uma maioria considerável – e assim por diante, até alcançarmos esferas em que, embora cada indivíduo possa desejar que o Estado proceda desta ou daquela maneira, as opiniões sobre o que o governo deve fazer serão quase tão numerosas quanto as diferentes pessoas.

Só podemos contar com um acordo voluntário para orientar a ação do Estado conforme este se limite às esferas onde tal acordo existe. Mas não é só quando o Estado assume o controle direto em campos onde esse acordo não existe que ele acaba por suprimir a liberdade individual. Infelizmente, não é possível estender de modo contínuo a esfera da ação comum sem reduzir, ao mesmo tempo, a liberdade do indivíduo em sua própria esfera. Quando o setor público, em que o Estado controla todos os meios, excede certa parte do todo, os efeitos de suas ações dominam o sistema inteiro. Embora o Estado só controle diretamente o uso de uma grande parte dos recursos disponíveis, os efeitos de suas decisões sobre a parte restante do sistema econômico se tornam tão acentuados que, de maneira indireta, ele passa a controlar quase tudo. Quando as autoridades centrais e locais controlam diretamente o uso de mais de metade da renda nacional (como sucedia, por exemplo, na Alemanha já em 1928, onde as estimativas oficiais computavam essa proporção em 53%), acabam controlando indiretamente quase toda a vida econômica da nação. Poucos serão, assim, os objetivos individuais cuja realização não dependa da ação estatal. Quase todos eles serão abrangidos pela "escala social de valores", que orienta a ação do Estado.

Não é difícil perceber o que acontece quando a democracia dá início a uma linha de planejamento cuja execução exige um consenso muito maior do que na realidade existe. É possível que o povo tenha concordado com a adoção de um sistema de economia planificada por ter-se deixado persuadir de que tal sistema contribuirá para criar uma grande prosperidade. Nos debates que conduziram à decisão, o objetivo do planejamento foi talvez designado por algum termo como "bem-estar comum", termo que apenas oculta a ausência de um verdadeiro acordo sobre tal objetivo. Na verdade, só haverá acordo quanto ao mecanismo a ser empregado. Mas ocorre que esse mecanismo só pode ser usado para a realização de um fim comum; e a questão da meta precisa para a qual se deve canalizar toda a atividade surgirá tão logo o poder executivo tenha de transformar a exigência de um plano único num específico. Verificar-se-á, então, que há consenso sobre a conveniência de planejamento, mas não sobre os fins que o plano deve atender. Essa situação assemelha-se, em parte, ao que ocorre quando várias pessoas decidem viajar em grupo sem fixar o destino da viagem. Poderá acontecer que tenham de empreender uma jornada que deixe a maioria insatisfeita. Esse planejamento cria uma situação na qual é necessário concordarmos com um número muito maior de questões do que estamos habituados. Além disso, num sistema planejado, não podemos limitar a ação coletiva às tarefas em torno das quais é possível haver acordo, pois convém haver consenso sobre todas as questões para que sigamos uma linha de ação, seja ela qual for. Esses são os aspectos que mais tendem a determinar o caráter de um sistema planejado.

Pode ocorrer que a vontade unânime do povo exija que o parlamento apresente um plano econômico abrangente, mas que nem o povo nem seus representantes cheguem a um acordo a respeito de qualquer plano específico. A incapacidade das assembleias democráticas de pôr em prática o que parece um evidente mandato do povo ocasionará inevitável descontentamento com as instituições democráticas. Os parlamentos serão considerados locais de debates inúteis, incapazes ou incompetentes para realizar as tarefas a eles atribuídas. Cresce a convicção de que, para se realizar um planejamento eficaz, a gestão econômica deve ser afastada da área política e confiada a especialistas – funcionários permanentes ou organismos autônomos e independentes.

Esse problema é bem conhecido pelos socialistas. Há quase meio século, os socialistas fabianos Sidney Webb (1859-1947) e Beatrice Webb (1858-1943) lamentavam a *"crescente incapacidade da Câmara dos Comuns para cumprir suas funções"*[48]. Mais recentemente, o professor Harold J. Laski (1893-1950) foi além:

> Sabe-se que o atual mecanismo parlamentar é bastante inadequado à aprovação rápida de um volumoso corpo de leis complexas. O governo, na verdade, basicamente admitiu isso ao implementar suas medidas econômicas e tarifárias, não por meio de debate pormenorizado na Câmara dos Comuns, mas por um sistema generalizado de delegação da função legislativa. Um

---

[48] WEBB; Sidney & WEBB, Beatrice. *Industrial Democracy*. London: Longmans, Green & Co, 1897. p. 800, nota de rodapé.

governo trabalhista, presumo eu, ampliaria esse precedente, limitando a Câmara dos Comuns às duas funções que ela, de fato, é capaz de desempenhar: a exposição das queixas e o debate dos princípios gerais subjacentes às suas medidas. Suas leis assumiriam a feição de fórmulas gerais conferindo amplos poderes aos órgãos governamentais competentes; e esses poderes seriam exercidos por decretos reais que, se assim se desejasse, poderiam ser derrubados na Câmara por meio de um voto de desconfiança. A necessidade e o valor da delegação da função legislativa foram há pouco reafirmados com vigor pela Comissão Donoughmore, e sua aplicação mais ampla é inevitável para que o processo de socialização não seja frustrado por métodos de obstrução sancionados pelas normas parlamentares em vigor.

Para tornar bem claro que um governo socialista não deve deixar-se tolher em demasia pelos processos democráticos, no fim do mesmo artigo o professor Harold Laski perguntava se *"num período de transição para o socialismo, um governo trabalhista pode arriscar-se a ver seus programas subvertidos como resultado das próximas eleições gerais"*. É formulada a pergunta. Deixou-a significativamente sem resposta[49].

É importante perceber com clareza as causas da reconhecida ineficácia dos parlamentos quando se trata de administrar em detalhes os assuntos econômicos de um país. Essa ineficácia, no entanto, não deve ser atribuída aos representantes do povo, nem às instituições parlamentares em si, e sim às contradições implícitas na tarefa que lhes é confiada. Não lhes é solicitado tomar providências acerca dos casos em que pode haver acordo, mas que cheguem a um acordo a respeito de tudo – ou seja, da gestão total dos recursos do país.

Entretanto o sistema de decisão por maioria não se mostra apropriado a essa tarefa. É possível recorrer às maiorias quando se escolhe entre alternativas limitadas. No entanto, acreditar que possa haver opinião

---

[49] LASKI, Harold J. "Labour and the Constitution". *The New Statesman and Nation*, nº 81 (New Series, September 10, 1932), p. 277. Em sua obra *Democracy in Crisis* [Democracia em Crise], de 1933, especialmente na página 87 da edição original (Chapel Hill: The University of North Carolina Press. 1933), em que o professor Laski desenvolveu mais tarde essas ideias, encontra-se expressa de maneira ainda mais clara sua resolução de não se permitir que a democracia parlamentar constitua obstáculo à construção do socialismo: não só um governo socialista *"assumiria vastos poderes e legislaria mediante decretos e determinações, suspendendo as fórmulas clássicas e normais de oposição"*, mas a *"continuação do regime parlamentar dependeria da garantia dada pelo Partido Conservador (ao governo trabalhista) de que a obra de transformação (socialista) não seria desfeita em caso de derrota nas urnas"*. Como o professor Laski invoca a autoridade da Comissão Donoughmore, vale a pena recordar que ele fez parte dessa comissão e, provavelmente, é um dos autores do relatório.

majoritária sobre todas as coisas não é uma atitude racional. Quando o número de linhas de ação é incalculável, parece infundado esperar a informação de maioria em torno de qualquer uma delas. Embora cada membro da assembleia legislativa possa preferir um determinado plano para a gestão das atividades econômicas à ausência de qualquer outro, pode acontecer que nenhum desses projetos pareça aceitável à maioria quando contraposto à inexistência de planejamento.

Tampouco se pode chegar a um plano coerente dividindo-o em partes e submetendo à votação cada uma delas. Seria absurdo uma assembleia democrática votar e emendar um plano econômico abrangente cláusula por cláusula, como se faz com um projeto de lei ordinário. Todo plano econômico, para merecer esse nome, deve basear-se numa concepção unitária. Ainda que, passo por passo, um parlamento chegasse a concordar sobre um esquema qualquer, este acabaria infalivelmente por não satisfazer a ninguém. Um todo complexo em que as partes devem ser ajustadas umas às outras com a maior precisão não pode ser obtido mediante acomodação de ideias conflitantes. Traçar dessa maneira um plano econômico é ainda menos possível do que, por exemplo, planejar com êxito uma campanha militar por processos democráticos. Como acontece na estratégia, seria inevitável delegar a tarefa aos especialistas.

Todavia, a diferença reside em que, enquanto ao general responsável por uma campanha é confiado um objetivo único a que, enquanto durar essa campanha (todos os meios sob seu controle deverão ser exclusivamente consagrados), ao planejador econômico não se pode dar uma meta única, nem é possível impor-lhe igual limitação dos meios a utilizar. O general não se vê obrigado a decidir entre diferentes objetivos possíveis. Para ele, só existe apenas uma meta suprema. Mas os objetivos de um plano econômico, ou de uma parte deste, não podem ser definidos independentemente do plano em si. A essência do problema econômico está em que a elaboração de um plano envolve a escolha entre finalidades conflitantes ou que competem entre si – diferentes necessidades de pessoas diversas. Contudo só aqueles que conhecem todos os fatos saberão quais são os objetivos que realmente conflitam e quais os que terão de ser sacrificados em benefício de outros – em suma, entre que alternativas é preciso escolher. E apenas eles, os especialistas, estão em condições de decidir qual dos diferentes objetivos terá de ser prioritário. É inevitável, assim, que eles imponham sua escala de preferência à comunidade para a qual planejam.

Nem sempre tal fato é percebido com clareza. Em geral, procura-se justificar a delegação de poderes pelo caráter técnico da tarefa. Mas isso não significa que se deleguem poderes apenas nos casos que envolvem detalhes técnicos, ou mesmo que a dificuldade decorra da incapacidade de os parlamentos compreenderem tais detalhes[50].

As alterações da estrutura do Direito Civil não são menos técnicas em todas as suas implicações. Contudo ninguém sugeriu até hoje que a legislação nessa área seja delegada a um conjunto de especialistas. O fato é que, nessas esferas, a legislação não vai além de normas gerais em torno das quais se pode chegar a um verdadeiro acordo da maioria, enquanto, na gestão das atividades econômicas, os interesses a serem conciliados são tão divergentes que há pouquíssima probabilidade de se obter um verdadeiro acordo em qualquer assembleia democrática.

Deve-se entender, no entanto, que não é a delegação de poderes em si que é tão condenável. Combatê-la equivale a combater um sintoma, e não a causa. Como ela talvez seja resultado de outras causas, isso enfraquece toda a argumentação. Desde que se delegue apenas o poder de estabelecer normas gerais, é bastante justificável que tais normas sejam formuladas pela autoridade local, e não pela autoridade central. O aspecto condenável no caso é que se recorre com frequência à delegação, porque o assunto não pode ser regulado por meio de normas gerais, mas apenas pelo poder discricionário na decisão de casos particulares. Delegação significa aí conferir a uma autoridade o poder de tomar, legalmente, decisões que, para todos os efeitos, são

---

[50] É esclarecedor fazer aqui uma breve referência ao documento oficial que, há certo tempo, vem trazendo a discussão desses problemas. Treze anos atrás, isto é, antes de a Inglaterra decidir abandonar em definitivo o liberalismo econômico, o processo de delegação dos poderes legislativos já tinha chegado a um ponto tal que se julgou necessário nomear uma comissão para investigar *"as salvaguardas desejáveis ou necessárias à garantia do estado de Direito"*. Em seu relatório (*Report of the Lord Chancellor's Committee in Ministers Powers.* Cmd. 4060, 1932), a Comissão Donoughmore mostrava que já naquela data o Parlamento recorrera à "delegação indiscriminada e em larga escala", mas a considerava um fato inevitável e bastante inócuo (isso antes de termos realmente vislumbrado o abismo totalitário). É possível que a delegação em si não constitua um perigo para a liberdade. O aspecto interessante é o motivo pelo qual a delegação se tornara necessária em tão larga escala. A primeira entre as causas enumeradas no relatório é o fato de que *"hoje em dia o parlamento aprova tantas leis"* e *"grande parte dos detalhes são de natureza tão técnica que se tornam impróprios à discussão parlamentar"*. Mas, se isso fosse tudo, não haveria razão para que os detalhes não fossem discutidos antes da aprovação de uma lei pelo Parlamento, e não depois. O que em muitos casos constitui provavelmente uma razão muito mais importante é que, *"se o Parlamento não se dispusesse a delegar o poder de legislar, seria incapaz de aprovar a espécie e a quantidade de leis que a opinião pública requer"*. Isso transparece inocentemente na simples frase: *"Muitas dessas leis atingem de forma tão profunda a vida das pessoas que a flexibilidade se torna essencial"*. Que significa tal prática senão a concessão de poderes arbitrários – poderes não limitados por qualquer princípio fixo e que, na opinião do Parlamento, não seriam restringidos por normas definidas e claras?

arbitrárias (o que, na linguagem corrente, seria "julgar o caso segundo seus próprios méritos").

A delegação de determinadas tarefas técnicas a organismos autônomos, embora fato frequente, não é, contudo, senão o primeiro passo no processo pelo qual uma democracia, ao adotar o planejamento, progressivamente abre mão de seus poderes. O recurso à delegação não pode, na verdade, afastar as causas que tornam todos os defensores do planejamento abrangente tão intolerantes com a impotência da democracia. A delegação de determinados poderes a organismos autônomos cria um novo obstáculo à realização de um plano único e coordenado. Ainda que, mediante esse recurso, uma democracia conseguisse planejar cada setor da atividade econômica, teria de enfrentar também o problema da integração desses planos distintos num todo coerente.

A soma de muitos planos distintos não constitui um plano global – e, como os adeptos do planejamento deveriam ser os primeiros a reconhecer, isso pode ser pior do que a ausência de qualquer plano. Contudo, a assembleia legislativa democrática hesitará muito em abrir mão das decisões sobre questões realmente essenciais, tornando impossível a qualquer outro organismo ou indivíduo a elaboração do plano global. No entanto a concordância quanto à necessidade do planejamento, junto com a incapacidade das assembleias democráticas de apresentarem um plano, suscitará pressões cada vez maiores no sentido de que se conceda ao governo ou a algum indivíduo poderes para agir sob sua própria responsabilidade. Aumenta cada vez mais a convicção de que, se quisermos resultados, devemos libertar as autoridades responsáveis dos grilhões representados pelas normas democráticas.

O clamor por um ditador econômico é um estágio característico da tendência ao planejamento, já familiar neste país. Há vários anos um dos mais agudos observadores estrangeiros da Inglaterra, Élie Halévy (1870-1937), observou que:

> Se fizéssemos uma montagem fotográfica reunindo [o conservador] *Lord* Eustace Percy (1887-1958), [o fascista] *Sir* Oswald Mosley (1896-1980) e [o trabalhista] *Sir* Stafford Cripps (1889-1952), descobriríamos neles um traço comum. Estariam todos dizendo: "Vivemos no caos econômico e não conseguiremos superá-lo, senão por meio de alguma forma de liderança ditatorial"[51].

---

51 HALÉVY, Elie. "Socialism and the Problems of Democratic Parliamentarism". *International Affairs*, Vol. XIII, No. 5 (July 1935) p. 501.

Muito tem aumentado, de então para cá, o número de homens públicos influentes cuja inclusão não alteraria sensivelmente as características dessa "montagem fotográfica".

Na Alemanha, mesmo antes de Adolf Hitler subir ao poder, o avanço nesse sentido já havia sido bem maior. É importante recordar que, muito antes de 1933, a Alemanha alcançara um estágio em que não lhe restava senão ser governada de modo ditatorial. Ninguém duvidava, então, de que a democracia entrara em colapso, ao menos por certo tempo, e de que democratas sinceros como Heinrich Brüning (1885-1970) eram tão incapazes de governar democraticamente como o eram Kurt von Schleicher (1882-1934) ou Franz von Papen (1879-1969). Hitler não precisou destruir a democracia. Limitou-se a tirar proveito de sua decadência e, no momento crítico, conseguiu o apoio de muitos que, embora o detestassem, consideravam-no o único homem bastante forte para pôr as coisas em marcha.

Os defensores do planejamento tentam, em geral, fazer-nos aceitar essa evolução dos acontecimentos alegando que, enquanto a democracia mantiver o controle supremo, seus princípios essenciais não serão afetados. Assim, Karl Mannheim escreve:

> O único [*sic*] aspecto em que uma sociedade planejada difere da sociedade do século XIX consiste no fato de naquela um número cada vez maior de esferas da vida social – e por fim todas elas – fica sujeito ao controle do Estado. Mas, se alguns desses controles podem ser restringidos pela soberania parlamentar, também é possível fazer com que muitos o sejam... Num Estado democrático, a soberania pode ser infinitamente fortalecida por poderes plenos sem que com isso se renuncie ao controle democrático[52].

Esta ideia não leva em conta uma distinção de vital importância. O parlamento pode, é claro, controlar a execução de tarefas às quais possa imprimir uma orientação definida, sobre cujo objetivo tenha concordado antecipadamente e em que se limite a delegar a execução dos detalhes. Mas a situação é de todo diversa quando os poderes são delegados, pois não existe um verdadeiro acordo sobre as finalidades; quando o órgão encarregado do planejamento tem de escolher entre finalidades de cujos pontos conflitantes, e o parlamento nem sequer está informado; e quando a única solução é

---

52 MANNHEIM, Karl. *Man and Society in an Age of Reconstruction*. *Op. cit.*, p. 340.

apresentar-lhe um plano que tem de ser aceito ou rejeitado como um todo. É possível que haja, e provavelmente haverá, críticas, porém, como não haverá maioria que aprove um plano alternativo, e como as partes criticadas podem quase sempre ser apresentadas como partes essenciais do conjunto, essas críticas serão bastante ineficazes. O debate parlamentar pode ser preservado como válvula de segurança útil e mais ainda como meio apropriado para a divulgação das respostas oficiais às queixas formuladas. Pode mesmo impedir alguns abusos flagrantes e insistir com êxito para que determinadas falhas sejam sanadas. No entanto o parlamento não pode gerir. Na melhor das hipóteses, será reduzido a escolher as pessoas que devem ser investidas de poderes quase absolutos. Todo o sistema tenderá à ditadura plebiscitária em que o chefe do governo tem sua posição periodicamente confirmada pelo voto popular, mas em que ele detém todos os poderes para garantir que a eleição produza o resultado desejado.

A democracia exige que as possibilidades de controle consciente se restrinjam aos campos em que existe verdadeiro acordo, e que, em certos campos, se confie no acaso: esse é seu preço. Mas numa sociedade cujo funcionamento está subordinado ao planejamento central não se pode fazer com que esse controle dependa da possibilidade de um acordo de maioria. Muitas vezes, será necessário impor ao povo a vontade de uma minoria, porque essa constitui o grupo mais numeroso capaz de chegar a um acordo sobre a questão em debate. O governo democrático funcionou de modo satisfatório nos casos em que, por força de uma convicção amplamente difundida, as funções governamentais restringiam-se aos campos em que se podia alcançar um acordo de maioria pelo livre debate. E só funcionou enquanto isso foi possível. O grande mérito da doutrina liberal é ter reduzido a gama de questões que dependem de consenso a proporções adequadas a uma sociedade de homens livres.

Muitos dizem, no atual momento, que a democracia não tolerará o "capitalismo". Se na acepção dessas pessoas "capitalismo" significa um sistema de concorrência baseado no direito de dispor livremente da propriedade privada, é muito mais importante compreender que, só no âmbito de tal sistema, a democracia se torna possível. No momento em que for dominada por uma doutrina coletivista, a democracia destruirá a si mesma, inevitavelmente.

Não temos, contudo, a intenção de converter a democracia em fetiche. Talvez seja verdade que nossa geração fale e pense demais em democracia e muito pouco nos valores a que ela serve. Não se pode dizer da democracia o que *Lord* Acton, com razão, disse da liberdade: que ela não é

> um meio para a consecução de um objetivo político superior. Ela própria é o supremo objetivo político. Ela não se faz necessária em virtude de uma administração pública; visa, antes, a assegurar a busca dos mais altos objetivos da sociedade civil e da vida privada.

A democracia é, em essência, um meio, um instrumento utilitário para salvaguardar a paz interna e a liberdade individual. E, como tal, não é, de modo algum, perfeita ou infalível.

Tampouco devemos esquecer que, muitas vezes, houve mais liberdade cultural e espiritual sob os regimes autocráticos do que em certas democracias – e é concebível que, sob o governo de uma maioria muito homogênea e ortodoxa, o regime democrático possa ser tão opressor quanto a pior das ditaduras. Não queremos dizer, contudo, que a ditadura leva inevitavelmente à abolição da liberdade, e sim que a planificação conduz à ditadura porque esta é o instrumento mais eficaz de coerção e de imposição de ideais, sendo, pois, essencial para o planejamento em larga escala se tornar possível. O conflito entre planificação e democracia decorre, simplesmente, do fato de que esta constitui um obstáculo à supressão da liberdade exigida pelo dirigismo econômico. Mas, ainda que a democracia deixe de ser uma garantia da liberdade individual, mesmo assim ela pode subsistir de algum modo num regime totalitário. Embora a guardando forma democrática, uma verdadeira "ditadura do proletariado" que dirigisse de maneira centralizada o sistema econômico provavelmente destruiria a liberdade pessoal de modo tão definitivo quanto qualquer autocracia.

Hoje em dia, costuma-se concentrar a atenção na democracia, julgando-a o principal valor que está sendo ameaçado. Isso, porém, não deixa de ser perigoso. De fato, essa ênfase desmedida no valor da democracia é responsável pela crença ilusória e infundada de que, enquanto a vontade da maioria for a fonte suprema do poder, este não poderá ser arbitrário. A falsa segurança que tal crença infunde em muita gente contribui sobremodo para a geral falta de consciência dos perigos que nos ameaçam.

É injustificado supor que, enquanto o poder for conferido pelo processo democrático, ele não poderá ser arbitrário. Essa afirmação pressupõe uma falsa relação de causa e efeito. Não é a fonte do poder, mas a limitação do poder, que impede que este seja arbitrário. O controle democrático pode impedir que o poder se torne arbitrário, mas sua mera existência não assegura isso. Se uma democracia decide empreender um programa que implique necessariamente o uso de um poder não pautado por normas fixas, este se tornará um poder arbitrário.

CAPÍTULO VI

- CAPÍTULO VI -

A PLANIFICAÇÃO E O ESTADO DE DIREITO

> *"Estudos recentes sobre que o princípio básico e a Sociologia do Direito confirmam, mais uma vez, que o princípio básico do Direito formal – pelo qual cada caso deve ser julgado de acordo com preceitos gerais racionais que admitam tão poucas exceções quanto possível e se baseiem em assunções lógicas – só se aplica à fase liberal do capitalismo, em que imperava o regime da concorrência".*
>
> – Karl Mannheim (1893-1947)

A característica que mais claramente distingue um país livre de um país submetido a um governo arbitrário é a observância, no primeiro, dos grandes princípios conhecidos como o Estado de Direito. Deixando de lado os termos técnicos, isso significa que todas as ações do governo são regidas por normas previamente estabelecidas e divulgadas. Essas tornam possível prever, com razoável grau de certeza, de que modo a autoridade usará seus poderes coercitivos em dadas circunstâncias, permitindo a cada um planejar suas atividades individuais com base nesse conhecimento⁵³. Embora esse ideal nunca venha a ser de todo realizado, uma vez que os legisladores e os homens incumbidos de aplicar a lei são criaturas falíveis, fica, porém, bem clara a questão essencial, ou seja, a necessidade de reduzir tanto quanto possível o arbítrio concedido aos órgãos executivos que exercem o poder de coerção. Se toda lei restringe, até certo ponto, a liberdade individual, alterando os meios que cada um pode empregar na busca dos seus objetivos, sob o Estado de Direito impede-se que o governo anule os esforços individuais mediante ação *ad hoc*.

Segundo as regras do jogo conhecidas, o indivíduo é livre para perseguir suas metas e desejos pessoais, tendo a certeza de que os poderes do governo não serão empregados no propósito deliberado de fazer malograr os seus esforços. A distinção que estabelecemos entre a criação de uma estrutura permanente de leis – no âmbito da qual a atividade produtiva é orientada por decisões individuais – e a gestão das atividades econômicas por uma autoridade central caracterizam-se assim, claramente, como um caso particular da distinção mais geral entre o Estado de Direito e o governo arbitrário. Sob o primeiro, o governo limita-se a fixar normas determinando as condições em que podem ser usados os recursos disponíveis, deixando aos indivíduos a decisão relativa aos fins para os quais eles serão aplicados.

Sob o segundo, o governo dirige o emprego dos meios de produção para finalidades específicas. As normas do primeiro tipo podem ser estabelecidas de antemão, como normas formais que não visam às necessidades e aos desejos de pessoas determinadas. Destinam-se apenas a servir de meio a ser empregado pelos indivíduos na consecução de seus vários objetivos. Além disso, aplicam-se, ou deveriam aplicar-se, a períodos bastante longos, de modo a se tornar impossível saber se auxiliarão a certas pessoas mais do que a outras. Poderiam ser definidas como uma espécie de instrumento de produção que

---

53 Segundo a exposição clássica do renomado jurista britânico A. V. Dicey (1835-1822) em *Introduction to the Study of the Law of the Constitution* [*Introdução à Lei da Constituição*], o Estado de Direito *"significa, acima de tudo, absoluta supremacia ou predominância do Direito comum em contraposição à influência do poder arbitrário, e exclui a arbitrariedade, o privilégio ou mesmo uma autoridade discricionária ampla por parte do governo"* (DICEY, A. V. DICEY, A. V. *Introduction to the Study of the Law of the Constitution*. London: Macmillan, 8ᵗʰ edition, 1815. p. 198). Como resultado, em grande parte, da obra de Dicey, o termo adquiriu na Inglaterra uma acepção técnica mais restrita que não nos interessa no presente trabalho. O sentido mais abrangente e mais antigo do conceito de Estado de Direito ou supremacia do Direito, que na Inglatera se converteu numa tradição aceita sem controvérsia e muito pouco explicitada, foi melhor desenvolvido nos embates filosóficos a respeito da natureza do *Rechtsstaat* travados na Alemanha no início do século XIX, exatamente por suscitar problemas que naquele país eram novos.

permite às pessoas prever o comportamento daqueles com que têm de colaborar, e não como meios que visam a atender necessidades específicas.

O planejamento econômico do tipo coletivista implica, necessariamente, o oposto do que acabamos de dizer. A autoridade planejadora não pode limitar-se a criar oportunidades a serem utilizadas por pessoas desconhecidas como lhes aprouver. Não pode sujeitar-se de antemão a regras gerais e formais que impeçam a arbitrariedade. Ela deve prover as necessidades reais das pessoas à medida que forem surgindo, e depois determinar quais delas são prioritárias. É obrigada a tomar constantes decisões que não podem basear-se apenas em princípios formais e, ao tomá-las, deve estabelecer distinções de mérito entre as necessidades das diferentes pessoas. Quando o governo tem de resolver quantos porcos é necessário criar, quantos ônibus terão de ser postos em circulação, quais as minas de carvão a explorar ou a que preço serão vendidos os sapatos, essas decisões não podem ser deduzidas de princípios formais nem estabelecidas de antemão para longos períodos. Dependem, inevitavelmente, das circunstâncias ocasionais. Ao serem tomadas tais decisões, será sempre necessário pesar os interesses de várias pessoas e grupos. Ao final, a opinião de alguém determinará quais os interesses preponderantes e ela passará a integrar a legislação do país, impondo ao povo uma nova categoria social.

A distinção que acabamos de fazer entre Direito formal, ou justiça, e normas substantivas, é muito importante e, ao mesmo tempo, uma das mais difíceis de estabelecer com exatidão na prática. No entanto o princípio em que se baseia é bastante simples. A distinção existente entre essas duas espécies de normas é a mesma que haveria entre estabelecer um regulamento de trânsito e prescrever às pessoas aonde devem ir; ou entre mandar instalar placas de trânsito e ordenar às pessoas que tomem esta ou aquela estrada. As normas formais indicam antecipadamente que linhas de ação o Estado deverá adotar em certas situações, definidas em termos gerais, sem referência a tempo e lugar nem a indivíduos em particular. Referem-se a situações típicas em que qualquer um pode se encontrar e em que a existência de tais regras será útil para vários objetivos individuais. O conhecimento de que em tais situações o Estado agirá de um modo definido ou exigirá que as pessoas procedam de determinada maneira é oferecido aos indivíduos para permitir-lhes traçar seus próprios planos. As normas formais são, pois, simplesmente instrumentais no sentido de que poderão ser úteis a pessoas ainda desconhecidas, para as finalidades que essas pessoas resolvam dar-lhes e em circunstâncias que não podem ser previstas em detalhes. Com efeito, o critério mais importante das normas formais, no sentido que aqui lhes atribuímos, é não conhecermos seu efeito concreto, não sabermos a que objetivos específicos atenderão, a que indivíduos específicos servirão – e também o fato de lhes ser dada apenas a forma mais apropriada, de modo geral, a beneficiar todas as pessoas a quem elas dizem respeito. Não implicam uma escolha entre determinados objetivos ou pessoas, pois não podemos saber de antemão por quem e de que modo serão usadas.

Em nossos tempos, dominados pela obsessão de controlar conscientemente todas as coisas, pode parecer paradoxal que consideremos uma virtude o fato de, em dado sistema, conhecermos menos acerca do efeito particular das medidas tomadas pelo Estado do que seria o caso na maioria dos outros sistemas, e que um método de controle social seja considerado superior justamente por desconhecermos seus resultados precisos. Entretanto essa consideração é o fundamento lógico do grande princípio liberal do Estado de Direito. E o aparente paradoxo logo se desfaz quando levamos o raciocínio um pouco adiante.

Esse raciocínio tem dois aspectos: o primeiro é econômico, e cabe-nos aqui apenas apresentá-lo em poucas palavras. O Estado deve limitar-se a estabelecer normas aplicáveis a situações gerais deixando os indivíduos livres em tudo que depende das circunstâncias de tempo e lugar, porque só os indivíduos poderão conhecer plenamente as circunstâncias relativas a cada caso e a elas adaptar suas ações. Para que o indivíduo possa empregar com eficácia seus conhecimentos na elaboração de planos, deve estar em condições de prever as ações do Estado que podem afetar esses planos. Mas, para que tais ações sejam previsíveis, devem ser determinadas por normas estabelecidas independentemente de circunstâncias concretas que não podem ser previstas nem levadas em conta de antemão – e os efeitos específicos dessas ações serão imprevisíveis. Por outro lado, se o Estado dirigisse as ações individuais visando a alcançar objetivos específicos, teria de agir com base em todas as circunstâncias do momento – e, portanto, suas ações seriam imprevisíveis. Daí o conhecido fato de que, quanto mais o Estado "planeja", mais difícil se torna para o indivíduo traçar seus próprios planos.

O segundo aspecto do raciocínio, de ordem moral ou política, interessa ainda mais diretamente ao ponto em questão. Para que o Estado possa antever com exatidão os efeitos de suas decisões, não poderá deixar liberdade de escolha aos indivíduos por elas afetados. Sempre que ele estiver em condições de prever o efeito exato de linhas de ação alternativas sobre dadas pessoas, será também ele que escolherá os diferentes objetivos a alcançar. Se quisermos criar novas oportunidades que estejam ao alcance de todos, oportunidades estas que as pessoas possam utilizar da forma que entenderem, os resultados exatos não poderão ser previstos. As normas gerais, as verdadeiras leis, em contraposição às determinações específicas, devem, portanto, ser configuradas de modo a atuar em circunstâncias que não podem ser previstas em detalhes, não sendo assim possível conhecer de antemão seu efeito sobre pessoas ou objetivos determinados. Só nesse sentido o legislador será imparcial. Ser imparcial significa não conhecer a resposta a certas questões, as que costumamos decidir tirando a sorte. Num mundo em que tudo fosse previsto com exatidão, o Estado dificilmente poderia agir e ao mesmo tempo ser imparcial.

No entanto sempre que são conhecidos os efeitos precisos da política governamental sobre determinados indivíduos, sempre que o governo visa diretamente a determinados resultados, ele não pode deixar de conhecê-los e, portanto, não pode ser imparcial. Deve, assim, favorecer uma das partes, impor suas preferências ao indivíduo, e, em vez de auxiliá-lo na consecução das suas próprias finalidades, escolher essas finalidades em seu lugar. Quando os resultados particulares são previstos na ocasião em que se faz uma lei, essa perde o caráter de simples instrumento a ser empregado pelo povo e converte-se num instrumento usado pelo legislador para controlar o povo. O Estado deixa de ser peça de um mecanismo utilitário destinado a auxiliar as pessoas a desenvolverem sua personalidade individual para tornar-se uma instituição "moral". "Moral" aqui não se trata de contraposição a imoral, mas tem o sentido de uma instituição, que impõe aos que a ela se acham subordinados, as suas ideias sobre todas as questões morais, quer tais ideias sejam morais, quer altamente imorais. Nesse sentido, o Estado nazista – ou qualquer outro Estado coletivista – é "moral", enquanto o Estado liberal não.

Talvez se alegue que tudo isso não suscita problemas sérios, porque, nas questões cuja decisão coubesse ao planejador econômico, não lhe seria necessário deixar-se guiar pelos seus preconceitos pessoais, nem deveria fazê-lo. Poderia basear-se na ideia geral sobre o que é justo e razoável. Tal argumento costuma ser defendido por aqueles que têm experiência de planejamento em determinado setor da economia e que acreditam não haver dificuldades insuperáveis para se chegar a uma decisão que todas as pessoas diretamente interessadas possam aceitar como justa. O motivo por que tal experiência nada prova está, é claro, na seleção dos "interesses" envolvidos quando o planejamento é limitado a determinado setor econômico. As pessoas interessadas de perto numa questão não são necessariamente os melhores juízes dos interesses da sociedade como um todo. Consideremos apenas o caso mais característico: quando, num setor industrial, capitalistas e trabalhadores concordam numa política de restrição, explorando, assim, os consumidores, não costuma haver dificuldade na divisão dos lucros de forma proporcional aos ganhos anteriores ou de acordo com algum princípio semelhante. O prejuízo, porém, partilhado por milhares ou milhões de consumidores, costuma ser simplesmente menosprezado ou não é levado em consideração devidamente. Se quisermos pôr à prova a utilidade do princípio de "equidade" ao decidir as questões decorrentes do planejamento econômico, devemos aplicá-lo a algum caso em que lucros e prejuízos sejam identificados com igual clareza. Em tais casos, logo se percebe que nenhum princípio geral, como o da equidade, pode ser satisfatório. Quando temos de escolher entre salários mais elevados para enfermeiras ou médicos e uma ampliação dos serviços prestados aos doentes; entre mais leite para as crianças e melhor remuneração para os trabalhadores agrícolas; ou entre emprego para os desempregados e melhores salários para os que já têm trabalho, a solução exige nada menos que um sistema completo de valores em que cada necessidade de cada pessoa (ou grupo) tenha uma posição definida.

Na verdade, à medida que o planejamento se torna cada vez mais amplo, convém abrandar na mesma proporção as disposições legais, mediante referência ao que é "justo" ou "razoável". Isso significa que é preciso cada vez mais deixar a decisão do caso concreto ao poder discricionário do juiz ou da autoridade competente. Poder-se-ia escrever uma história do declínio do Estado de Direito, do desaparecimento do *Rechtsstaat*, com base na introdução progressiva dessas fórmulas vagas na legislação e na jurisdição, e nas crescentes arbitrariedades, mutabilidade e imprecisão do Direito e da judicatura (da qual o desrespeito que lhes advém). Esses, em tais circunstâncias, não podem deixar de converter-se num instrumento político. A propósito, é importante salientar mais uma vez que o declínio do Estado de Direito vinha se processando de modo acentuado na Alemanha algum tempo antes da subida de Hitler ao poder, e que uma política governamental bastante próxima do planejamento totalitário já realizara boa parte da tarefa completada em seguida pelos nazistas.

Não há dúvida de que a planificação envolve, necessariamente, uma discriminação intencional entre as necessidades particulares de diferentes pessoas e permite que um indivíduo realize aquilo que outro deve ser impedido de realizar. O órgão planejador é obrigado a estabelecer, mediante norma legal, o nível de renda dos indivíduos, o que cada um poderá possuir e de que forma deverá agir. Isso significa, na realidade, um retrocesso à supremacia do *status*, uma inversão de sentido no "processo de desenvolvimento das sociedades progressistas" que, na famosa expressão de *Sir* Henry Maine (1822-1888), *"tem sido até agora uma evolução da sociedade baseada no status para a sociedade baseada no contrato"*. Na verdade, o Estado de Direito, mais do que o regime de contrato, deve ser considerado a verdadeira antítese do regime de *status*. O Estado de Direito, no sentido de regime de Direito formal – de não concessão pela autoridade de privilégios legais a determinados indivíduos – salvaguarda a igualdade perante a lei, que é a antítese do governo arbitrário.

Uma consequência necessária disso – contraditória apenas na aparência – é que essa igualdade formal perante a lei conflita e mostra-se, de fato, incompatível com qualquer atividade do governo que vise a uma igualdade material ou substantiva intencional entre os diferentes indivíduos, e que qualquer política consagrada a um ideal substantivo de justiça distributiva leva à destruição do Estado de Direito. Para proporcionar resultados iguais para pessoas diferentes, é necessário tratá-las de maneira diferente. Dar a diferentes pessoas as mesmas oportunidades objetivas não equivale a proporcionar-lhes a mesma oportunidade subjetiva. É inegável que o Estado de Direito produz desigualdade econômica. Tudo o que se pode afirmar em seu favor é que essa desigualdade não é criada intencionalmente com o objetivo de atingir este ou aquele indivíduo de modo particular. É muito significativo e característico o fato de socialistas (e nazistas) terem sempre protestado contra a justiça "meramente" formal, opondo-se a um Direito que não tencionasse determinar os níveis de renda dos diferentes indivíduos[54], e de terem sempre exigido a "socialização do Direito", atacado a independência dos juízes e, ao mesmo tempo, prestado apoio a todos os movimentos, tal como a *Freirechtsschule*, que solaparam o Estado de Direito.

Pode-se mesmo afirmar que, para o Estado de Direito ser uma realidade, a existência de normas aplicadas sem exceções é mais relevante do que seu conteúdo. Muitas vezes, o conteúdo da norma tem, na verdade, pouca

---

[54] Não é, portanto, de todo falsa a oposição estabelecida pelo teórico do Direito do nacional-socialismo, Carl Schmitt (1888-1985), entre *Rechtsstaat* liberal (isto é, o Estado de Direito) e o ideal nacional-socialista do *Gerechtestaat* ("o estado justo"). Observa-se, apenas, que a espécie de justiça que se opõe à justiça formal envolve necessariamente discriminação entre indivíduos.

importância, contanto que ela seja universalmente aplicada. Voltemos a um exemplo anterior: não faz diferença se os automóveis circulam pelo lado direito ou pelo lado esquerdo das ruas, contanto que todos o façam do mesmo lado. O importante é que a norma nos possibilite prever com exatidão o comportamento dos outros indivíduos, e isso exige que ela se aplique a todos os casos – mesmo que, numa circunstância particular, ela seja considerada injusta.

O conflito entre a justiça formal e a igualdade formal perante a lei, por um lado, e as tentativas de realizar vários ideais de justiça e igualdade substantivas, por outro, também explicam a confusão muito comum sobre o conceito de "privilégio" e o consequente abuso desse conceito. Mencionaremos apenas o exemplo mais significativo de tal abuso: a aplicação do termo "privilégio" à propriedade como tal.

Ela seria efetivamente um privilégio se, por exemplo, como sucedeu por vezes no curso da história, a propriedade da terra fosse reservada aos membros da nobreza. Mostra-se privilégio também se, como sucede nos nossos tempos, o direito de produzir ou vender determinados bens fosse reservado pela autoridade a certos indivíduos. Mas chamar de privilégio a propriedade privada como tal, que todos podem adquirir segundo as mesmas normas, só porque alguns conseguem adquiri-la e outros não, é destituir a palavra "privilégio" do seu significado.

A imprevisibilidade dos efeitos concretos, característica distintiva das leis formais de um sistema liberal, reveste-se também de importância porque contribui para desfazer outro equívoco acerca da natureza desse sistema: a ideia de que sua atitude característica é a inação do Estado. A dicotomia entre a intervenção ou a não intervenção do Estado é inteiramente falsa, e o termo *laissez-faire* mostra-se uma definição bastante ambígua e ilusória dos princípios em que se baseia uma política liberal. Está claro que todo o Estado tem de agir, e toda ação do Estado implica intervir nisto ou naquilo. Mas não é isso que vem ao caso. O importante é saber se o indivíduo pode prever a ação do Estado e utilizar esse conhecimento como um dado na elaboração de seus planos particulares. Isso significa que o Estado não pode controlar a forma como seu mecanismo é empregado e que o indivíduo sabe exatamente até que ponto será protegido contra a interferência alheia. Ou se o Estado está em condições de frustrar os esforços individuais.

O Estado que controla pesos e medidas (ou impede de qualquer outro modo o estelionato e a fraude) é indubitavelmente ativo. Enquanto isso, o Estado que permite o uso da violência – por piquetes de grevistas, por exemplo

– é inativo. Contudo é no primeiro caso que o Estado observa os princípios liberais, enquanto no segundo não o faz. Do mesmo modo, no que concerne à maioria das normas gerais e permanentes estabelecidas pelo Estado no campo da produção, tal como códigos de construção ou legislação fabril, elas podem ser sensatas ou insensatas num caso particular, mas não conflitam com os princípios liberais, desde que se destinem a ser permanentes e não sejam usadas para favorecer ou prejudicar determinados indivíduos. É verdade que, nesses casos, certos cidadãos estarão sujeitos não só aos efeitos de longo prazo que não podem ser previstos, como também a efeitos imediatos que são conhecidos com precisão. Entretanto, no que concerne a essa espécie de lei, os efeitos imediatos não constituem em geral (ou, pelo menos, não deveriam constituir) a consideração prioritária. Conforme esses efeitos imediatos e previsíveis se tornam mais importantes em comparação aos efeitos no longo prazo, aproximamo-nos da linha divisória em que as distinções, mesmo claras em princípio, se tornam irrelevantes na prática.

O Estado de Direito só teve uma evolução consciente durante a era liberal e é uma de suas maiores realizações, não só como uma salvaguarda, mas como a concretização jurídica da liberdade. Como disse Immanuel Kant (1724-1804) – e Voltaire (1694-1778) antes dele, quase nos mesmos termos –, *"o homem é livre quando não tem de obedecer a ninguém, exceto às leis"*. Como um ideal vago, no entanto, o Estado de Direito existe, pelo menos, desde o tempo dos romanos, e durante os últimos séculos nunca foi tão seriamente ameaçado como o é hoje. A ideia de que não há limites aos poderes do legislador é, em parte, fruto da soberania popular e do governo democrático. Ela tem sido fortalecida pela crença de que, enquanto todas as ações do Estado forem autorizadas pela legislação, o Estado de Direito será preservado. Mas isso equivale a interpretar de maneira totalmente falsa o significado do Estado de Direito. Este não tem relação alguma com a questão da legalidade, no sentido jurídico, de todas as ações do governo. Elas podem ser legais, sem se conformarem, no entanto, ao Estado de Direito.

O fato de alguém ter plena autoridade legal para agir não nos permite distinguir se a lei lhe dá poderes arbitrários ou se prescreve de maneira inequívoca qual deve ser seu comportamento. É bem possível que Adolf Hitler tenha adquirido poderes ilimitados de forma rigorosamente constitucional e que todas as suas ações sejam, portanto, legais, no sentido jurídico. Mas quem concluiria, por essa razão, que o Estado de Direito ainda prevalece na Alemanha?

Afirmar que numa sociedade planificada o Estado de Direito não pode subsistir não equivale, pois, a dizer que os atos do governo não serão legais ou que em tal sociedade não haverá leis. Significa apenas que o emprego dos poderes coercitivos do governo já não será limitado e determinado por normas preestabelecidas. A lei pode tornar legal aquilo que, para todos os efeitos, permanece uma ação arbitrária e, para possibilitar a gestão central das atividades econômicas, é-lhe necessário fazer isso. Se a lei declara que uma autoridade ou uma comissão podem agir da maneira que lhes convém, todas as ações destas serão legais – mas não estarão, por certo, sujeitas ao Estado de Direito. Conferindo-se ao governo poderes ilimitados, pode-se legalizar a mais arbitrária das normas. Desse modo, a democracia pode estabelecer o mais completo despotismo[55].

Entretanto, para que a lei permita às autoridades dirigir a vida econômica, deve conceder-lhes o poder de tomar e impor decisões em circunstâncias que não podem ser previstas, com base em princípios que não podem ser enunciados genericamente. Por conseguinte, à medida que o planejamento adquire maior amplitude, torna-se cada vez mais comum a delegação dos poderes legislativos a diversas comissões e autoridades. Quando, antes da Primeira Guerra Mundial, numa causa para a qual o falecido *Lord* Hewart (1870-1943) recentemente chamou atenção, o juiz Charles Darling (1849-1936) declarou que *"o Parlamento decretara ainda no ano passado que a Comissão de Agricultura, ao agir como fez, não devia ser mais impugnável do que o próprio Parlamento"*, isso ainda era bastante raro. A partir daí, tornou-se ocorrência quase diária. Conferem-se constantemente amplos poderes a novas autoridades que, não estando sujeitas a regras fixas, controlam de modo quase ilimitado esta ou aquela atividade do cidadão.

O Estado de Direito implica, pois, uma limitação do campo legislativo. Restringe-o às normas gerais conhecidas como "Direito formal" e exclui toda legislação que vise diretamente a determinados indivíduos, ou a investir alguém do uso do poder coercitivo do Estado tendo em vista tal

---

55 Não se trata, pois, segundo a concepção errônea do século XIX, de um conflito entre a liberdade e o Direito. Como John Locke já havia esclarecido, não pode haver liberdade onde não há leis. Verifica-se o conflito entre diferentes espécies de lei – tão diferentes que quase não merecem o mesmo nome. Uma é a lei que fundamenta o Estado de Direito, princípios gerais estabelecidos de antemão, "regras do jogo" que permitem ao indivíduo prever como será empregado o aparelho coercitivo do Estado, ou o que ele e seus concidadãos poderão fazer, ou serão obrigados a fazer, em circunstâncias dispostas em lei. A outra espécie de lei dá à autoridade poder efetivo para agir da maneira que lhe parecer conveniente. É evidente, pois, a impossibilidade de manter o Estado de Direito numa democracia que pretendesse decidir todo conflito de interesses, não de acordo com normas previamente estabelecidas, mas "segundo seus méritos".

discriminação. Ele não significa que tudo é regulado pela lei, mas, ao contrário, que o poder coercitivo do Estado só pode ser usado em casos por esta definidos de antemão, e de tal maneira que se possa prever o modo como será usado. Qualquer lei aprovada pelo parlamento pode, assim, infringir o Estado de Direito. Quem negar isso terá de sustentar que a existência, ou não, do Estado de Direito hoje em dia na Alemanha, na Itália ou na Rússia depende de os ditadores terem ou não conquistado seu poder absoluto por meios constitucionais[56].

Pouco importa se, como acontece em alguns países, as principais aplicações do Estado de Direito são estabelecidas numa declaração de direitos ou numa carta constitucional, ou se o princípio é apenas uma tradição consolidada. Mas é fácil perceber que, seja qual for sua forma, tais limitações dos poderes de legislar envolvem o reconhecimento do inalienável direito do indivíduo, dos invioláveis direitos do homem.

É patético, porém característico da confusão a que foram levados muitos intelectuais pelos ideais contraditórios em que depositam fé, o fato de que um dos principais defensores do planejamento central em larga escala, H. G. Wells (1866-1946), escrevesse ao mesmo tempo uma ardente defesa dos direitos do homem. Os direitos individuais que Wells espera preservar constituiriam, inevitavelmente, um obstáculo ao planejamento por ele desejado. Até certo ponto, ele parece ter consciência desse dilema, motivo por que os artigos de sua proposta "Declaração dos Direitos do Homem" se encontravam tão eivados de ressalvas, que perderam toda a significação. A certa altura, ela proclama, por exemplo, que todo o homem "terá o direito de comprar e vender, sem quaisquer restrições discriminatórias, tudo aquilo que pode ser

---

[56] Outro exemplo de infração do Estado de Direito pela legislação é o caso do *Bill of Attainder*, decreto de proscrição ou perda dos direitos civis, tão conhecido na história da Inglaterra. A forma assumida pelo estado de Direito no Direito criminal costuma ser expressa pela máxima latina *nulla poena sine lege* – ou seja, não haverá castigo sem uma lei que o prescreva expressamente. A essência dessa máxima é que a lei deve ter existido como norma geral antes de se apresentar o caso ao qual tem de ser aplicada. Em famoso processo realizado no reinado de Henrique VIII (1491-1547), o Parlamento resolveu que "o referido Richard Rose", cozinheiro de John Fisher (1469-1535), bispo de Rochester, *"deve morrer no caldeirão sem assistência religiosa"*. Entretanto, ninguém sustentaria que esse ato se tivesse realizado em conformidade com o Estado de Direito. Mas, embora o Estado de Direito se tenha tornado parte essencial do processo criminal em todos os países liberais, não pode ser mantido nos regimes totalitários. Nestes, como disse com propriedade (1909-1983), a máxima liberal foi substituída pelo princípio *nullum crimen sine poena* – nenhum "crime" deve ficar sem castigo, quer a lei disponha explicitamente sobre o caso ou não. *"Os direitos do Estado não terminam com a punição dos infratores. A comunidade pode fazer tudo o que lhe pareça necessário à proteção de seus interesses – e a observância da lei, tal como se acha formulada, é apenas um dos requisitos mais elementares"* (ASHTON, E. B. *The Fascist, His State and Minei*. New York: W. Morrow & Co., 1937. p. 119). Naturalmente, as autoridades decidem o que constitui infração dos "interesses da comunidade".

Capítulo VI | A Planificação e o Estado de Direito

legalmente comprado e vendido", o que é admirável, e em seguida anula o sentido da proposta acrescentando que ela se aplica apenas à compra e à venda "nas quantidades e com as restrições que sejam compatíveis com o bem-estar comum". Mas como, é claro, sempre se presume que todas as restrições impostas à compra e à venda de qualquer bem sejam necessárias ao "bem-estar comum", esta cláusula na realidade não impede de maneira efetiva nenhum abuso, nem resguarda qualquer direito individual. Ou, para tomarmos outra cláusula fundamental, diz a declaração que todo homem "pode dedicar-se a qualquer ocupação permitida pela lei" e que "tem direito a um emprego remunerado e de sua livre escolha, sempre que lhe seja acessível uma variedade de empregos". Ela não explicita, todavia, quem deverá decidir se determinado emprego é "acessível" a determinada pessoa; e, ao estabelecer ainda que "ele pode sugerir o emprego que deseja, sendo sua reivindicação considerada, aceita ou recusada pelo poder público", mostra que Wells se refere a uma autoridade que detém o poder de decidir se um indivíduo "tem direito" a ocupar uma determinada posição – o que, evidentemente, significa o oposto da livre escolha de uma ocupação.

Como se poderá assegurar num mundo planificado a "liberdade de viajar e de migrar", quando não só os meios de comunicação e a moeda circulante, mas também a própria localização das indústrias, são controlados pelo Estado? E como salvaguardar a liberdade de imprensa, quando a oferta de papel e todos os canais de distribuição são controlados pela autoridade planejadora? Wells, a exemplo de todos os outros adeptos da planificação, não oferece qualquer resposta a essas perguntas.

Nesse particular, são muito mais coerentes os numerosos reformadores que, desde o início do movimento socialista, atacaram a ideia "metafísica" dos direitos individuais, insistindo em que, num mundo racionalmente organizado, o indivíduo não terá direitos, mas apenas deveres. Essa se tornou, na verdade, a atitude mais comum dos chamados "progressistas"; e nunca alguém se expõe tanto ao risco de ser tachado de reacionário quanto ao protestar contra uma medida alegando que ela constitui violação dos direitos individuais. Até uma revista liberal como *The Economist* nos apontava, há poucos anos, logo o exemplo dos franceses, dizendo que eram o único povo que tinha aprendido que

> [...] o governo democrático, não menos que a ditadura, deve sempre [*sic*] ter poderes plenos *in posse*, sem sacrificar o seu caráter democrático e

representativo. Não existe esfera de direitos individuais que, tratando-se de assunto administrativo, o governo não possa tocar em nenhuma circunstância. Não se pode nem se deve limitar o poder de um governo livremente eleito pelo povo e sujeito a plena e aberta crítica da oposição[57].

Isso é talvez inevitável em tempo de guerra, quando, evidentemente, torna-se necessário restringir toda crítica livre e franca. Mas o "sempre" da passagem citada não sugere que *The Economist* considera essas restrições apenas uma lamentável necessidade em tempo de guerra. Como instituição permanente, a ideia é, sem dúvida, incompatível com a preservação do Estado de Direito e conduz diretamente ao Estado totalitário. Apesar disso, é a opinião obrigatória de todos aqueles que desejam a gestão da vida econômica pelo governo. A experiência dos vários países da Europa Central demonstrou amplamente até que ponto a admissão, ainda que apenas formal, dos direitos individuais ou da igualdade de direito das minorias perde todo o valor num Estado que empreende o controle integral da vida econômica. Ficou comprovado naqueles países que é possível levar a efeito inexorável discriminação contra as minorias nacionais mediante o uso de conhecidos instrumentos da política econômica, sem jamais infringir a letra das leis protetoras dos direitos das minorias. Essa opressão por meio da política econômica foi muito facilitada pelo fato de certas indústrias ou atividades se acharem em grande parte nas mãos de uma minoria nacional, de forma que muitas medidas que na aparência visavam a prejudicar uma indústria ou classe pretendiam, na realidade, atingir essa minoria. Mas as possibilidades quase ilimitadas de uma política de discriminação e opressão, oferecidas por princípios supostamente inócuos como o "controle do desenvolvimento da indústria pelo Estado", ficaram mais do que demonstradas a todos os que desejam ver, na prática, as consequências políticas da planificação.

---

57 HAYEK, F. A. "True Democracy". *The Economist*, Vol. 87 (November 18, 1939), p. 242-43

CAPÍTULO VII

- CAPÍTULO VII -

CONTROLE ECONÔMICO E TOTALITARISMO

> *"O controle da produção da riqueza é o controle da própria existência humana".*
>
> – Hilaire Belloc (1870-1953)

A maioria dos planejadores que analisaram em profundidade os aspectos práticos de sua tarefa está certa de que uma economia dirigida deve seguir linhas mais ou menos ditatoriais. Para ser submetido a um controle consciente, o complexo sistema de atividades interrelacionadas que constitui uma economia terá de ser dirigido por uma única equipe de especialistas, devendo a responsabilidade e o poder últimos ficar a cargo de um chefe supremo, cujos atos não poderão ser tolhidos pelos processos democráticos. Essas são consequências demasiado óbvias das ideias em que se baseia o planejamento central, razão por que não poderiam deixar de conquistar o consenso da maioria dos adeptos da planificação. Para abrandar tal realidade, nossos planejadores afirmam que essa gestão autoritária se aplicará "apenas" às questões econômicas. Assegura-nos, por exemplo, um dos mais eminentes planejadores norte-americanos, Stuart Chase (1888-1985), que,

Capítulo VII | CONTROLE ECONÔMICO E TOTALITARISMO

numa sociedade planificada, *"poderá ser mantida a democracia política, desde que não interfira nos assuntos econômicos"*. Tais afirmações costumam ser acompanhadas da ideia de que, renunciando à liberdade naquilo que constitui, ou deveria constituir, os aspectos menos importantes da nossa existência, conquistaremos uma liberdade maior no que tange à obtenção de valores mais elevados. Baseados nisso, muitos dos que abominam a ideia de uma ditadura política costumam exigir um ditador no campo econômico.

Os argumentos empregados evocam nossos melhores sentimentos e, muitas vezes, seduzem os espíritos mais idealistas. Se a planificação, de fato, nos libertasse dos cuidados menos importantes, permitindo-nos uma existência despreocupada que poderíamos dedicar a questões mais elevadas, quem desejaria depreciar semelhante ideal? Se as atividades econômicas realmente envolvessem apenas os aspectos menores ou mesmo mais ignóbeis da vida, seria, é claro, nosso dever lançar mão de todos os meios para nos desobrigarmos da preocupação excessiva com os objetivos materiais e libertar nossa mente, dedicando-a às coisas mais nobres da vida, enquanto aqueles objetivos seriam confiados a algum mecanismo utilitário.

Infelizmente, a ideia de que o poder exercido sobre a vida econômica só afeta questões de importância secundária – que leva as pessoas a menosprezarem a ameaça à liberdade de ação no campo econômico – é de todo infundada. Ela decorre, em grande parte, da noção errônea de que existem objetivos puramente econômicos, distintos de outros da existência. No entanto, afora o caso patológico do avarento, não existe tal distinção. Os objetivos últimos da atividade dos seres racionais nunca são econômicos. Rigorosamente falando, não existe "interesse econômico", mas apenas fatores econômicos que condicionam nossos esforços pela obtenção de outros fins. Aquilo que na linguagem comum se costuma definir por equívoco como "interesse econômico" significa apenas o desejo de oportunidades, o desejo do poder de alcançar objetivos não especificados[58].

Se lutamos pelo dinheiro, é porque ele nos permite escolher da forma mais ampla como melhor desfrutar os resultados de nossos esforços. Visto que, na sociedade moderna, as restrições ainda impostas por nossa relativa pobreza se refletem na limitação da nossa renda pecuniária, muitos passaram a odiar o dinheiro como símbolo dessas restrições. Mas isso significa confundir com sua causa o meio pelo qual uma força se faz sentir. Seria muito mais

---

58 ROBBINS, Lionel. *The Economic Causes of War*. London: Cape, 1939, apêndice.

certo dizer que o dinheiro é um dos maiores instrumentos de liberdade já inventados pelo homem. É o dinheiro que, na sociedade atual, oferece ao homem pobre uma gama de escolhas extraordinariamente vasta, bem maior do que aquela que há poucas gerações se oferecia aos ricos. Compreenderemos melhor a importância desse serviço prestado pelo dinheiro, se considerarmos o que, de fato, aconteceria se, como propõem muitos socialistas, o "incentivo pecuniário" fosse, em grande parte, substituído por "incentivos não econômicos". Se, em vez de serem oferecidas em dinheiro, todas as recompensas o fossem sob a forma de distinções públicas ou privilégios, posições de poder, melhores condições de moradia ou alimentação, oportunidade de viajar ou educar-se, isso significaria apenas que o beneficiário já não teria liberdade de escolha e que o dispensador das recompensas determinaria não somente seu valor, mas também a forma específica em que elas seriam desfrutadas.

Quando compreendemos que o interesse econômico não se distingue dos outros e que um ganho ou uma perda de caráter econômico não passam de um ganho ou de uma perda nas situações em que cabe a nós decidir quais de nossas necessidades ou desejos serão afetados, torna-se também mais fácil perceber a pequena e importante verdade contida na ideia de que os assuntos econômicos só envolvem as questões menos importantes da existência, e entender o desprezo em que são tidas muitas vezes as considerações "meramente" econômicas. Em certo sentido, essa ideia se justifica em uma economia livre, de mercado – mas apenas nesta.

Enquanto pudermos dispor, sem restrições, de nossos rendimentos e de todos os nossos bens, uma perda econômica só nos privará daquilo que consideramos o menos importante dos desejos que teríamos condições de satisfazer. Uma perda "meramente" econômica é, pois, uma cujo efeito podemos fazer recair sobre nossas necessidades menos importantes. Mas, quando dizemos que o valor de uma coisa perdida é muito maior do que seu valor econômico, ou que ela não pode sequer ser avaliada em termos econômicos, isso significa que temos de suportar a perda no ponto em que ela incide. O mesmo, em termos gerais, se aplica aos ganhos econômicos. Em outras palavras, as mudanças de ordem econômica geralmente só afetam a periferia, a "margem" das nossas: necessidades. Há inúmeras coisas mais importantes do que aquilo que os ganhos ou perdas de ordem econômica podem afetar, e que julgamos bastante superiores aos confortos e mesmo a muitas necessidades da vida sujeitos aos sucessos e reveses econômicos. Comparados a elas, o "vil metal" e a questão da vantagem ou da desvantagem econômica parecem de

Capítulo VII | CONTROLE ECONÔMICO E TOTALITARISMO

pouco valor. Isso leva muita gente a acreditar que tudo aquilo que, como a planificação, só afeta os nossos interesses de ordem econômica, não constituirá séria interferência nos valores mais básicos da existência.

Trata-se, porém, de uma conclusão errônea. Os valores econômicos são-nos menos importantes do que muitas outras coisas justamente porque, em matéria de economia, temos liberdade para decidir o que é mais (ou menos) importante para nós. Ou, bem poderíamos dizê-lo, porque na sociedade atual cabe a nós resolvermos os problemas econômicos de nossa existência. Ter nossas atividades econômicas controladas significa ser controlados sempre, a menos que declaremos em cada caso nosso propósito específico. No entanto, como cada declaração de propósito dependeria de aprovação de autoridade, todos os nossos atos seriam realmente controlados.

A questão suscitada pela planificação econômica não consiste, portanto, apenas em determinar se teremos condições de satisfazer o que consideramos nossas necessidades mais (ou menos) importantes segundo nossas preferências. Consiste em determinar se cabe a nós decidirmos o que nos é de maior ou menor importância ou se essa decisão será tomada pelo planejador. A planificação econômica não atingiria apenas as necessidades "marginais" que temos em mente quando nos referimos com desdém aos aspectos puramente econômicos. Ela significaria, com efeito, que nós, como indivíduos, já não poderíamos decidir o que consideramos marginal.

A autoridade que dirigisse toda a atividade econômica controlaria não só o aspecto da nossa existência que envolve as questões inferiores. Controlaria também a alocação dos meios escassos e os fins a que seriam destinados. Quem controla toda a atividade econômica também controla os meios que deverão servir a todos os nossos fins. Decide, assim, quais deles serão satisfeitos e quais não o serão. É este o ponto crucial da questão. O controle econômico não é apenas o controle de um setor da vida humana, distinto dos demais. É o controle dos meios que contribuirão para a realização de todos os nossos fins. Pois quem detém o controle exclusivo dos meios também determinará a que fins nos dedicaremos, a que valores atribuiremos maior ou menor importância. Em suma, determinará aquilo em que os homens deverão crer e por cuja obtenção deverão esforçar-se. Planejamento central significa que o problema econômico será resolvido pela comunidade, e não pelo indivíduo. Isso, porém, implica que caberá à comunidade, ou melhor, a seus representantes, decidir sobre a importância relativa das diferentes necessidades.

A chamada liberdade econômica prometida pelos adeptos da planificação quer dizer precisamente que seremos libertados da necessidade de resolver nossos próprios problemas econômicos, e que as duras decisões que isso muitas vezes envolve serão tomadas por outrem. Como, hoje em dia, dependemos em quase tudo dos meios proporcionados pelos nossos semelhantes, o planejamento econômico importaria o controle da quase totalidade de nossa vida. Não existiria praticamente nenhum aspecto desta – desde as necessidades primárias até as relações de família e de amizade, da natureza do nosso trabalho até o uso que fazemos de lazer – sobre o qual o planejador não exercesse seu *"controle consciente"*[59].

O poder do planejador sobre nossa vida privada seria total, mesmo se ele resolvesse não o exercer mediante o controle direto do consumo. Embora seja provável que uma sociedade planificada venha, até certo ponto, a empregar o racionamento e outros mecanismos semelhantes, o poder do planejador sobre nossa vida privada não depende disso, e não seria menos efetivo se o consumidor tivesse a liberdade nominal de gastar seu rendimento como lhe aprouvesse. Esse poder sobre todo o consumo, que a autoridade deteria numa sociedade planificada, origina-se do controle da produção.

Nossa liberdade de escolha, no regime de concorrência, repousa na possibilidade de podermos procurar outra pessoa para satisfazer nossos desejos, caso alguém se recuse a fazê-lo. Quando nos deparamos com um monopolista, porém, ficamos à sua mercê. E a autoridade que dirigisse todo o sistema econômico seria o mais poderoso monopolista que se possa conceber. Embora provavelmente não tenhamos de recear que tal autoridade explorasse esse poder como o faria um monopolista que não fosse o Estado; embora se possa presumir que o seu objetivo não seria a extorsão do lucro financeiro máximo, ela teria poder absoluto para decidir o que caberia a cada um, e em que termos. Não só decidiria quais as mercadorias e serviços a serem oferecidos,

---

[59] Não se pode exemplificar melhor a abrangência do controle econômico sobre todos os outros aspectos da vida do que na área do câmbio. À primeira vista, nada parece afetar menos a vida privada do que o controle estatal das transações em moeda estrangeira, e a maior parte das pessoas olha com total indiferença a introdução dessa política. No entanto, a experiência de quase todos os países europeus ensinou-nos a considerar essa medida um passo decisivo no caminho do totalitarismo e da supressão da liberdade individual. Ela constitui, na verdade, o abandono completo do indivíduo à tirania do Estado, a eliminação definitiva de todos os meios de fuga – não somente para os ricos, mas para todos. Quando o indivíduo já não tem liberdade de viajar nem de comprar livros e revistas estrangeiros, e quando todos os meios de contato com o exterior se limitam aos aprovados pela opinião oficial ou aos que esta considera necessários, o controle efetivo dela torna-se muito maior do que o exercido por qualquer governo absolutista dos séculos XVII e XVIII.

Capítulo VII | Controle Econômico e Totalitarismo

e em que quantidades; mas estaria em condições de dirigir sua distribuição entre diferentes regiões e grupos e poderia, se assim o desejasse, discriminar entre as pessoas como bem entendesse. Quando analisamos o motivo por que o planejamento costuma ser defendido, podemos duvidar de que esse poder seria usado para a realização dos objetivos aprovados pela autoridade, e para impedir a consecução dos que ela condena?

É quase ilimitado o poder conferido pelo controle da produção e dos preços. No regime de concorrência, os preços que temos de pagar por um artigo, a taxa a que podemos obter uma coisa em troca de outra, dependem da quantidade de outros artigos da mesma espécie que ficam à disposição dos demais membros da sociedade depois de termos adquirido o nosso. Esse preço não é determinado pela vontade consciente de quem quer que seja. E, se uma certa forma de alcançarmos nossos fins se mostra demasiado dispendiosa, temos liberdade de buscar outras. Os obstáculos que se erguem em nosso caminho não se devem ao fato de alguém condenar nossos objetivos, mas ao de que os mesmos meios também estão sendo demandados por outras pessoas. Numa economia dirigida, em que a autoridade se interessa diretamente pelos objetivos visados, sem dúvida ela usaria seus poderes para auxiliar a consecução de certos fins e impedir a realização de outros. Nossos resultados não seriam determinados pela opinião que tivéssemos acerca do que devemos ou não preferir, mas pelas ideias de outra pessoa. E, como a autoridade teria o poder de anular todas as tentativas de escapar a seu controle, ela dirigiria nosso consumo de modo tão efetivo como se nos ditasse diretamente a maneira de gastar nossos rendimentos.

Entretanto não seria apenas no que se refere à nossa condição de consumidores, nem mesmo especialmente nessa qualidade, que a vontade do governo daria forma e "orientação" à nossa vida cotidiana. Faria isso, sobretudo, sob nossa condição de produtores. Esses dois aspectos da existência não podem ser separados um do outro; e, como quase todos nós passamos grande parte da vida no trabalho, e é ele que costuma determinar também o lugar em que moramos e as pessoas com quem convivemos, certa liberdade na escolha da profissão talvez tenha mais importância para nossa felicidade do que a liberdade de gastar os próprios rendimentos durante as horas de lazer.

Não há dúvida de que, mesmo no melhor dos mundos, essa liberdade será muito limitada. Poucas pessoas chegam a ter a possibilidade de escolher entre um grande número de ocupações. Contudo o importante é termos uma margem de escolha e não estarmos amarrados completamente a uma determinada ocupação que outros escolheram para nós, ou pela qual optamos no passado. Se uma posição se tornar de todo intolerável ou se aspirarmos a uma outra, é importante que haja sempre uma saída para as pessoas capacitadas, algum sacrifício mediante o qual possam alcançar sua meta. Nada é mais intolerável do que saber que nenhum esforço de nossa parte pode mudar as circunstâncias; e, mesmo que nunca tenhamos a força de vontade suficiente para fazer o sacrifício necessário, saber que poderíamos escapar se nos esforçássemos bastante torna suportáveis muitas situações, por piores que sejam.

Não pretendemos afirmar que a situação seja a melhor possível no mundo atual, ou que assim tenha sido nas épocas mais liberais do passado, tampouco que não haja muito a fazer para melhorar as oportunidades de escolha individual. Nesse campo, como em outros, o Estado muito pode fazer para auxiliar na difusão de conhecimentos e informações e permitir maior mobilidade. Mas a questão é que o tipo de ação estatal que, de fato, contribuiria para aumentar as oportunidades se mostra quase o oposto do "planejamento" hoje em dia defendido e praticado. A maioria dos adeptos do planejamento, é claro, promete que, no novo mundo planificado, a livre escolha da ocupação será escrupulosamente preservada e até ampliada. Prometem, porém, bem mais do que lhes é possível realizar. Pois, para planejar, terão de controlar o ingresso nas diferentes profissões e ocupações, ou o valor da remuneração, ou ambas as coisas.

Em quase todos os exemplos de planejamento conhecidos, o estabelecimento de tais controles e restrições foi uma das primeiras medidas adotadas. Se tal controle fosse universal e exercido por uma só autoridade planejadora, não é necessário ter grande imaginação para perceber o que aconteceria com a prometida "livre escolha de ocupação". A "liberdade de escolha" seria puramente fictícia, uma simples promessa de que não haveria discriminação num caso cuja própria natureza exigiria seu uso; e, com relação ao qual tudo que se poderia esperar, seria uma seleção de acordo com critérios considerados objetivos pela autoridade.

Não seria muito diferente se a autoridade planejadora se limitasse a fixar as condições de emprego e tentasse controlar o número de empregados pela alteração dessas condições. Ao estabelecer os termos de remuneração, ela impediria o acesso de determinadas pessoas a muitas profissões de modo tão eficaz como se as excluísse expressamente. Uma moça pouco atraente que tem grande desejo de tornar-se vendedora, um rapaz franzino que almeja um emprego no qual sua fraqueza física constitui um empecilho, assim como, de modo geral, os que parecem menos hábeis ou menos qualificados, não são necessariamente excluídos numa sociedade competitiva. Se desejam mesmo tais posições, muitas vezes haverá oportunidade de se iniciarem nela mediante um sacrifício financeiro, e poderão mais tarde se destacar por qualidades, a princípio, menos evidentes. Mas quando a autoridade fixa a remuneração de toda uma categoria e a seleção dos candidatos é feita por meio de um teste objetivo, a força com que desejam conseguir a posição terá pouca probabilidade de ser levada em conta. A pessoa cujas qualificações não correspondem ao padrão, ou que tenha um temperamento fora do comum, já não conseguirá trabalho mediante entendimento especial com um empregador cujas inclinações se ajustem às suas necessidades específicas. Aqueles que, à rotina cotidiana, preferem trabalhar fora de horário ou mesmo levar uma existência sem obrigações, com uma renda reduzida e talvez incerta, já não terão escolha.

A situação será, sem exceções, aquela que, até certo ponto, ocorre, inevitavelmente, numa grande organização – ou antes pior, pois não haverá escapatória. Já não teremos liberdade de ser racionais ou eficientes apenas quando isso nos parece proveitoso. Teremos todos de nos adaptar aos padrões que a autoridade planejadora é obrigada a fixar, a fim de simplificar sua tarefa. Para tornar exequível essa imensa tarefa, ela terá de reduzir a diversidade das inclinações e capacidades humanas a umas poucas categorias de unidades facilmente permutáveis, desprezando as pequenas diferenças pessoais. Embora o objetivo declarado da planificação seja o de dar condições ao homem para que deixe de ser um simples meio, na realidade – uma vez que seria impossível levar em conta as preferências e aversões pessoais –, o indivíduo se tornaria, mais do que nunca, um simples meio, usado pela autoridade a serviço de abstrações como o "bem-estar social" ou o "bem da comunidade".

É de importância inegável o fato de que, numa sociedade competitiva, a maior parte das coisas pôde ser obtida mediante um preço – embora muitas vezes este seja terrivelmente elevado. A alternativa que se oferece não é, contudo, a completa liberdade de escolha, mas ordens e proibições que têm de ser obedecidas e, em última análise, o favor dos poderosos. As censuras feitas ao regime de concorrência pelo fato de que, nele, tudo pode ser obtido mediante um preço indicam a falta de compreensão de todos esses assuntos. Há pessoas que protestam contra a inclusão dos valores mais elevados da vida na "lógica do dinheiro". Se com isso querem dizer que não deveríamos ter de sacrificar nossas necessidades menores à preservação dos valores superiores, e que a escolha deveria ser feita por outrem, esse protesto parece bastante estranho e não demonstra grande respeito pela dignidade do indivíduo. A vida e a saúde, a virtude e a beleza, a honra e a paz de espírito, muitas vezes, só podem ser preservadas à custa de consideráveis sacrifícios materiais, e alguém tem de fazer a escolha. Esse é um fato inegável, assim como também que nem todos estão dispostos, por vezes, a fazer os sacrifícios materiais necessários para proteger esses valores mais altos contra qualquer violação.

Tomemos um exemplo: poderíamos reduzir a zero o número de vítimas de acidentes de automóveis, é claro – se nos dispuséssemos a pagar o preço, abolindo-os. O mesmo se aplica a milhares de outras situações em que arriscamos constantemente a vida, a saúde e todos os valores espirituais mais nobres, tanto nossos quanto de nossos semelhantes, a fim de promover aquilo que, ao mesmo tempo, chamamos, com desprezo, de conforto material. Nem podia ser de outro modo, visto que todos os nossos fins disputam o emprego dos mesmos meios. Assim, se tentássemos evitar que esses valores absolutos jamais fossem ameaçados, seríamos incapazes de perseguir quaisquer outros objetivos. Não surpreende que os homens desejem livrar-se da cruel escolha que as circunstâncias muitas vezes lhes impõem.

No entanto poucos desejam fazê-lo deixando a outros resolver por eles. O que querem é simplesmente que a escolha não seja necessária. Por isso, acreditam com muita facilidade que ela, de fato, não é e que não passa de uma imposição do sistema econômico existente. Na realidade, o que os irrita é a existência de um problema econômico. Essa crença, sem fundamento, de que já não há realmente um problema econômico, tem sido estimulada por afirmações irresponsáveis acerca da "abundância em potencial" – o que, se fosse uma realidade, implicaria, com efeito, que a escolha não é inevitável, pois inexiste problema econômico. Mas, embora esse chamariz tenha servido à propaganda socialista sob várias denominações desde o aparecimento do socialismo, sua falsidade é tão palpável quanto quando foi utilizado pela primeira vez, há mais de cem anos. Durante todo esse tempo, nenhuma das muitas pessoas que o usaram apresentou um plano viável para aumentar a produção de modo a se poder abolir o que chamamos pobreza – nem mesmo na Europa Ocidental, para não falar no resto do mundo. O leitor pode ter certeza de que todo aquele que fala sobre abundância em potencial ou é desonesto ou não sabe o que diz[60]. E, no entanto, essa falsa esperança é uma das principais forças que nos impelem no caminho da planificação.

Conquanto o movimento popular continue tirando proveito dessa ideia errônea, quase todos os estudiosos do problema vêm abandonando aos poucos a tese de que, numa economia planejada, a produção seria bastante maior do que no sistema de concorrência. E mesmo um grande número de economistas favoráveis ao socialismo, que estudaram a fundo os problemas do planejamento centralizado, contenta-se agora em esperar que uma sociedade planejada iguale a eficiência de um sistema competitivo. Já não defendem a planificação por sua produtividade superior, mas porque nos permitirá realizar uma distribuição da riqueza mais justa e equitativa. Esse é, com efeito, o único argumento a seu favor digno de debate. Não há dúvida alguma de que, se quisermos assegurar uma distribuição da riqueza segundo um padrão predeterminado, se quisermos estabelecer conscientemente o que caberá a cada um, teremos de planificar todo o sistema econômico. Resta saber se o preço que teríamos de pagar pela realização desse ideal de justiça não seria um descontentamento e uma opressão maiores do que os jamais causados pelo livre jogo das forças econômicas, alvo de tão severas críticas.

Estaríamos incorrendo em grave erro se procurássemos abrandar essas apreensões, julgando que a adoção do planejamento central significaria apenas um retorno, após breve período de liberdade econômica, aos controles e restrições que têm governado a atividade econômica ao longo de quase toda a história, e que por isso as violações da liberdade pessoal não seriam maiores do que eram antes da era do *laissez-faire*. Perigosa ilusão. Mesmo nos períodos da história europeia em que mais se tentou sujeitar a vida econômica ao controle governamental, este último importava em pouco mais que a criação de um corpo de normas geral e semipermanente, no qual o indivíduo mantinha

---

60 Para justificar essa enfática afirmação, podemos citar as seguintes conclusões a que chegou Colin Clark (1905-1989), um dos mais conhecidos especialistas em estatística econômica, homem de ideias incontestavelmente progressistas e de espírito rigorosamente científico, em sua obra *Conditions of Economic Progress* [*Condições do Progresso Econômico*]: "*Tudo o que já foi dito repetidas vezes sobre a pobreza no seio da abundância e sobre o fato de já terem sido resolvidos os problemas da produção, faltando-nos apenas compreender a questão da distribuição, revela-se um dos mais falsos clichês de nossa época. A subutilização da capacidade produtora é uma questão que só tem importância considerável nos Estados Unidos, embora, em certos períodos, também se tenha tornado relevante na Inglaterra, na Alemanha e na França; na maior parte do mundo, porém, é inteiramente subordinada ao fato maior de que, embora fazendo uso integral dos seus recursos de produção, estes produzem muito pouco. A era da abundância ainda tardará muito a chegar. Se fossem eliminadas as formas evitáveis de desemprego ao longo de todo o ciclo econômico, teríamos uma indiscutível melhoria no padrão de vida da população dos Estados Unidos; mas, do ponto de vista mundial, isso contribuiria apenas em pequena escala à solução do problema muito mais importante da elevação dos rendimentos reais do grosso da humanidade a um nível mais próximo ao dos padrões civilizados*" (CLARK, Colin. *Conditions of Economic Progress*. London: Macmillan, 1940. p. 3-4).

uma ampla esfera de liberdade. O mecanismo de controle então disponível não se prestaria senão para impor algumas diretrizes muito gerais. E mesmo o controle mais completo só abrangia as atividades pelas quais uma pessoa tomava parte na divisão social do trabalho. Na esfera muito mais ampla em que ele ainda vivia de seus próprios produtos, cada um era livre para agir como bem entendesse.

A situação agora é inteiramente diversa. No decorrer da era liberal, a progressiva divisão do trabalho criou uma situação em que quase todas as nossas atividades passaram a fazer parte de um processo social. É impossível inverter o rumo dessa evolução, pois só em virtude dela podemos manter a população, hoje tão numerosa, dentro de padrões mais ou menos semelhantes aos atuais. Mas, como resultado, a substituição da concorrência pelo planejamento central exigiria um controle muito maior sobre nossa vida do que até hoje foi tentado. Essa ingerência não poderia limitar-se àquilo que consideramos nossas atividades econômicas, pois hoje dependemos em quase tudo das atividades econômicas de nossos semelhantes[61].

A paixão pela "satisfação coletiva das nossas necessidades", com que os socialistas souberam tão bem preparar o caminho para o totalitarismo, e segundo a qual nossos prazeres e necessidades deveriam ser satisfeitos à hora marcada e na forma prescrita, pretende ser, em parte, um meio de educação política. Mas também decorre das exigências da planificação, cuja essência é privar-nos da liberdade de escolha para nos dar aquilo que mais se ajuste ao plano, no momento determinado pelo plano.

Afirma-se, muitas vezes, que a liberdade política nada significa sem a liberdade econômica. Isso, em parte, é verdade, porém num sentido quase oposto ao usado pelos defensores da planificação. A liberdade econômica que constitui o requisito prévio de qualquer outra liberdade não pode ser aquela que nos libera dos cuidados econômicos, segundo nos prometem os socialistas. E que só se pode obter eximindo o indivíduo ao mesmo tempo da necessidade e do poder de escolha. Deve ser a liberdade de ação econômica que, junto com o direito de escolher, também acarreta inevitavelmente os riscos e a responsabilidade inerentes a esse direito.

---

61 Não é por mera coincidência que nos países totalitários, seja na Rússia, na Alemanha ou na Itália, a organização do lazer se tornou um problema de planejamento. Os alemães chegaram a inventar para esse problema a horrível e contraditória denominação de *Freizeitgestaltung* (literalmente: organização das horas livres), como se essas horas continuassem a ser "livres" quando se é obrigado a passá-las à maneira prescrita pela autoridade.

CAPÍTULO VIII

- CAPÍTULO VIII -

Quem a Quem?

> *"A melhor oportunidade que o mundo já teve foi desperdiçada porque a obsessão pela igualdade frustrou as esperanças de liberdade".*
>
> – Lord Acton (1834-1902)

Mostra-se significativo que uma das objeções mais frequentes à concorrência seja que ela é "cega". Convém lembrar, entretanto, que, para os antigos, a cegueira era atributo da deusa da justiça. Se bem que a concorrência e a justiça pouco mais tenham em comum, ambas são dignas de elogio justamente por não admitirem discriminação entre as pessoas. A impossibilidade de prever quem será bem-sucedido e quem fracassará, o fato de recompensas e perdas não serem distribuídas segundo um determinado conceito de mérito ou demérito, dependendo antes da capacidade e da sorte de cada um, isso é tão importante quanto não sermos capazes de prever, na feitura das leis, quem em particular sairá ganhando ou perdendo com sua aplicação. E a circunstância de, no regime de concorrência, o destino das diferentes pessoas ser determinado não só pela habilidade e pela capacidade de prever, mas também pelo acaso – e a sorte não torna isso menos verdadeiro.

Capítulo VIII | Quem a Quem?

O que se nos apresenta não é a escolha entre um sistema em que cada um receberá o que merece de acordo com um padrão absoluto e universal de justiça, e um sistema em que a parcela de cada um seja determinada em parte pelo acaso ou pela boa ou má sorte. É a escolha entre um sistema em que a vontade de poucos decida a quem caberá isto ou aquilo e outro em que essa parcela dependa, pelo menos em parte, da habilidade e da iniciativa dos indivíduos e, também em parte, de circunstâncias imprevisíveis. Essa distinção mantém sua importância mesmo se, num sistema de livre iniciativa, as oportunidades não são iguais, visto que tal sistema se baseia necessariamente na propriedade privada e (talvez não tão necessariamente) no direito à herança, com as diferenças de oportunidade que lhes são inerentes. Com efeito, justifica-se a redução dessa desigualdade de oportunidades tanto quanto o permitem as diferenças congênitas, e na medida em que seja possível fazê-lo sem destruir o caráter impessoal do processo pelo qual cada um tem de assumir os próprios riscos, e em que nenhum conceito individual sobre o que é justo e desejável prevaleça sobre os demais.

Sem dúvida, no regime de concorrência, as oportunidades ao alcance dos pobres são muito mais limitadas que as acessíveis aos ricos. No entanto, mesmo assim, em tal regime o pobre tem uma liberdade maior do que um indivíduo que goze de muito mais conforto material numa sociedade de outro gênero. No regime de concorrência, as probabilidades de um homem pobre conquistar grande fortuna são muito menores que as daquele que herdou sua riqueza. Nele, porém, tal coisa é possível, visto ser o sistema de concorrência o único em que o enriquecimento depende exclusivamente do indivíduo, e não do favor dos poderosos, e em que ninguém pode impedir que alguém tente alcançar esse resultado. Já esquecemos o que significa a falta de liberdade; essa é a razão pela qual muitas vezes não percebemos o fato evidente de que, em todos os sentidos, um trabalhador não especializado e mal pago tem, na Inglaterra, mais liberdade de escolher o rumo de sua vida do que muitos pequenos empresários na Alemanha, ou do que engenheiro ou gerente de empresa muito mais bem pago na Rússia. Quer se trate de mudar de emprego ou de residência, de externar certas opiniões ou de passar deste ou daquele modo as horas de lazer – embora seja, por vezes, elevado o preço que se tem de pagar pelo direito de seguir as próprias inclinações, e a muitos esse preço se afigure exagerado –, não existe empecilho absoluto ou perigo para a integridade física e para a liberdade que prendam à força esse trabalhador à tarefa e ao ambiente designados por um superior.

É verdade que o ideal de justiça da maioria dos socialistas seria satisfeito com a simples abolição da renda privada resultante da propriedade, permanecendo inalteradas as diferenças entre os rendimentos individuais do trabalho[62]. O que eles esquecem é que, ao transferirem para o Estado toda a propriedade dos meios de produção, dão-lhe automaticamente condições de determinar todos os outros rendimentos. Conferir tal poder ao Estado e exigir que este o use para "planejar" implica que ele deverá usá-lo com plena consciência de todos esses efeitos.

É errôneo supor que isso não passa de uma transferência de poder ao Estado. Trata-se da criação de um novo poder que, numa sociedade competitiva, ninguém tem. Enquanto a propriedade estiver dividida entre muitos donos, nenhum deles, agindo independentemente, tem o poder exclusivo de determinar a renda e a posição de um indivíduo. Ninguém fica vinculado a um proprietário, a não ser pelo fato de esse oferecer condições melhores que qualquer outro.

Nossa geração esqueceu que o sistema de propriedade privada é a mais importante garantia da liberdade, não só para os proprietários, mas também para os que não o são. Ninguém dispõe de poder absoluto sobre nós, e, como *indivíduos*, podemos escolher o sentido de nossa vida – isso, porque o controle dos meios de produção se acha dividido entre muitas pessoas que agem de modo independente. Se todos os meios de produção pertencessem a uma única entidade, fosse ela a "sociedade" como um todo ou um ditador, quem exercesse esse controle teria poder absoluto sobre nós.

Quem duvidaria de que um membro de uma minoria racial ou religiosa seja mais livre sem nada possuir – no caso de outros membros de sua comunidade terem propriedades e, portanto, estarem em condições de empregá-lo – do que o seria se a propriedade privada fosse abolida e ele se tornasse possuidor nominal de uma parte da propriedade comum? Ou que o poder

---

62 É provável que exageremos constantemente a importância dos rendimentos da propriedade como causa da desigualdade de renda, e, portanto, exageremos também o grau em que as principais desigualdades seriam reduzidas pela supressão desses rendimentos. O pouco que sabemos sobre a distribuição da renda na Rússia soviética não faz crer que as desigualdades sejam ali muito menos acentuadas do que nas sociedades capitalistas. Max Eastman dá algumas informações fornecidas por fontes oficiais russas, mostrando que as diferenças entre os salários mais elevados e os mais baixos naquele país são da mesma ordem de grandeza (mais ou menos 50 para 1) que nos Estados Unidos (EASTMAN, Max. *The End of Socialism in Russia*. Boston: Little Brown & Co., 1937. p. 30-34); e Leon Trotsky (1879-1940), em artigo citado por James Burnham (1905-1987), calculava recentemente (em 1939) que *"os 11% ou 12% que constituem a camada superior da população soviética percebem hoje, aproximadamente, 50% da renda nacional. Essa diferença é mais acentuada do que nos Estados Unidos, onde a camada superior – 10% da população – percebe cerca de 35% da renda nacional"* (BURNHAM, James. *The Managerial Revolution: What is Happening in the World*. New York: John Day Company, 1941. p. 43).

exercido sobre mim por um multimilionário, que pode ser meu vizinho e talvez meu patrão, é muito menor que o do mais insignificante funcionário que exerce o poder coercitivo do Estado e decide em que condições poderei viver ou trabalhar? E quem negará que um mundo em que os ricos são poderosos ainda é preferível àquele em que só os poderosos podem adquirir riquezas?

É patético, e ao mesmo tempo estimulante, constatar que um velho e famoso comunista como Max Eastman redescobre esta verdade:

> Parece-me agora evidente − [escreve ele em recente artigo] −, embora deva confessar que tardei em chegar a essa conclusão, que a instituição da propriedade privada é um dos principais fatores que conferiram ao homem justamente aquela porção limitada de liberdade e igualdade que Marx esperava tornar infinita, ao abolir tal instituição. O estranho é que Marx foi o primeiro a perceber esse fato. Foi ele que nos informou, remontando ao passado, que a evolução do capitalismo privado com o mercado livre foi a condição prévia da evolução de todas as nossas liberdades democráticas. Nunca lhe ocorreu, considerando o futuro, deduzir que, se assim acontecia, essas outras liberdades poderiam desaparecer com a abolição do mercado livre[63].

Afirma-se às vezes, em resposta a esses temores, que não há razão para supormos que o planejador determina a renda do indivíduo. Decidir a participação de cada indivíduo na renda nacional envolve dificuldades políticas e sociais tão evidentes que até o mais inveterado planejador hesitará antes de encarregar qualquer autoridade dessa tarefa. Provavelmente, quem compreende o que isso implica preferiria limitar o planejamento à produção e empregá-lo apenas para garantir uma "organização racional da produção", deixando a distribuição da renda tanto quanto possível a forças impessoais. Embora não se possa dirigir a produção sem influir, de certo modo, na distribuição, e ainda que nenhum planejador deseje deixar a distribuição inteiramente às forças do mercado, é provável que todos eles preferissem limitar-se a fazer a distribuição obedecer a certas normas gerais de equidade e justiça, evitando as desigualdades extremas e estabelecendo uma relação justa entre as remunerações das principais classes ou às gradações e diferenciações entre indivíduos e pequenos grupos.

---

63 EASTMAN, Max. *The Reader's Digest.* July 1941, p. 39.

Já vimos que a íntima interdependência de todos os fenômenos econômicos torna difícil deter o planejamento exatamente no ponto desejado e que, ao impedir que o livre funcionamento do mercado se estenda além de certo limite, o planejador será forçado a ampliar seus controles até estes abrangerem todos os aspectos da sociedade. Tais considerações econômicas, que explicam por que razão é impossível fazer cessar o controle no ponto desejado, encontram poderoso apoio em certas tendências sociais ou políticas cuja força se faz sentir cada vez mais com a extensão do planejamento.

Conforme se torna evidente à maioria das pessoas que a situação do indivíduo não é determinada por forças impessoais, como resultado da concorrência, mas pela decisão de uma autoridade, mudará necessariamente a atitude de cada um para com sua posição na ordem social. Haverá sempre desigualdades que parecerão injustas aos que as sofrem decepções e infortúnios imerecidos. Mas quando essas coisas acontecem numa sociedade conscientemente dirigida, a maneira como as pessoas reagem é muito diferente daquela como o fazem quando tais desigualdades e infortúnios não resultam de escolha consciente. A desigualdade gerada por forças impessoais é, sem dúvida, melhor suportada, e afeta bem menos a dignidade do indivíduo, do que quando é intencional. No regime de concorrência, não representa desconsideração ou ofensa à dignidade de uma pessoa ser avisado pela direção da firma de que seus serviços já não são necessários ou de que não se lhe pode oferecer emprego melhor. É certo que, em épocas de desemprego em massa e prolongado, muitos poderão sentir-se assim. Há, porém, outros métodos de impedir essa desgraça, melhores do que o planejamento central; e o desemprego ou a perda de rendimentos que nunca deixarão de atingir a alguns em qualquer sociedade são, por certo, menos degradantes quando causados por infortúnio do que quando deliberadamente impostos pela autoridade. Por mais amarga que tal experiência seja, seria muito pior numa sociedade planificada. Nesta, caberia à autoridade decidir, não se precisa de uma pessoa para certo emprego, mas se ela pode ter qualquer utilidade e em que medida. Sua posição na vida seria determinada por outrem.

Embora muitos suportem os sofrimentos a que qualquer um pode estar sujeito, não lhes é fácil aceitar aqueles causados pela decisão da autoridade. Talvez seja desagradável não representar mais que uma peça num mecanismo impessoal, mas é infinitamente pior quando já não podemos escapar, quando estamos acorrentados à nossa posição e aos superiores que nos foram designados. O descontentamento de todos com a própria sorte crescerá inevitavelmente com a consciência de que ela resulta das decisões de alguém.

Quando o governo empreende o planejamento tendo a justiça como objetivo, não pode furtar-se à responsabilidade pelo destino ou pela posição de cada cidadão. Numa sociedade planificada, todos saberemos que estamos em melhor ou pior situação que outrem, *não* em virtude de circunstâncias que ninguém controla e que é impossível prever com certeza, mas porque alguma autoridade assim o quer. E todos os esforços que envidaremos para melhorar nossa situação não visarão a prever da melhor maneira essas circunstâncias sobre as quais não temos nenhum controle e a prepararmo-nos para elas; visarão antes a influenciar em nosso favor a autoridade que detém todo o poder. O pesadelo dos pensadores políticos ingleses do século XIX, o Estado em que *"não haveria caminho para as honras e a riqueza senão por intermédio do governo"*[64], alcançaria um grau de realidade nunca imaginado por eles – embora já bastante comum em alguns países que, de então para cá, adotaram o regime totalitário.

Assim que o Estado assume a tarefa de planejar toda a vida econômica, o problema da posição dos diferentes indivíduos e grupos torna-se inevitavelmente a questão política predominante. Como só o poder coercitivo do Estado decidirá a quem cabe isto ou aquilo, o único poder efetivo e desejável será a participação no exercício desse mesmo poder. Não haverá questão econômica ou social que não seja também uma questão política, no sentido de que sua solução dependerá exclusivamente de quem manejar o poder coercitivo, daqueles cujas ideias estiverem predominando.

Creio ter sido o próprio Lenin quem introduziu na Rússia a famosa expressão "Quem a quem?", com a qual, nos primeiros anos do regime soviético, o povo sintetizava o problema universal de uma sociedade socialista[65]. Quem planeja a vida de quem? Quem dirige e domina a quem? Quem determina a posição do indivíduo durante sua existência e quem tem o que lhe cabe determinado por outrem? Essas se tornam as questões essenciais, que só podem ser decididas pelo poder supremo. Mais recentemente, um pesquisador político norte-americano ampliou a expressão de Lenin, afirmando que o problema de todo governo é *"quem recebe o que, quando e como"*. De certo modo, isso é verdade. Não se pode contestar que todo governo exerce influência na

---

64 Palavras do jovem Benjamin Disraeli (1804-1881).
65 MUGGERIDGE, Malcolm. *Winter in Moscow*. Boston: Little, Brown, and Company, 1934; FEILER, Arthur. *The Experiment of Bolshevism*. London: G. Allen & Unwin, 1930.

posição relativa das diferentes pessoas e que, em todos os sistemas, quase não há aspecto de nossa existência que não seja atingido pela ação governamental. Como o governo age, sempre influirá na questão de "quem recebe o que, quando e como".

Há, todavia, duas distinções fundamentais a fazer. Em primeiro lugar, é possível tomar medidas concretas sem saber de que modo elas atingirão cada indivíduo e, portanto, sem visar a tais efeitos específicos. Já discutimos esse ponto. Em segundo lugar, é a amplitude das atividades governamentais que determina se tudo o que um indivíduo recebe em qualquer ocasião depende do governo, ou se a influência deste se limita a condicionar se certas pessoas receberão certas coisas, de certo modo, em certas ocasiões. Nisso consiste toda a diferença entre um sistema livre e um sistema totalitário. O contraste entre a sociedade liberal e a sociedade totalmente planificada fica patente nos ataques movidos por nazistas e socialistas à "separação artificial da economia e da política" e em sua exigência de que a política domine a economia.

Essas expressões parecem significar que hoje se permite às forças econômicas atuar em benefício de fins alheios à política adotada pelo governo, e, também, que o poder econômico pode ser usado de maneira independente do controle governamental, para objetivos que o governo talvez não aprove. A alternativa, porém, não é apenas a existência de um poder único, mas de um poder, o grupo dirigente, que controle todos os objetivos humanos e, em especial, detenha autoridade total sobre a posição de cada indivíduo.

Um governo que assume a direção da atividade econômica, sem dúvida, tem de usar seu poder para realizar um determinado ideal de justiça distributiva. Mas como poderá usar esse poder? E como o usará de fato? Por que princípios se orientará ou deveria orientar-se? Existe uma solução definida para as inúmeras questões de mérito relativo que surgirão e que terão de ser resolvidas deliberadamente? Há uma escala de valores que possa ser aceita pelas pessoas de bom senso, que justifique uma nova ordem hierárquica da sociedade e atenda às reivindicações de justiça?

Só existe um princípio geral, uma regra simples, que, de fato, ofereceria uma resposta inequívoca a todas essas perguntas: igualdade, completa e absoluta igualdade de todos os indivíduos em todos os assuntos sujeitos ao controle humano. Se isso fosse considerado desejável pela maioria (independentemente de ser ou não praticável, ou seja, de oferecer incentivos adequados), contribuiria para dar maior clareza à ideia vaga de justiça distributiva e para dar orientação definida ao planejador. Nada, porém, está mais longe da verdade do que a ideia de que os homens em geral consideram desejável semelhante igualdade mecânica. Nenhum movimento socialista que tenha pretendido a igualdade completa conseguiu, até hoje, apoio substancial. O que o socialismo prometia não era uma distribuição absolutamente igual, mas uma distribuição mais justa e mais equitativa. A única meta a que, de fato, se visa não é a igualdade em sentido absoluto, mas uma "igualdade maior".

Embora esses dois ideais pareçam muito semelhantes, são diferentes ao extremo no que concerne ao nosso problema. Ao passo que a igualdade absoluta determinaria com exatidão a tarefa do planejador, o desejo de uma igualdade maior é apenas negativo, mera expressão de desagrado em face da situação atual; e, enquanto não estivermos dispostos a aprovar cada medida que vise à igualdade completa, tal desejo não solucionará quase nenhuma das questões que cumpre ao planejador decidir.

Isso não é um simples jogo de palavras. Estamos tratando de uma questão crucial que a semelhança dos termos tende a ocultar. Embora o consenso em torno da igualdade completa solucionasse todos os problemas de mérito que o planejador tem de resolver, a opção por uma igualdade maior não soluciona quase nenhum. Seu teor não vai muito além de expressões vagas como "o bem comum" ou "o bem-estar social". Não nos livra da necessidade de decidir em cada caso entre os méritos de determinados indivíduos ou grupos, e não nos auxilia nessa decisão. Limita-se, com efeito, a dizer que devemos tirar dos ricos o mais que pudermos. Mas, no que diz respeito à distribuição dos despojos, o problema continua o mesmo, como se nunca se houvesse concebido optar por uma "igualdade maior".

A maioria das pessoas acha difícil admitir a inexistência de padrões morais que nos permitam resolver essas questões se não perfeitamente, pelo menos de maneira mais satisfatória do que o faz o sistema de concorrência. Não temos todos nós, por acaso, noção do que seja um "preço justo" ou um "salário razoável"? Não podemos confiar no forte senso de justiça do povo. E, mesmo que hoje não concordemos de todo sobre o que é justo ou razoável num caso determinado, as ideias populares não se consolidariam em padrões mais definidos se os homens tivessem oportunidade de ver realizados os seus ideais?

Infelizmente, tais esperanças têm pouco fundamento. Os padrões que utilizamos originam-se do sistema de concorrência em que vivemos e, portanto, desapareceriam tão logo este fosse suprimido. O que entendemos por preço justo e por salário razoável são os preços ou salários usuais, o retorno que a experiência passada nos levou a esperar, ou o preço e o salário que existiriam se não houvesse a exploração monopólica. A única exceção importante era a reivindicação do "produto integral do trabalho" que costumava ser feita pelos trabalhadores e da qual se originou grande parte da doutrina socialista. No entanto poucos socialistas acreditam hoje que, em uma sociedade socialista, o produto de cada indústria seria inteiramente partilhado por quem nela trabalhasse. Isso significaria que os trabalhadores das indústrias de capital intensivo teriam uma renda muito maior que os trabalhadores das indústrias que empregam pouco capital, o que a maioria dos socialistas acharia bastante injusto. E, hoje em dia, quase todos reconhecem que essa reivindicação se baseava numa interpretação errônea dos fatos. Contudo, uma vez rejeitada a reivindicação individual do trabalhador ao produto integral do "seu" trabalho e estabelecido que o retorno sobre o capital seja dividido entre todos os trabalhadores, o problema de como dividi-lo suscita a mesma questão básica.

É concebível que o "preço justo" de certa mercadoria ou a remuneração "razoável" por um dado serviço pudesse ser determinado de maneira objetiva se as quantidades necessárias fossem fixadas de modo independente. Se essas fossem especificadas sem levar em conta o custo, o planejador poderia tentar encontrar o preço ou o salário necessário para produzir tais quantidades. Mas o planejador também deve decidir em que quantidade cada mercadoria será produzida e, ao fazê-lo, determina qual será o preço justo ou o salário razoável a pagar. Se ele resolver que a economia precisa de um número menor de arquitetos ou de relojoeiros, e que se pode atender a essa necessidade utilizando o trabalho daqueles que estão dispostos a aceitar uma remuneração inferior, o salário "razoável" será mais baixo. Ao fixar a importância relativa dos diferentes objetivos, o planejador também fixa a importância relativa das diferentes pessoas e grupos. Como não deve tratar as pessoas como simples meios, terá de levar em conta esses efeitos e avaliar a importância das diferentes finalidades em relação aos resultados da sua decisão o que significa, no entanto, que terá de exercer um controle direto sobre as condições dos diferentes indivíduos.

Isso se aplica não só à posição relativa dos indivíduos, mas também à dos diferentes grupos ocupacionais. Em geral, temos uma grande tendência a considerar mais ou menos uniformes os rendimentos de cada profissão. Todavia, as diferenças entre os rendimentos, não só do médico ou arquiteto, escritor ou ator cinematográfico, jóquei ou boxeador, de maior ou menor fama, mas também do jardineiro ou encanador, alfaiate ou dono de mercadoria bem ou malsucedido, são tão grandes como as que existem entre a classe dos proprietários e dos não proprietários. E, embora houvesse, sem dúvida, alguma tentativa de padronizar essas diferenças pela criação de categorias, a necessidade de discriminar entre indivíduos continuaria a existir, quer tal discriminação se fizesse mediante a fixação dos rendimentos individuais, quer por sua inclusão em categorias determinadas.

É desnecessário estendermo-nos sobre a probabilidade de membros de uma sociedade livre submeterem-se a tal controle – ou de permanecerem livres, caso o façam. A esse respeito, hoje não é menos válido o que John Stuart Mill escreveu há quase um século:

> Poder-se-ia admitir uma regra fixa, como a da igualdade, ou a sorte ou uma necessidade externa; mas seria intolerável que um punhado de seres humanos pesasse todos na balança, dando mais a este e menos àquele a seu bel-prazer ou segundo o próprio critério de julgamento, a não ser que se tratasse de indivíduos considerados super-homens e apoiados em poderes sobrenaturais[66].

Enquanto o socialismo é apenas a aspiração de um grupo limitado e bastante homogêneo, essas dificuldades não conduzem forçosamente a conflitos abertos. Esses só afloram quando se tenta pôr em prática uma política socialista com o apoio dos numerosos grupos diferentes que compõem a maioria do povo. Então, não tarda a converter-se em questão suprema a escolha do ideal a ser imposto a todos, e a serviço do qual será colocada a totalidade dos recursos do país. O planejamento bem-sucedido exige a criação de uma opinião comum sobre os valores essenciais. É por isso que a restrição de nossa liberdade no que diz respeito às coisas materiais atinge de modo tão direto nossa liberdade espiritual.

Os socialistas – pais civilizados da progênie bárbara de nossos dias – sempre esperaram resolver esse problema pela educação. Mas que significa educação nesse caso? Por certo, já aprendemos que o saber não pode criar novos valores éticos e que o acúmulo de conhecimentos não leva os homens a terem a mesma opinião sobre as questões morais suscitadas pelo controle consciente de todas as relações sociais. Não se justifica um plano concreto por

---

[66] MILL, John Stuart. *Principles of Political Economy*. Livro I, cap. II, § 4.

uma convicção racional, mas pela aceitação de uma fé. De fato, os socialistas foram, em toda parte, os primeiros a reconhecer que a tarefa por eles assumida exigia a aceitação generalizada de uma *Weltanschauung*[67] comum de um conjunto definido de valores. Foi nessa tentativa de produzir um movimento de massas baseado numa única concepção do mundo que os socialistas criaram a maioria dos instrumentos de doutrinação usados com tanta eficácia pelos nazistas e pelos fascistas.

Com efeito, tanto na Alemanha quanto na Itália, nazistas e fascistas pouco tiveram a inventar. Os costumes desses novos movimentos políticos que impregnaram todos os aspectos da vida já tinham sido introduzidos em ambos os países pelos socialistas. Foram estes os primeiros a pôr em prática a ideia de um partido político que abrange todas as atividades do indivíduo, do berço ao túmulo, que pretende orientar todas as suas concepções e se deleita em converter todos os problemas em questões de *Weltanschauung* partidária. Falando do movimento socialista em seu país, declara com orgulho um autor austríaco que sua feição característica era ter criado "organizações especiais para cada campo de atividade de operários e assalariados em geral"[68]. Embora os socialistas austríacos tenham ido talvez mais longe do que outros neste particular, a situação não era muito diferente nos demais países. Não foram os fascistas, mas os socialistas, que começaram a arregimentar as crianças desde a mais tenra idade em organizações políticas para garantir que elas se tornassem bons proletários. Não foram os fascistas, mas os socialistas, os primeiros que pensaram em organizar esportes e jogos, futebol e passeios a pé, em clubes do partido onde os membros não pudessem ser contagiados por outras ideias. Foram os socialistas os primeiros a insistir em que o membro do partido se distinguisse dos demais pela maneira de saudar e pelas formas de tratamento. Foram eles que, com sua organização de "células" e de dispositivos destinados à fiscalização permanente da vida privada, criaram o protótipo do partido totalitário. Conceitos como *Balilla* e *Hitlerjugend*, *Dopolavoro* e *Kraft durch Freude*, uniformes políticos e a estruturação militar dos partidos pouco mais são do que imitações de instituições socialistas mais antigas[69].

Enquanto, num país, o movimento socialista estiver intimamente ligado aos interesses de um grupo particular, em geral constituído pelo

---

[67] Literalmente, "visão de mundo". (N. T.)
[68] WIESER, George. *Ein Staat stirbt* – Österreich *1934-1938*. Paris: Éditions Nouvelles Internationales, 1938. p. 41.
[69] Os clubes do livro políticos da Inglaterra oferecem um paralelo importante.

operariado das categorias mais especializadas, será bastante simples criar uma opinião comum quanto ao *status* desejável dos diferentes membros da sociedade. A primeira preocupação do movimento será elevar o *status* de um grupo acima do de outros grupos. O problema, todavia, muda de caráter conforme, na marcha progressiva para o socialismo, evidencia-se para o indivíduo que sua renda e, de modo geral, sua posição são determinadas pelo mecanismo coercitivo do Estado e que ele só pode manter ou melhorar essa posição como membro de um grupo organizado capaz de influenciar ou controlar a máquina estatal.

No conflito entre os vários grupos de pressão, que emerge nesse estágio, não prevalecem necessariamente os interesses dos grupos mais pobres e mais numerosos. Nem constitui necessariamente uma vantagem para os partidos socialistas mais antigos, que representavam os interesses de um grupo específico, terem sido os primeiros a aparecer e terem moldado toda a sua ideologia de modo a atrair o operariado especializado. Seu próprio êxito e sua insistência na aceitação da doutrina como um todo estão fadados a criar um poderoso movimento contrário – não um movimento dos capitalistas, mas das classes numerosas e igualmente não proprietárias, cujo *status* relativo é ameaçado pelo avanço da elite operária.

A teoria e a tática socialistas, mesmo quando não dominadas pelo dogma marxista, têm-se baseado sempre na ideia de uma divisão da sociedade em duas classes com interesses comuns, porém conflitantes: os capitalistas e os operários. Os socialistas confiavam no rápido desaparecimento da antiga classe média e esqueceram completamente a ascensão de uma nova classe média, o incontável exército de escriturários, datilógrafos, funcionários administrativos e professores, varejistas e pequenos burocratas, além das camadas inferiores das profissões. Durante algum tempo, essas classes produziram muitos dos líderes do movimento trabalhista. À medida, porém, que se tornava mais evidente a deterioração do *status* dessas classes em relação aos operários, os ideais por que esses se norteavam perderam, em grande parte, o atrativo que tinham para aqueles. Embora fossem todos socialistas no sentido de não estarem satisfeitos com o sistema capitalista e desejarem uma distribuição intencional da riqueza de acordo com sua ideia de justiça, esta se revelou bem diversa daquela que se achava incorporada à prática dos partidos socialistas mais antigos.

O meio empregado com êxito pelos antigos partidos socialistas para garantir o apoio de uma categoria profissional – a elevação do *status* econômico relativo dessa categoria – não pode ser usado para conquistar a adesão de todos. Surgirão forçosamente movimentos socialistas rivais, buscando o apoio daqueles cujo *status* relativo foi reduzido. Há uma forte dose de verdade na afirmação corrente de que o fascismo e o nacional-socialismo são uma espécie de socialismo da classe média, como muitos afirmam. Ocorre, porém, que, na Itália e na Alemanha, a população que apoiava esses novos movimentos já não constituía, do ponto de vista econômico, uma classe média. Esse apoio representava, em grande parte, a revolta de uma nova classe desfavorecida contra a aristocracia trabalhista criada pelo movimento operário. Não há dúvida de que nenhum fator econômico contribuiu mais para o sucesso desses movimentos do que a inveja do profissional frustrado – do engenheiro ou do advogado saídos da universidade e do "proletariado de colarinho branco" em geral – ao maquinista, ao tipógrafo e a outros membros dos sindicatos mais fortes cuja renda, muitas vezes, era superior à daqueles.

Tampouco se pode duvidar de que, em termos de renda, o adepto comum do movimento nazista era, no início desse movimento, mais pobre que o trabalhador sindicalizado ou que um membro do antigo partido socialista – circunstância exacerbada pelo fato de muitos deles terem visto dias melhores e viverem ainda no ambiente que refletia esse passado. A expressão "luta de classes às avessas", usada na Itália nos anos da ascensão do fascismo, destacava um aspecto muito importante do movimento. O conflito entre o fascismo ou o nacional-socialismo e os partidos socialistas mais antigos deve, com efeito, ser considerado, em grande parte, um embate que, fatalmente, surge entre facções socialistas rivais. Eles não diferiam quanto à ideia de que cabia ao Estado fixar a posição adequada a cada indivíduo na sociedade. Divergiam profundamente, no entanto, como sempre ocorrerá, acerca de qual seria a posição adequada de diversas classes e grupos.

Os velhos líderes socialistas, que tinham sempre considerado seus partidos a vanguarda do futuro movimento geral rumo ao socialismo, não podiam compreender por que razão, cada vez que se ampliava o emprego dos métodos socialistas, voltava-se contra eles o ressentimento de classes pobres e numerosas. Mas, enquanto os velhos partidos socialistas, ou os sindicatos organizados em determinados setores da economia, em geral não haviam encontrado muita dificuldade em chegar a um acordo para uma negociação conjunta com os empregadores, classes bastante numerosas de outros setores ficavam marginalizadas. Na opinião destas – que não deixava de ter fundamento –, os setores mais prósperos do movimento trabalhista pertenciam à classe exploradora e não à explorada[70].

O descontentamento da classe média baixa, na qual o fascismo e o nacional-socialismo recrutaram tão grande número de adeptos, intensificou-se pelo fato de sua educação e de seu preparo os terem levado, em muitos casos, a ambicionar posições de mando, considerando-se com direito de pertencer à classe dirigente. A geração mais jovem, à qual os ensinamentos socialistas haviam incutido o desprezo pelo lucro, voltava as costas às posições independentes que envolviam riscos e acorria em número cada vez maior ao trabalho assalariado que prometia segurança. Exigia, no entanto, uma posição que lhes proporcionasse a renda e o poder que, a seu ver, sua educação justificava. Embora acreditasse numa sociedade organizada, esperava obter nela um lugar muito diferente daquele que parecia oferecer a sociedade regida pelo trabalho. Estava disposta a adotar os métodos do antigo socialismo, mas pretendia empregá-los a serviço de uma classe diferente. O movimento logrou conquistar a adesão de todos aqueles que, embora concordando com o controle estatal de toda a atividade econômica, discordavam das finalidades para as quais a aristocracia operária utilizava sua força política.

O novo movimento socialista nasceu com várias vantagens táticas. O socialismo trabalhista desenvolvera-se num ambiente democrático e liberal, adaptando a estes seus métodos e incorporando muitos ideais do liberalismo. Seus protagonistas ainda acreditavam que a implantação do socialismo resolveria, por si só, todos os problemas. Por sua vez, o fascismo e o nacional-socialismo nasceram da experiência de uma sociedade cada vez mais planificada, que ia despertando para o fato de que o socialismo democrático e internacional visava a ideais incompatíveis. Sua tática desenvolveu-se num mundo já dominado pela política socialista e pelos problemas que esta suscita. Não tinham ilusões quanto à possibilidade de uma solução democrática para problemas que exigem um consenso muito maior dos homens do que seria razoável esperar.

Não se iludiam pensando que a razão poderia decidir todas as questões sobre a importância relativa dos desejos de diferentes pessoas ou grupos, geradas pelo planejamento. Tampouco acreditavam que a fórmula da

---

[70] Há doze anos, um dos mais eminentes intelectuais socialistas da Europa, Hendrik de Man (1885-1953) – que depois disso, como resultado de uma evolução coerente, fez as pazes com os nazistas –, observava que, *"pela primeira vez, desde os inícios do socialismo, os sentimentos anticapitalistas se voltam contra o movimento socialista"* (MAN, Hendrik de. *Sozialismus und National-Faszismus.* Potsdam: Alfred Protte-Verlag, 1931. p. 6).

igualdade oferecesse uma solução. Sabiam que o grupo mais forte, aquele que arregimentasse um número suficiente de adeptos a favor de uma nova ordem hierárquica da sociedade e oferecesse abertamente privilégios às classes a quem se dirigia, poderia conquistar o apoio de todos aqueles que se sentiam decepcionados porque, depois de lhes ter sido prometida a igualdade, haviam descoberto que só tinham contribuído para favorecer os interesses de uma classe específica. Acima de tudo, foram bem-sucedidos, pois ofereciam uma teoria, ou uma concepção do mundo, que parecia justificar os privilégios por eles prometidos a seus adeptos.

CAPÍTULO IX

- CAPÍTULO IX -

Segurança e Liberdade

> *"A sociedade inteira se terá convertido numa só fábrica e num só escritório, com igualdade de trabalho e igualdade de remuneração".*
> – Vladimir Lenin (1870-1924), 1917

> *"Num país em que o único empregador é o Estado, oposição significa morte lenta por inanição. O velho princípio 'Quem não trabalha não come' foi substituído por outro: 'Quem não obedece não come'".*
> – Leon Trotsky (1879-1940), 1937

A segurança econômica, assim como a espúria "liberdade econômica", e com mais justiça, é muitas vezes apresentada como condição indispensável da autêntica liberdade. Em certo sentido, isso se mostra, ao mesmo tempo, verdadeiro e importante. É raro encontrar independência de espírito ou força de caráter entre aqueles que não confiam em sua capacidade de abrir caminho pelo próprio esforço. Todavia a ideia de segurança econômica não se revela menos vaga e ambígua do que a maioria dos outros conceitos nesse campo. Por isso, a aprovação geral à reivindicação de segurança pode tornar-se um perigo para a liberdade. Com efeito, quando a segurança é entendida num sentido absoluto, o empenho geral em conquistá-la, ao invés de possibilitar maior liberdade, torna-se a mais grave ameaça a esta.

Convém contrapor, de início, as duas espécies de segurança: a limitada, que pode ser conquistada para todos e, por conseguinte, não constitui privilégio, mas objeto de legítimas aspirações; e a absoluta, que, numa sociedade livre, não pode ser conquistada para todos e que não deveria ser concedida como um privilégio – a não ser em certos casos especiais, como o dos juízes, em que a independência completa é de suprema importância. Essas duas espécies de segurança são: em primeiro lugar, a salvaguarda contra graves privações físicas, a certeza de que um mínimo, em termos de meios de sustento, será garantido a todos; e, em segundo lugar, a garantia de um certo padrão de vida, ou da situação relativa de uma pessoa ou um grupo de pessoas em relação a outras – ou, em poucas palavras, a segurança de uma renda mínima e a da renda específica que se julga que cada um merece.

Veremos em breve que essa distinção coincide, em grande parte, com a distinção entre a segurança que pode ser concedida a todos, fora do âmbito do sistema de mercado e como suplemento ao que ele proporciona, e a segurança que só pode ser concedida a alguns e unicamente pelo controle ou pela abolição do livre mercado. Não há razão para que, numa sociedade que alcançou um nível geral de riqueza como o da nossa, a primeira forma de segurança não seja garantida a todos sem que isso ponha em risco a liberdade geral. Determinar que padrão se deveria assegurar a todos é problema de difícil solução. Em particular, é difícil decidir se aqueles que dependem da comunidade deveriam gozar indefinidamente as mesmas liberdades que os demais[71]. O tratamento irrefletido dessas questões poderia criar problemas políticos graves e mesmo perigosos. Mas não há dúvida de que, no tocante a alimentação, roupas e habitação, é possível garantir a todos um mínimo suficiente para conservar a saúde e a capacidade de trabalho. Na realidade, uma parte considerável da população inglesa há muito conquistou essa espécie de segurança.

Tampouco se justifica que o Estado deixe de auxiliar os indivíduos provendo a eventualidades comuns contra as quais, dada sua natureza

---

[71] Graves problemas de relações internacionais, cuja importância não deve ser descartada, podem surgir se a mera cidadania num país confere o direito a um padrão de vida mais alto que em outros.

imprevisível, poucos se podem precaver de forma adequada. Nos casos em que a provisão de assistência normalmente não enfraquece nem o desejo de evitar tais calamidades nem o esforço de anular suas consequências (nas doenças e acidentes, por exemplo) – quando se trata, em suma, de riscos que podem ter cobertura de seguro –, é bastante justificável que o Estado auxilie na organização de um esquema abrangente de previdência social. Os que desejam conservar o sistema de concorrência e os que pretendem substituí-lo por algo diferente poderão discordar quanto aos detalhes de tal esquema. Por outro lado, sob o nome de previdência social, é possível introduzir medidas que contribuirão para tornar a concorrência bastante ineficaz. Em princípio, porém, não há incompatibilidade entre o Estado oferecer maior segurança auxiliando na organização do sistema de previdência social e a preservação da liberdade individual. À mesma categoria, pertence também o aumento de segurança proporcionado pelo Estado na forma de assistência às vítimas de catástrofes naturais, como terremotos, inundações etc. Sempre que a ação pública é capaz de mitigar desastres dos quais o indivíduo não se pode defender e contra cujas consequências não pode precaver-se, tal ação deve, indubitavelmente, ser empreendida.

Há, por fim, um problema de suma importância: combater as flutuações gerais da atividade econômica e os surtos de desemprego em grande escala que costumam acompanhá-las. Essa é, por certo, uma das questões mais graves e prementes de nossa época. Mas, embora sua solução requeira um cuidadoso planejamento, no bom sentido da palavra, não exige – ou, pelo menos, não precisa exigir – o tipo de planejamento que, segundo seus defensores, deve substituir o sistema de mercado. Muitos economistas, com efeito, esperam encontrar o recurso definitivo no campo da política monetária, o que não implicaria incompatibilidade sequer com o liberalismo do século XIX. Outros, é claro, acreditam que um êxito real só será obtido mediante a execução rigorosa de um vasto programa de obras públicas. Isso poderia provocar restrições muito mais graves na esfera da concorrência e, ao fazer experiências desse gênero, teremos de usar de extrema cautela para evitar que toda a atividade econômica venha a depender cada vez mais da alocação e do volume dos gastos governamentais. Mas não é esse o único meio, nem, na minha opinião, o mais promissor, de enfrentar a mais grave ameaça à segurança econômica. De qualquer modo, os esforços necessários a garantir a proteção contra tais flutuações não conduzem àquele planejamento que constitui tão grande ameaça à nossa liberdade.

O planejamento que exerce efeito tão insidioso sobre a liberdade é aquele que visa a uma segurança de outra espécie. É o planejamento que se destina a proteger indivíduos ou grupos contra a redução de suas rendas (que, embora imerecida, ocorre diariamente numa sociedade competitiva), contra perdas que impõem duras privações, sem justificação moral, e que, contudo, são inseparáveis do sistema de concorrência. A reivindicação desse tipo de segurança é, pois, um outro aspecto da exigência de uma justa remuneração, proporcional aos méritos subjetivos e não aos resultados objetivos do esforço individual. Essa espécie de segurança ou justiça não parece conciliável com a livre escolha da ocupação.

Em qualquer sistema no qual a distribuição dos indivíduos entre as várias ocupações e os diferentes setores da economia resulte da escolha de cada um, é necessário que a remuneração em tais setores corresponda à utilidade dos indivíduos para os outros membros da sociedade, ainda que essa utilidade não seja proporcional ao mérito subjetivo. Embora os resultados obtidos correspondam, com frequência, a esforços e intenções, isso não se aplica a qualquer tipo de sociedade em todas as circunstâncias. Tal não sucederá, em particular, nos muitos casos em que a utilidade de algum ofício ou habilidade especial é modificada por acontecimentos imprevisíveis. Todos nós conhecemos a trágica situação do homem altamente treinado cuja especialidade, adquirida com esforço, perde de súbito todo o valor por causa de alguma invenção muito benéfica para o restante da sociedade. O último século está repleto de exemplos dessa espécie, alguns deles atingindo, ao mesmo tempo, milhares e milhares de pessoas.

O fato de um homem vir a sofrer grande redução dos rendimentos e amarga frustração de todas as suas esperanças sem por isso ter sido responsável, e apesar de sua dedicação e de uma excepcional habilidade, indubitavelmente ofende nosso senso de justiça. As reivindicações das pessoas assim prejudicadas de que o Estado intervenha em seu favor, a fim de salvaguardar-lhes as legítimas expectativas, conquistarão por certo a simpatia e o apoio popular. A aprovação geral de tais reivindicações fez com que, na maioria dos países, os governos decidissem agir, não só no sentido de amparar as possíveis vítimas de tais dificuldades e privações, mas também no de assegurar-lhes o recebimento de seus rendimentos anteriores e protegê-las contra as vicissitudes do mercado[72].

---

72 O professor W. H. Hutt (1899-1988), num livro que merece estudo cuidadoso (HUTT, W. H. *Plan for Reconstruction*. London: Kegan Paul, Trench, Trubner & Co., 1943), apresenta sugestões muito interessantes sobre as maneiras por que se poderiam mitigar tais dificuldades numa sociedade liberal.

Contudo, para que a escolha das ocupações seja livre, a garantia de uma determinada renda não pode ser concedida a todos. E, se for concedida a alguns privilegiados, haverá prejuízo para outros, cuja segurança será, *ipso facto*, diminuída. É fácil demonstrar que a garantia de uma renda invariável só poderá ser concedida a todos pela abolição total da liberdade de escolha da profissão. E, contudo, embora essa garantia geral de expectativas legítimas seja muitas vezes considerada o ideal a ser visado, não é perseguida com afinco. O que ocorre constantemente é a concessão parcial dessa espécie de segurança a este ou àquele grupo, do que decorre um aumento constante da insegurança daqueles sobre os quais recai o ônus. Não admira que, em consequência, aumente também, de modo contínuo, o valor atribuído ao privilégio da segurança, tornando-se mais e mais premente sua exigência, até que, por fim, nenhum preço, nem o da própria liberdade, pareça excessivo.

Se se protegessem de imerecidas perdas aqueles cuja utilidade é reduzida por circunstâncias que eles mesmos não poderiam controlar ou prever, e se, por outro lado, se impedisse de auferir vantagens imerecidas àqueles cuja utilidade aumentou em função de circunstâncias também incontroláveis e imprevisíveis, a remuneração deixaria, em breve, de ter qualquer relação com a verdadeira utilidade. Passaria a depender da opinião de uma autoridade sobre o que cada pessoa deveria ter feito ou previsto, e sobre a validade de suas intenções. Tais decisões não deixariam de ser, em grande medida, arbitrárias. Como consequência necessária, a aplicação do princípio faria com que pessoas que realizam o mesmo trabalho recebessem remunerações diferentes. As diferenças de remuneração deixariam, assim, de oferecer um estímulo adequado para que os indivíduos empreendessem as mudanças socialmente desejáveis, não sendo sequer possível aos interessados decidir se determinada mudança compensaria o esforço despendido para levá-la a efeito.

Se, porém, as alterações na distribuição dos indivíduos entre as várias ocupações – necessidade constante em qualquer sociedade – já não se podem produzir mediante "recompensas" e "penalidades" expressas em dinheiro (as quais não têm nenhuma relação necessária com o mérito subjetivo), deverão ser efetuadas por meio de ordens diretas. Quando a renda de uma pessoa é garantida, não se lhe pode permitir que permaneça no emprego unicamente porque este lhe agrada, nem que escolha qualquer outro pelo qual tenha preferência. Como o ganho ou a perda não dependem do fato de o indivíduo optar por permanecer ou não no mesmo emprego, a escolha terá de ser feita por aqueles que controlam a distribuição da renda disponível.

A questão dos estímulos adequados, que surge nesse contexto, é em geral analisada como se se tratasse basicamente de as pessoas estarem ou não dispostas a se esforçarem ao máximo. Mas, embora isso tenha sua importância, não constitui todo o problema, nem mesmo seu aspecto mais relevante. Não se trata apenas de fazer com que o esforço seja compensador para que cada um dê o melhor de si. O mais importante é que, se quisermos deixar a escolha ao indivíduo, caso se espere que ele esteja em condições de julgar o que tem de ser feito. É preciso proporcionar-lhe um padrão simples de julgamento que lhe permita medir a importância social das diferentes ocupações. Mesmo com a maior boa vontade, seria impossível a qualquer pessoa fazer uma escolha inteligente entre várias alternativas, se as vantagens que essas oferecem não tivessem relação com sua utilidade social. Para saber se, em resultado de certa mudança, um indivíduo deveria abandonar uma profissão e um ambiente ao qual se afeiçoou e trocá-los por outros, é necessário que a alteração dos valores relativos dessas ocupações para a sociedade seja expressa nas remunerações que oferecem.

O problema reveste-se de importância ainda maior porque, no mundo que conhecemos, torna-se improvável que um indivíduo dê o melhor de si por muito tempo, a menos que seu interesse esteja diretamente envolvido. A maioria das pessoas necessita, em geral, de alguma pressão externa para se esforçar ao máximo. Assim, o problema dos incentivos é bastante real, tanto na esfera do trabalho comum quanto na das atividades gerenciais. A aplicação da engenharia social a toda uma nação – e é isto o que significa planejamento – "gera problemas de disciplina difíceis de resolver", como o percebeu com clareza um técnico norte-americano com grande experiência em planejamento governamental.

> Para realizar um trabalho de organização [explica ele], é necessário que este se desenvolva paralelamente a uma área bastante vasta de atividades econômicas não planejadas. Deve haver uma reserva na qual se possam buscar trabalhadores, e, quando um trabalhador é despedido, deve desaparecer daquele posto e da folha de pagamentos. Na ausência dessa reserva livre de mão de obra, não se poderá manter a disciplina sem castigos corporais, como no trabalho escravo[73].

---

[73] COYLE, David Cushman. "The Twilight of National Planning". *Harpers' Monthly Magazine*, 171 (October 1935), p. 558.

No campo do trabalho gerencial, o problema das sanções contra a negligência surge sob forma diferente, mas não menos grave. Como se observou com propriedade, enquanto na economia baseada na concorrência o último recurso consiste no juiz, numa economia dirigida à sanção última é o verdugo[74]. O poder que será preciso conferir ao gerente de uma fábrica será sempre considerável. Mas, como no caso do trabalhador, a posição e a renda do administrador num sistema planificado também não poderão depender somente do êxito ou do fracasso das tarefas sob sua responsabilidade. Visto que não lhe cabem nem o risco nem os lucros, o fator decisivo não será seu julgamento pessoal, mas a conformidade de suas ações a uma regra estabelecida. Um engano que ele "deveria" ter evitado não é assunto apenas seu. É um crime contra a comunidade e, como tal, deve ser encarado. Enquanto se mantiver no caminho seguro do dever objetivamente determinado, sua renda estará mais garantida que a do empresário capitalista, mas o perigo que o ameaça em caso de fracasso é pior que o da bancarrota. Poderá gozar de garantia econômica enquanto satisfizer seus superiores, mas essa garantia lhe custará a insegurança com relação à liberdade e à vida.

O conflito com o qual temos que lidar é, sem dúvida, um conflito fundamental entre dois tipos irreconciliáveis de organização social que, de acordo com as formas mais características sob as quais se apresentam, foram chamados, frequentemente, de sociedade comercial e sociedade militar. Talvez os termos não sejam adequados, por ressaltarem aspectos não essenciais, tornando difícil perceber que estamos diante de um dilema real, sem uma terceira alternativa. Ou tanto a escolha quanto o risco recaem sobre o indivíduo, ou ele é eximido de ambos. Na realidade, o exército, entre as instituições conhecidas, é o que mais se aproxima do segundo tipo de organização, na qual tanto o trabalho quanto o trabalhador são designados pela autoridade e, se os meios disponíveis escassearem, todos serão submetidos ao mesmo regime de ração reduzida. Esse é o único sistema que pode conceder ao indivíduo plena segurança econômica. Mediante sua extensão a toda a sociedade, essa segurança poderá ser proporcionada a todos. Tal segurança é, contudo, inseparável das restrições à liberdade e da ordem hierárquica da vida militar. É a segurança dos quartéis.

---

[74] RÖPKE, Wilhelm. *Die Gesellschaftskrisis der Gegenwart*. Erlenbach-Zürich: Eugen Rentsch Verlag, 1942. p. 172.

É possível, naturalmente, com base nesse princípio, organizar alguns setores de uma sociedade livre quanto aos demais aspectos, e não há por que essa forma de vida, com as restrições que, sem dúvida, traz à liberdade individual, não seja facultada aos que a preferem. Com efeito, em certa medida, o trabalho militarizado voluntário poderia constituir para o Estado a melhor maneira de proporcionar a certeza de um emprego e de uma renda mínima para todos. Se as propostas desse gênero se revelaram tão pouco aceitáveis até agora é porque, para renunciarem à liberdade integral em troca de segurança, as pessoas dispostas a abrir mão dessa liberdade exigiram sempre que essa fosse também subtraída àqueles não inclinados a abandoná-la. É difícil justificar tal exigência.

Todavia, o tipo militar de organização que conhecemos só nos dá uma ideia muito inadequada do que viria a ser se fosse aplicado a toda a sociedade. Enquanto apenas uma parte da sociedade é organizada em moldes militares, a falta de liberdade dos membros da organização militar é mitigada pelo fato de ainda existir uma esfera livre para onde se poderão transferir, caso as restrições se tornem demasiado penosas. Para termos uma ideia do que seria a sociedade se fosse organizada como uma única e imensa fábrica de acordo com o ideal que tem seduzido tantos socialistas, basta-nos pensar na antiga Esparta ou considerar a moderna Alemanha que, após caminhar nesse sentido durante duas ou três gerações, acha-se agora tão próxima dessa meta.

Numa sociedade afeita à liberdade, não é provável que muitos se disponham a comprar a segurança a tal preço. Mas a política governamental hoje adotada em toda parte, de conceder o privilégio da segurança ora a este grupo, ora àquele, vai rapidamente criando condições em que o anseio de segurança tende a sobrepujar o amor à liberdade. Isso, porque, cada vez que se confere segurança completa a um grupo, aumenta a insegurança dos demais. Se garantirmos a alguns uma fatia fixa de um bolo de tamanho variável, a parte deixada aos outros sofrerá maior oscilação, proporcionalmente ao tamanho do todo. E o aspecto essencial da segurança oferecida pelo sistema de concorrência – a grande variedade de oportunidades – torna-se cada vez mais restrito.

No sistema de mercado, a segurança só pode ser concedida a determinados grupos mediante o gênero de planejamento conhecido como "restricionismo" (no qual, entretanto, está incluído quase todo o planejamento posto em prática nos nossos dias). O "controle", ou seja, a limitação da produção de modo que os preços assegurem um ganho "adequado", é o único meio pelo qual se pode garantir um certo rendimento aos produtores numa economia de mercado. Isso, porém, envolve necessariamente uma redução de oportunidades para os demais. Para que o produtor, seja ele dono de empresa ou operário, receba proteção contra a concorrência de preços mais baixos, outros, em pior situação, serão impedidos de participar da prosperidade relativamente maior das indústrias controladas. Qualquer restrição à liberdade de ingresso numa profissão reduz a segurança de todos os que se acham fora dela. E, conforme aumenta o número daqueles cujo rendimento é assegurado dessa maneira, restringe-se o campo das oportunidades alternativas abertas aos que sofrem uma perda de rendimento. Enquanto isso, para os que são atingidos por qualquer mudança, diminui, do mesmo modo a possibilidade de evitar uma redução fatal de sua renda. E se, como vem acontecendo com frequência, em cada categoria em que ocorre uma melhora de condições permite-se que seus membros excluam os demais para garantir a si mesmos o ganho integral sob a forma de salários ou lucros mais elevados, os que exercem profissões cuja demanda diminuiu não têm para onde se voltar, e a cada mudança produz-se grande número de desempregados. Não há dúvida de que foi, em grande parte, por causa da busca de segurança por esses meios nas últimas décadas que aumentou a tal ponto o desemprego e, por conseguinte, a insegurança para vastos setores da população.

Na Inglaterra, tais restrições – em especial as que influem sobre as camadas médias da sociedade – só assumiram grandes proporções em época relativamente recente, e mal podemos ainda compreender-lhes todas as consequências. Numa sociedade em que a mobilidade ficou tão reduzida como resultado dessas restrições, é de absoluta falta de perspectiva a situação daqueles que se encontram fora do âmbito das ocupações protegidas, e um abismo os separa dos privilegiados que tenham empregos a quem a proteção contra a concorrência tornou desnecessário fazer concessões para dar lugar aos que estão de fora. Tal situação, na verdade, só pode ser avaliada por aqueles que a viveram. Não se trata de os privilegiados cederem seu lugar, mas apenas de partilharem a desventura comum mediante certa redução da própria renda, ou, muitas vezes, simplesmente mediante algum sacrifício de suas perspectivas de melhora. A proteção do Estado a seu "padrão de vida", ao "preço razoável" ou à "renda profissional", que julgam um direito, impede que isso aconteça.

Em consequência, em vez de preços, salários e rendimentos individuais oscilarem, são agora o emprego e a produção que ficam sujeitos a violentas flutuações. Nunca houve pior e mais cruel exploração de uma classe por outra do que a exercida sobre os membros mais fracos ou menos afortunados de uma categoria produtora pelos que já desfrutam de posições estáveis, e isso foi possibilitado pela "regulamentação" da concorrência. Poucas coisas têm tido efeito tão pernicioso quanto o ideal da "estabilização" de certos preços (ou salários), pois, embora ela garanta a renda de alguns, torna cada vez mais precária a posição dos demais.

Assim, quanto mais nos esforçamos para proporcionar completa segurança interferindo no sistema de mercado, tanto maior se torna a insegurança. E pior: é maior o contraste entre a segurança que recebem os privilegiados e a crescente insegurança dos menos favorecidos. Quanto mais a segurança se converte num privilégio, e quanto maior o perigo para os que dela são excluídos, mais será ela valorizada. À medida que o número dos privilegiados aumenta, e com ele o hiato entre sua segurança e a insegurança dos demais, vai surgindo uma escala completamente nova de valores sociais. Já não é a independência, mas a segurança, que confere distinção e *status*. O que faz de um homem um "bom partido" é antes o direito a uma pensão garantida do que a confiança em sua capacidade. Enquanto isso, a insegurança converte-se numa terrível condição de pária, à qual estão condenados para sempre aqueles a quem na juventude foi negado ingresso no porto seguro de uma posição assalariada.

Esse empenho geral em conquistar a segurança por meio de medidas restritivas, tolerado ou apoiado pelo estado, produziu, com o correr do tempo, uma transformação progressiva da sociedade – transformação na qual, como em tantas outras coisas, a Alemanha se pôs à frente dos outros países, que lhe seguiram o exemplo. Essa evolução foi acelerada por outro efeito das doutrinas socialistas: o deliberado menosprezo por todas as atividades que envolvem risco econômico e a condenação moral dos lucros que compensam os riscos assumidos, mas que só poucos podem obter. Não podemos censurar nossos jovens quando preferem o emprego seguro e assalariado ao risco do livre empreendimento, pois, desde a mais tenra idade, ouviram falar daquele como de uma ocupação superior, mais altruísta e mais desinteressada. A geração de hoje cresceu num mundo em que, na escola e na imprensa, o espírito da livre iniciativa é apresentado como indigno, e o lucro, como imoral, no qual se considera uma exploração dar emprego a cem pessoas, enquanto chefiar o mesmo número de funcionários públicos é uma ocupação honrosa. As pessoas mais velhas poderão considerar exagerada essa imagem da situação atual, porém a experiência diária do professor de universidade não deixa dúvidas de que, como resultado da propaganda anticapitalista, a alteração dos valores já está muito adiantada em relação às mudanças que até agora se têm verificado nas instituições deste país. Resta ver se, transformando nossas instituições para atender às novas reivindicações, não destruiremos inadvertidamente valores que ainda reputamos superiores.

A mudança estrutural da sociedade, implícita na vitória do ideal de segurança sobre o de independência, é ilustrada com clareza por uma comparação do que, dez ou vinte anos atrás, ainda se podia definir como os tipos inglês e alemão de sociedade. Por maior que possa ter sido a influência do exército na Alemanha, é grave erro atribuir, sobretudo, a essa influência o que os ingleses chamavam o caráter "militar" da sociedade germânica. A diferença era muito mais profunda do que seria possível explicar com base nesse argumento. Os atributos peculiares à sociedade alemã manifestavam-se tanto em ambientes nos quais a influência propriamente militar era insignificante quanto naqueles em que era bastante acentuada. O que conferia à sociedade germânica seu caráter peculiar não era tanto o fato de que ali havia, de modo quase permanente, uma parcela maior da população organizada para a guerra do que nos demais países; era o de o mesmo tipo de organização ser usado para muitos outros propósitos. Na Alemanha, mais do que em qualquer outra nação, grande parte da vida civil era deliberadamente organizada de cima para baixo, e considerável número de cidadãos não se julgava independente, mas funcionário do governo.

Havia muito o país se tornara – e disso se orgulhavam os alemães – um *Beamtenstaat*, no qual não só na administração civil propriamente dita, mas também em quase todas as esferas, o rendimento e a posição social eram determinados e garantidos por alguma autoridade.

Não seria fácil extirpar pela força o espírito da liberdade em qualquer país. No entanto seria difícil um povo poder fazer face ao processo pelo qual esse espírito foi aos poucos sufocado na Alemanha. Numa sociedade em que o indivíduo conquista posição e honras quase exclusivamente em função de ser um servidor assalariado do governo; em que o cumprimento do dever prescrito é considerado mais louvável do que a escolha do próprio campo de atividade; em que todas as ocupações que não conferem um lugar na hierarquia oficial ou o direito a um rendimento fixo são julgadas inferiores e até certo ponto aviltantes, séria demais esperar que a maioria preferisse por muito tempo a liberdade à segurança. E, quando só se pode optar entre a segurança numa posição de dependência e a extrema precariedade numa situação em que tanto o fracasso quanto o êxito são desprezados, poucos resistirão à tentação da segurança ao preço da liberdade. Tendo-se chegado a esse ponto, a liberdade torna-se quase um objeto de escárnio, pois só pode ser alcançada com o sacrifício de grande parte das boas coisas da vida. Nessas condições, não surpreende que um número cada vez maior de pessoas se convença de que, sem segurança econômica, a liberdade "não vale a pena" e se disponha a sacrificar esta em troca daquela. É inquietante, porém, constatar que o professor Harold J. Laski emprega, nesse país, exatamente o mesmo argumento que contribuiu, talvez mais do que qualquer outro, para levar o povo alemão a sacrificar sua liberdade[75].

Não há dúvida de que a segurança adequada contra as privações, bem como a redução das causas evitáveis do fracasso e do descontentamento que ele acarreta deverão constituir objetivos importantes da política de governo. Mas, para que essas tentativas sejam bem-sucedidas e não destruam a liberdade individual, a segurança deve ser proporcionada paralelamente ao mercado, deixando que a concorrência funcione sem obstáculos. Certa medida de segurança é indispensável à preservação da liberdade, porque a maioria dos homens só aceita de bom grado o risco inevitavelmente implícito na liberdade se este não for excessivo. Mas, embora nunca devamos perder de vista essa verdade, nada é mais funesto do que o hábito, hoje comum entre os líderes intelectuais, de exaltar a segurança em detrimento da liberdade. Urge reaprendermos a encarar o fato de que a liberdade tem seu preço e de que, como indivíduos, devemos estar prontos a fazer grandes sacrifícios materiais a fim de conservá-la. Para tanto, faz-se mister readquirir a convicção em que se tem baseado o regime de liberdade nos países anglo-saxônicos, e que Benjamin Franklin (1706-1780) expressou numa frase aplicável a todos nós como indivíduos não menos que como nações: *"Aqueles que se dispõem a renunciar à liberdade essencial em troca de uma pequena segurança temporária não merecem liberdade nem segurança"*.

---

75 *"Aqueles que conhecem a vida cotidiana dos pobres, sempre obcecada pelo pressentimento de um desastre iminente, seu anseio desesperado de uma beleza que sempre lhes foge, compreenderão que, sem segurança econômica, não vale a pena ter liberdade"* (LASKI, Harold J. *Liberty in the Modern State*. London: Pelican, 1937. p. 51).

CAPÍTULO X

- CAPÍTULO X -

POR QUE OS PIORES CHEGAM AO PODER

"O poder tende a corromper, e o poder absoluto corrompe absolutamente".

– Lord Acton (1834-1902)

Analisaremos agora uma ideia que, se de um lado serve de consolo para muitos que consideram inevitável o advento do totalitarismo, de outro enfraquece sobremodo a resistência dos que a ele se oporiam com todas as forças se lhe compreendessem a natureza. Trata-se da ideia de que os aspectos mais repelentes dos regimes totalitários se devem à casualidade histórica de esses regimes terem sido estabelecidos por canalhas e bandidos. Se, na Alemanha, a criação de um regime totalitário levou ao poder homens como Julius Streicher (1885-1946), Manfred Freiherr von Killinger (1886-1944), Robert Ley (1890-1945), Edmund Heines (1897-1934), Heinrich Himmler (1900-1945) e Reinhard Heydrich (1904-1942), isso sem dúvida poderá provar a perversidade do caráter alemão, mas não que a ascensão de tais homens seja consequência inevitável de um regime totalitário. Por que não seria possível que o mesmo sistema, se necessário à consecução de objetivos importantes, fosse dirigido por indivíduos honestos para o bem da comunidade?

Não devemos iludir-nos supondo que todas as pessoas de bem são forçosamente democratas ou desejam fazer parte do governo. Muitos prefeririam confiá-lo a alguém que reputam mais competente. Embora isso possa ser importante, não há erro ou desonra em aprovar uma ditadura dos bons. O totalitarismo, ouve-se dizer, é um sistema poderoso tanto para o bem quanto para o mal, e o fim para o qual é usado depende inteiramente dos ditadores. Aqueles que julgam não ser o sistema que cumpre recear, e sim o perigo de que ele venha a ser dirigido por maus indivíduos, poderiam até ser tentados a prevenir esse perigo fazendo com que ele fosse estabelecido antes por homens de bem.

Não há dúvida de que um sistema "fascista" inglês ou americano diferiria muito dos modelos italiano ou alemão; por certo, se a transição fosse efetuada sem violência, poderíamos ter esperanças de que surgisse entre nós um líder melhor. E, se eu tivesse de viver sob um regime fascista, preferiria, indubitavelmente, um que fosse dirigido por ingleses ou norte-americanos a qualquer outro. Entretanto, isso não quer dizer que, julgado pelos padrões atuais, um sistema fascista inglês viesse no fim a revelar-se muito diferente ou muito menos intolerável do que seus protótipos. Há razões de sobra para se crer que os aspectos que consideramos mais detestáveis nos sistemas totalitários existentes não são subprodutos acidentais, mas fenômenos que, cedo ou tarde, o totalitarismo produzirá inevitavelmente. Assim como o estadista democrata que se propõe a planejar a vida econômica não tardará a defrontar-se com o dilema de assumir poderes ditatoriais ou abandonar seu plano, também o ditador totalitário logo teria de escolher entre o fracasso e o desprezo à moral comum. É por essa razão que os homens inescrupulosos têm mais probabilidades de êxito numa sociedade que tende ao totalitarismo. Quem não percebe essa verdade ainda não mediu toda a vastidão do abismo que separa o totalitarismo dos regimes liberais, a profunda diferença entre a atmosfera moral do coletivismo e a civilização ocidental, essencialmente individualista.

O "embasamento moral do coletivismo" foi, é claro, muito debatido no passado, porém o que nos interessa em nosso estudo não é sua base moral, e sim seus resultados morais. Nos debates habituais sobre os aspectos éticos do coletivismo, pergunta-se se este é exigido pelas convicções morais existentes, ou se devem existir certas convicções morais para que o coletivismo produza os resultados esperados. A questão que estudaremos, entretanto, é: que atitudes morais serão geradas por uma organização coletivista da sociedade, e por que ideias morais tal sociedade tenderá a ser dirigida? A interação da moral e das instituições poderá fazer com que a ética resultante do coletivismo seja totalmente diversa dos ideais morais que levam a exigir a implantação desse mesmo coletivismo. Embora nos inclinemos a pensar que, como o desejo de um sistema coletivista nasce de elevados motivos morais, em tal sistema se desenvolverão as mais altas virtudes, não existe, na realidade, nenhuma razão para que qualquer sistema estimule necessariamente aquelas atitudes que concorrem para o fim a que ele se destina. As ideias morais dominantes dependerão, em parte, das qualidades que conduzem os indivíduos ao sucesso num sistema coletivista ou totalitário e, em parte, das exigências do mecanismo totalitário.

Devemos agora voltar, por um momento, ao estágio que precede a supressão das instituições democráticas e a criação de um regime totalitário. Nesse estágio, a exigência geral de uma ação governamental rápida e decidida torna-se o elemento dominante da situação, enquanto a insatisfação com o curso lento e trabalhoso dos processos democráticos faz com que o objetivo seja a ação em si. É, então, que o homem ou o partido que parecem bastante fortes ou resolutos para "fazerem as coisas funcionar" exercem maior sedução. "Forte", nesse sentido, não indica apenas uma maioria numérica, pois o povo está insatisfeito justamente com a ineficácia das maiorias parlamentares. O que as pessoas procuram é um homem que goze de sólido apoio, de modo a inspirar confiança quanto à sua capacidade de realizar o que pretende. E aqui entra em cena o novo tipo de partido, organizado em moldes militares.

Nos países da Europa Central, os partidos socialistas já haviam familiarizado as massas com organizações políticas de caráter semimilitar, que tinham por objetivo absorver tanto quanto possível a vida privada dos seus membros. Para conferir um poder esmagador a um grupo, bastava estender um pouco mais o mesmo princípio, buscando a força não no imenso número de votos garantido em eleições ocasionais, mas no apoio absoluto e irrestrito de um grupo menor, porém perfeitamente organizado. Para conseguir impor um regime totalitário a toda uma nação, o líder deve, em primeiro lugar, reunir à sua volta um grupo disposto a submeter-se voluntariamente à disciplina totalitária que ele pretende aplicar aos outros pela força.

Embora os partidos socialistas tivessem poder político suficiente para obter o que desejassem, desde que resolvessem empregar a força, relutaram em fazê-lo. Sem o saber, tinham assumido uma tarefa que só poderia ser executada por homens implacáveis, prontos a desprezar as barreiras da moral reinante. Muitos reformadores sociais aprenderam, no passado, que o socialismo só pode ser posto em prática por métodos que seriam condenados pela maioria dos socialistas.

  Os velhos partidos socialistas sentiam-se inibidos por seus ideais democráticos. Não tinham a insensibilidade necessária à execução da tarefa por eles escolhida. É importante notar que, tanto na Alemanha quanto na Itália, o êxito do fascismo foi precedido pela recusa dos partidos socialistas a assumir as responsabilidades do governo. Repugnou-lhes empregar os métodos que eles próprios haviam apontado. Ainda esperavam pelo milagre de um acordo da maioria em torno de um plano especial para a organização de toda a sociedade. Outros já haviam aprendido que, numa sociedade planificada, não se trata mais de saber sobre o que concorda a maioria do povo, mas qual é o maior grupo cujos membros encontraram um grau de acordo suficiente para tornar possível a direção unificada de todos os assuntos públicos; ou, caso não exista nenhum grupo bastante numeroso para impor suas ideias, de que forma e por quem ele pode ser criado.

  Há três razões principais para que um grupo numeroso, forte e de ideias bastante homogêneas não tenda a ser constituído pelos melhores, e sim pelos piores elementos de qualquer sociedade. De acordo com os padrões hoje aceitos, os princípios que presidiriam à seleção de tal grupo seriam quase inteiramente negativos.

  Em primeiro lugar, é provavelmente certo que, de modo geral, quanto mais elevada a educação e a inteligência dos indivíduos, tanto mais se diferenciam seus gostos e opiniões, e menor é a possibilidade de concordarem sobre determinada hierarquia de valores.

  Disso resulta que, se quisermos encontrar um alto grau de uniformidade e semelhança de pontos de vista, teremos de descer às camadas em que os padrões morais e intelectuais são inferiores e prevalecem os instintos mais primitivos e "comuns". Isso não significa que a maioria do povo tenha padrões morais baixos. Significa apenas que o grupo mais amplo cujos valores são semelhantes é constituído por indivíduos que têm padrões inferiores. É, por assim dizer, o mínimo denominador comum que une o maior número de homens. Quando se deseja um grupo numeroso e bastante forte para impor aos demais suas ideias sobre os valores da vida, jamais serão aqueles com gostos altamente diferenciados e desenvolvidos que sustentarão pela força do número seus próprios ideais, mas os que formam a "massa" no sentido pejorativo do termo, os menos originais e menos independentes.

Se, contudo, um ditador em potencial tivesse de contar apenas com aqueles cujos instintos simples e primitivos são muito semelhantes, o número desses não daria peso suficiente às suas pretensões. Seria preciso aumentar-lhes o número, convertendo outros ao mesmo credo simples.

A esta altura, entra em jogo o segundo princípio negativo da seleção: tal indivíduo conseguirá o apoio dos dóceis e dos simplórios, que não têm fortes convicções próprias, mas estão prontos a aceitar um sistema de valores previamente elaborado, contanto que este lhes seja apregoado com bastante estrépito e insistência. Serão, assim, aqueles cujas ideias vagas e imperfeitas se deixam influenciar com facilidade, cujas paixões e emoções não são difíceis de despertar, que engrossarão as fileiras do partido totalitário.

O terceiro e talvez mais importante elemento negativo da seleção está relacionado com o esforço do demagogo hábil por criar um grupo coeso e homogêneo de prosélitos. Quase por uma lei da natureza humana, parece ser mais fácil aos homens concordarem sobre um programa negativo – o ódio a um inimigo ou a inveja aos que estão em melhor situação – do que sobre qualquer plano positivo. A antítese "nós" e "eles", a luta comum contra os que se acham fora do grupo, parece um ingrediente essencial a qualquer ideologia capaz de unir solidamente um grupo visando à ação comum. Por essa razão, é sempre utilizada por aqueles que procuram não só o apoio a um programa político, mas também a fidelidade irrestrita de grandes massas. Do seu ponto de vista, isso tem a vantagem de lhes conferir mais liberdade de ação do que qualquer programa positivo. O inimigo, seja ele interno, como o "judeu" ou o *kulak*, seja externo, parece constituir uma peça indispensável no arsenal do líder totalitário.

Se na Alemanha o judeu se tornou o inimigo, cedendo, em seguida o lugar, às "plutocracias", isso foi em decorrência do sentimento anticapitalista em que se baseava todo o movimento, o mesmo acontecendo em relação à escolha do *kulak* na Rússia. Na Alemanha e na Áustria, o judeu chegara a ser encarado como o representante do capitalismo, porque a antipatia tradicional devotada por vastas classes da população às atividades comerciais tornara tais atividades mais acessíveis a um grupo praticamente excluído das ocupações mais respeitadas. É a velha história: a raça alienígena, admitida apenas nas profissões menos nobilitantes, torna-se objeto de ódio ainda mais acirrado precisamente por exercê-las. O fato de, na Alemanha, o antissemitismo e o anticapitalismo terem a mesma origem é de grande importância para a compreensão do que tem acontecido naquele país, embora os observadores estrangeiros poucas vezes se deem conta disso.

Considerar a tendência universal da política coletivista ao nacionalismo como decorrência exclusiva da necessidade de um apoio sólido seria negligenciar outro fator não menos significativo. Com efeito, é questionável que se possa conceber com realismo um programa coletivista que não atenda aos interesses de um grupo limitado, ou que o coletivismo possa existir sob outra forma que não a de um particularismo qualquer, nacionalista, racista ou classista. A ideia de uma comunhão de propósitos e interesses com os próprios semelhantes parece pressupor maior similaridade de ideias e pontos de vista do que aquela que existe entre os homens na qualidade de simples seres humanos. Se não podemos conhecer pessoalmente todos os outros componentes do nosso grupo, eles terão de ser, pelo menos, do mesmo tipo dos que nos cercam. Terão de pensar e falar do mesmo modo e sobre os mesmos assuntos, para que nos possamos identificar com eles.

O coletivismo em proporções mundiais parece inconcebível, a não ser para atender aos interesses de uma pequena elite dirigente. Ele, por certo, suscitaria problemas, não só de natureza técnica, mas sobretudo moral, que nenhum dos nossos socialistas estaria disposto a enfrentar. Se o proletário inglês tem direito a uma parcela igual da renda atualmente proporcionada pelos recursos financeiros do país, assim como ao controle do emprego desses recursos, porque eles resultam da exploração, pelo mesmo princípio todos os hindus teriam direito não só à renda, mas também ao uso de uma parcela proporcional do capital britânico.

Que socialistas, porém, pensam, de fato, em repartir de maneira equitativa, entre toda a população da Terra, os atuais recursos de capital? Para todos eles, o capital pertence não à humanidade, mas à nação – embora, mesmo no âmbito da nação, poucos ousem sustentar que as regiões mais ricas devem ser privadas de "seus" bens de capital para auxiliar as regiões mais pobres. Os socialistas não estão dispostos a conceder ao estrangeiro aquilo que proclamam como um dever para com seus concidadãos. De um ponto de vista coletivista coerente, os direitos dos países pobres a uma nova divisão do mundo são de todo justificados – embora, se fossem aplicados com lógica, aqueles que os reivindicam com maior insistência acabassem quase tão prejudicados quanto as nações mais ricas. Têm, por conseguinte, o cuidado de não fundamentar suas exigências em princípios igualitários, mas numa pretensa capacidade superior de organizar outros povos.

Uma das contradições inerentes à filosofia coletivista é que, embora baseada na moral humanista aperfeiçoada pelo individualismo, só se mostra praticável no interior de um grupo relativamente pequeno. Enquanto permanece teórico, o socialismo é internacionalista, porém, ao ser posto em prática, na Alemanha ou na Rússia, torna-se violentamente nacionalista. Essa é uma das razões por que o "socialismo liberal", tal como o imagina a maioria das pessoas no mundo ocidental, é apenas teórico, enquanto a prática do socialismo é em toda parte totalitária[76]. No coletivismo, não há lugar para o amplo humanitarismo do liberal, mas apenas para o estreito particularismo do totalitário.

Se a "comunidade" ou o Estado tem prioridade sobre os indivíduos, se tem objetivos próprios superiores aos destes e deles independentes, só os indivíduos que trabalham para tais objetivos podem ser considerados membros da comunidade. Como consequência necessária dessa perspectiva, uma pessoa só é respeitada na qualidade de membro do grupo, ou seja, apenas se coopera para os objetivos comuns reconhecidos, e toda a sua dignidade deriva dessa cooperação, e não da sua condição de ser humano. Os próprios conceitos de humanidade e, por conseguinte, de qualquer forma de internacionalismo são produtos exclusivos da atitude individualista e não podem existir num sistema filosófico coletivista[77].

Além do fato fundamental de que a comunidade coletivista só pode chegar até onde exista ou possa ser estabelecida uma unidade de propósitos individuais, vários elementos contribuem para fortalecer a tendência do coletivismo a tornar-se particularista e exclusivista. Desses, um dos mais importantes é que o desejo de identificação do indivíduo com um grupo resulta, com frequência, de um sentimento de inferioridade. Por isso, tal desejo só será satisfeito se a qualidade de membro do grupo lhe conferir alguma superioridade sobre os que a este não pertencem. Às vezes, ao que tudo indica, o próprio fato de esses instintos violentos que o indivíduo é obrigado a refrear no seio do grupo poderem ser liberados numa ação coletiva contra os estranhos

---

[76] Ver a seguinte instrutiva análise: BORKENAU, Franz. *Socialism, National or International?* London: George Rutledge & Sons, Ltd., 1942.

[77] É inteiramente dentro do espírito do coletivismo que Friedrich Nietzsche (1844-1900) faz Zaratustra dizer: *"Até agora mil metas existiram, porque mil pessoas existiram. Mas falta ainda o grilhão para os mil pescoços, pois ainda falta a meta única. A humanidade não tem uma meta. Mas dizei-me, ó irmãos, eu vos peço: se falta uma meta à humanidade, não é a própria humanidade que está faltando?"*

constitui mais um incentivo para a fusão de sua personalidade com a do grupo. Uma profunda verdade está expressa no título do livro de Reinhold Niebuhr (1892-1971), *Moral Man and Immoral Society* [*O Homem Moral e a Sociedade Imoral*] – embora seja difícil aceitar conclusões a que chega sua tese. Na verdade, como diz ele em outra obra, *"o homem moderno tende a se considerar uma pessoa de moral elevada por ter delegado seus vícios a grupos cada vez mais numerosos"*[78]. Agir no interesse de um grupo parece libertar os homens de muitas restrições morais que regem seu comportamento como indivíduos dentro do grupo.

A atitude de muitos planejadores de nítida oposição ao internacionalismo explica-se também pelo fato de que, no mundo atual, todos os contatos exteriores de um grupo constituem obstáculos ao planejamento efetivo da esfera em que este pode ser empreendido. Não é, pois, mera coincidência se conforme descobriu com pesar o organizador de um dos mais abrangentes estudos coletivos sobre o planejamento: *"Os 'planejadores' são, em sua maioria, nacionalistas militantes"*[79].

As propensões nacionalistas e imperialistas dos planejadores socialistas – muito mais comuns do que em geral se admite – nem sempre são tão flagrantes como no caso tanto de Sidney Webb e de Beatrice Webb quanto de alguns outros fabianos primitivos, nos quais o entusiasmo pela planificação se somava, de modo característico, à veneração para com as grandes e poderosas unidades políticas e ao desprezo pelos pequenos estados. Referindo-se aos Webb na ocasião em que os conheceu, há quarenta anos, afirmava o historiador Élie Halévy que seu socialismo era profundamente antiliberal. Não odiavam os conservadores. Eram até muito tolerantes com eles. Entretanto mostravam-se implacáveis para com o liberalismo gladstoniano. Era no tempo da Guerra dos Boers e, tanto os liberais quanto aqueles que começavam a constituir o Partido Trabalhista, haviam-se alinhado aos boers contra o imperialismo britânico, em nome da liberdade e da humanidade. Mas o casal Webb e seu amigo George Bernard Shaw (1856-1950) não os apoiaram.

Eram ostentosamente imperialistas. A independência das pequenas nações poderia ter alguma importância para um individualista liberal, mas, para coletivistas como eles, nada significava. Ainda ouço Sidney Webb a explicar-me que o futuro pertence às grandes nações administrativas, onde os

---

[78] Citado de um artigo do doutor Niebuhr em: CARR, E. H. *The Twenty Years' Crisis, 1919-1939: An Introduction to the Study of International Relations*. London: Macmillan, 1941. p. 203.
[79] MACKENZIE, Findlay. (Org.). *Planned Society, Yesterday, Today, Tomorrow: A Symposium*. New York: Prentice-Hall, Inc., 1937. p. XX.

funcionários governam e a polícia mantém a ordem. Em outra parte, Halévy cita a afirmação de Bernard Shaw, mais ou menos da mesma época, de que *"o mundo pertence necessariamente aos Estados grandes e poderosos, e os pequenos devem ser incorporados, a eles ou esmagados e aniquilados"*[80].

Citei por extenso essas passagens, que não deveriam surpreender num relato sobre os precursores alemães do nacional-socialismo, porque apresentam um exemplo muito característico da glorificação do poder que facilmente conduz do socialismo ao nacionalismo e que tanto influencia as concepções éticas de todos os coletivistas. No que se refere aos direitos das pequenas nações, Karl Marx e Friedrich Engels (1820-1895) pouco difeririam da maioria dos outros coletivistas coerentes, e as opiniões que ambos expressaram ocasionalmente a respeito dos tchecos ou dos poloneses assemelham-se às dos nacional-socialistas contemporâneos[81].

Enquanto para os grandes filósofos sociais individualistas do século XIX, como *Lord* Acton ou Jacob Burckhardt (1818-1897), e mesmo para socialistas contemporâneos como Bertrand Russell (1872-1970), que herdaram a tradição liberal, o poder sempre se afigurou o supremo mal, para o coletivista puro ele é um fim em si mesmo. O próprio desejo de organizar a vida social segundo um plano unitário nasce basicamente da ambição de poder, mas não apenas disso, conforme destacou Russell com propriedade[82]. Esse desejo resulta, sobretudo, do fato de que, para realizar seu objetivo, os coletivistas precisam criar um poder de uma magnitude jamais vista até hoje, exercido por alguns homens sobre os demais – e de que seu êxito dependerá do grau de poder alcançado.

Isso permanece válido ainda que muitos socialistas liberais orientem suas ações pela desastrosa ilusão de que, privando os indivíduos do poder que têm num sistema individualista e transferindo-o à sociedade, lograrão acabar com o próprio poder. O que todos aqueles que usam esse argumento esquecem é que, concentrando-se o poder de modo a empregá-lo a serviço de um plano único, ele não será apenas transferido, mas aumentado a um grau infinito; e que, enfeixando-se nas mãos de um só grupo uma autoridade antes

---

80 HALÉVY, Elie. *L'ère des Tyrannies*. Paris: Gallimard, 1938. p. 217; Idem. *History of the English People in the Nineteenth Century*. Translated by E. I. Watkin. London: Ernest Benn, Ltd., 1949. Epílogo, Vol. I, p. 105-06.
81 Ver os textos de Karl Marx no volume *Revolution und Konterrevolution in Deutschland* [*Revolução e Contra-Revolução na Alemanha*, organizado por Friedrich Engel e lançado originalmente entre 1851 e 1852, bem como a carta de Engels para Marx datada de 23 de maio de 1851.
82 RUSSELL, Bertrand. *The Scientific Outlook*. London: George Allen & Unwin Ltd., 1931. p. 211.

exercida por muitos de forma independente, cria-se um poder infinitamente maior – tão amplo que quase chega a tornar-se um outro gênero de poder.

É de todo errôneo afirmar, como por vezes se faz, que o grande poder exercido por uma comissão de planejamento central *"não seria maior do que o poder exercido conjuntamente pelas diretorias das empresas privadas"*[83]. Numa sociedade baseada na concorrência, ninguém exerce uma fração sequer do poder que uma comissão planejadora socialista concentraria nas mãos; e, se ninguém o pode empregar de modo intencional, não passa de abuso de linguagem afirmar que este se encontra nas mãos de todos os capitalistas reunidos[84]. Falar do "poder conjuntamente exercido pelas diretorias das empresas privadas" é apenas manipular palavras, se essas diretorias não se unem para uma ação comum – o que significaria, é evidente, o fim da concorrência e a criação de uma economia planificada. Fracionar ou descentralizar o poder corresponde, forçosamente, a reduzir a soma absoluta de poder, e o sistema de concorrência é o único capaz de reduzir ao mínimo, pela descentralização, o poder exercido pelo homem sobre o homem.

Já vimos como a separação dos objetivos políticos e dos objetivos econômicos representa uma garantia essencial da liberdade individual e como, em consequência, tal separação é atacada por todos os coletivistas. Devemos acrescentar agora que a "substituição do poder econômico pelo político", tão demandada hoje em dia, significa necessariamente a substituição de um poder sempre limitado por um outro ao qual ninguém pode escapar. Embora possa constituir um instrumento de coerção, o chamado poder econômico nunca se torna, nas mãos de particulares, um poder exclusivo ou completo, jamais se converte em poder sobre todos os aspectos da vida de outrem. No entanto, centralizado como instrumento do poder político, cria um grau de dependência que mal se distingue da escravidão.

Das duas características principais de todo sistema coletivista – a necessidade de um sistema de objetivos aceito por todos os membros do grupo e o desejo imperioso de conferir ao grupo o máximo de poder para realizar tais objetivos –, brota um sistema moral definido, que em certos pontos coincide

---

[83] Ver a introdução de Benjamin E. Lippincott (1902-1988) à obra: LANGE, Oskar & TAYLOR, Fred M. *On the Economic Theory of Socialism*. Minneapolis: University of Minnesota Press, 1938. p. 35.
[84] Não nos devemos deixar enganar pelo fato de que a palavra "poder", além da acepção relativa aos seres humanos, é também empregada num sentido impessoal (ou melhor, antropomórfico) para designar qualquer causa determinante. É óbvio que sempre haverá algo determinando tudo o que acontece, e nesse sentido a quantidade de poder existente será sempre a mesma. Isso, porém, *não* se aplica ao poder exercido conscientemente por seres humanos.

e, em outros, se contrapõe violentamente ao nosso. Dele difere, entretanto, num detalhe que torna questionável podermos aplicar-lhe o termo "morar": tal sistema não deixa à consciência individual a liberdade de aplicar suas regras próprias, nem mesmo conhece quaisquer regras gerais cuja prática seja exigida ou permitida ao indivíduo em todas as circunstâncias. Isso torna a moral coletivista tão diferente daquilo que conhecemos como moral que é difícil encontrar nela qualquer princípio – o que, no entanto, ela tem.

A diferença de princípio é praticamente a mesma que já consideramos em relação ao Estado de Direito. Como o Direito formal, as regras da ética individualista são gerais e absolutas, por mais imprecisas que possam parecer sob certos aspectos. Prescrevem ou proíbem um tipo geral de ação, sem levar em conta se, num caso específico, o objetivo último é bom ou mau. Trapacear ou roubar, torturar ou trair segredos é considerado mau, apresentem ou não consequências prejudiciais em determinado caso. E sua maldade intrínseca não se altera, mesmo que em dadas circunstâncias ninguém venha a sofrer por isso, e mesmo que tais ações tenham sido praticadas em nome de um propósito elevado. Embora por vezes sejamos forçados a escolher entre dois males, estes não deixam por isso de ser males.

Na ética individualista, o princípio de que o fim justifica os meios é considerado a negação de toda a moral. Na ética coletivista, torna-se a regra suprema. Não há, literalmente, nada que o coletivista coerente não deva estar pronto a fazer, desde que contribua para o "bem da comunidade", porque o "bem da comunidade" é, para ele, o único critério que justifica a ação. A "razão de Estado", em que a ética coletivista encontrou sua formulação mais explícita, não conhece outros limites que não os da conveniência – a adequação do ato particular ao objetivo que se tem em vista. E o que a "razão de Estado" afirma no tocante às relações entre diferentes países aplica-se também às relações entre diferentes indivíduos no Estado coletivista. Não pode haver limites para aquilo que o cidadão desse Estado deve estar pronto a fazer, nenhum ato que a consciência o impeça de praticar, desde que seja necessário à consecução de um objetivo que a comunidade impôs a si mesma ou que os superiores lhe ordenem.

Dessa ausência de normas absolutas e formais na ética coletivista, não se infere, naturalmente, que a comunidade não estimule certos hábitos úteis do indivíduo, e que não condene outros. Ao contrário, ela se interessará muito mais pelos hábitos individuais de vida do que uma comunidade individualista. Ser membro útil de uma sociedade coletivista requer qualidades muito precisas, as quais devem ser fortalecidas por uma prática constante. A razão por que designamos essas qualidades como "hábitos úteis", uma vez que não é possível denominá-las virtudes morais, é que nunca se permitiria ao indivíduo colocar essas regras acima de quaisquer ordens positivas ou deixar que se tornassem um obstáculo à realização dos objetivos concretos da comunidade. Elas apenas servem para preencher as lacunas deixadas pelas ordens diretas ou pela indicação de finalidades concretas. Jamais, entretanto, poderão justificar um conflito com a decisão da autoridade.

As diferenças entre as virtudes que continuarão a ser valorizadas num sistema coletivista e aquelas que virão a desaparecer são bem elucidadas por uma comparação entre as virtudes atribuídas aos alemães, ou melhor, ao "prussiano típico", mesmo por seus piores inimigos, e aquelas que lhes são negadas pela opinião geral, mas que o povo inglês, com alguma razão, se orgulhava de ter em alto grau. Poucos deixarão de admitir que os alemães, em geral, são laboriosos e disciplinados, detalhistas e enérgicos a ponto de se mostrarem insensíveis, conscienciosos e coerentes em qualquer tarefa à qual se dedicam; que têm um acentuado senso de ordem, dever e estrita obediência à autoridade, e que muitas vezes dão provas de grande capacidade para o sacrifício pessoal e de admirável coragem diante do perigo físico. Essas virtudes fazem do alemão um instrumento eficiente na execução de uma tarefa prescrita, e todas elas foram cuidadosamente ensinadas no velho Estado prussiano e no novo *Reich*, também sob o domínio prussiano.

O que se supõe faltar ao "alemão típico" são as virtudes individualistas da tolerância e do respeito pelos demais indivíduos e suas opiniões; o pensamento independente e aquela integridade de caráter que fazem o indivíduo defender suas convicções perante um superior – qualidades que os próprios alemães, em geral cônscios de não terem, chamam *Zivilcourage*; a consideração pelos fracos e doentes; e os saudáveis desprezo e antipatia pelo poder, que somente uma longa tradição de liberdade pessoal pode criar. Parece faltar-lhes ainda quase todas essas pequenas, porém importantes, qualidades que facilitam as relações entre os homens numa sociedade livre: a bondade e o senso de humor, a modéstia pessoal, o respeito pela privacidade e a fé nas boas intenções de seus semelhantes.

Após tais considerações, não causará surpresa a ninguém que essas virtudes individualistas sejam, ao mesmo tempo, virtudes eminentemente sociais, qualidades que suavizam os contatos sociais e que tornam menos necessário, e ao mesmo tempo mais difícil, o controle que vem de cima. São virtudes que florescem onde quer que tenha prevalecido a sociedade de tipo individualista ou comercial e que, inversamente, inexistem quando predomina a de tipo coletivista ou militar – diferença que se pode (ou se podia) observar nas várias regiões da Alemanha, como agora se nota entre as ideias que reinam naquele país e as ideias características do Ocidente. Até bem pouco, pelo menos, nas regiões da Alemanha que mais longamente estiveram expostas às forças civilizadoras do comércio – as antigas cidades comerciais do Sul e do Oeste e as cidades hanseáticas –, os conceitos éticos em geral tinham muito mais afinidade com os dos povos ocidentais do que com aqueles que hoje prevalecem em toda a Alemanha.

Seria, no entanto, injusto considerar as massas que sustentam um regime totalitário destituídas de qualquer fervor moral só porque prestam apoio irrestrito a um sistema que a nós se afigura a negação dos melhores valores morais. Para sua maioria, é justamente o contrário que se verifica: a intensidade das emoções morais em que repousa um movimento como o nacional-socialista ou o comunista talvez só possa ser comparada à dos grandes movimentos religiosos da história. Uma vez admitido que o indivíduo é simples instrumento para servir aos fins da entidade superior que se chama sociedade ou nação, manifesta-se necessariamente a maior parte dessas características dos regimes totalitários que nos enchem de horror. Da perspectiva coletivista, a intolerância e a brutal supressão da dissidência, o completo desrespeito pela vida e pela felicidade do indivíduo são consequências essenciais e inevitáveis dessa premissa básica. O coletivista pode aceitar esse fato e, ao mesmo tempo, afirmar que seu sistema é superior àqueles em que se permite que interesses individuais "egoístas" criem embaraços à plena realização das metas visadas pela comunidade. Quando os filósofos alemães, repetidas vezes, caracterizam como imoral em si mesma a busca da felicidade pessoal e apenas digno de louvor o cumprimento do dever imposto, estão usando de completa sinceridade, por mais incompreensível que isso pareça às pessoas educadas numa tradição diferente.

Onde existe uma finalidade comum e soberana, não há lugar para uma moral ou para normas gerais. Até certo ponto, nós próprios experimentamos isso durante a guerra. A guerra e o perigo mais grave, no entanto, levaram os países democráticos a uma situação que só de longe se assemelhava ao totalitarismo, poucas vezes prejudicando os demais valores em função de um objetivo único. Mas, quando toda a sociedade é dominada por alguns fins específicos, é inevitável que, vez por outra, a crueldade se torne um dever;

Capítulo X | POR QUE OS PIORES CHEGAM AO PODER

que ações que nos revoltam, como o fuzilamento de reféns ou o extermínio de velhos e doentes, sejam tratadas como meras questões de conveniência; que arrancar centenas de milhares de indivíduos de suas casas e transportá-los compulsoriamente para outro lugar se converta numa linha de ação política aprovada por quase todos, menos pelas vítimas; ou que ideias como a "conscrição das mulheres para fins de procriação" possam ser consideradas a sério. O coletivista tem sempre diante dos olhos uma meta superior para a qual concorrem essas ações e que, em seu modo de ver, as justifica, porque a busca do objetivo social comum não pode ser limitada pelos direitos ou pelos valores de qualquer indivíduo.

Mas, enquanto para a massa dos cidadãos do Estado totalitário é muitas vezes a dedicação desinteressada a um ideal – embora esse ideal nos pareça detestável – que os leva a aprovar e até a praticar tais atos, o mesmo não se pode alegar em favor dos dirigentes da política estatal. Para ser um auxiliar útil na administração de um Estado totalitário, não basta que um indivíduo esteja pronto a aceitar justificações capciosas de atos abomináveis. Deve estar preparado para violar efetivamente qualquer regra moral de que tenha conhecimento, se isso parecer necessário à realização do fim que lhe foi imposto. Como o chefe supremo é o único que determina os fins, seus instrumentos não devem ter convicções morais próprias. Cumpre-lhes, acima de tudo, votar uma fidelidade irrestrita à pessoa do líder. Em seguida, o mais importante é que sejam desprovidos de princípios e literalmente capazes de tudo. Não devem ter ideais próprios que desejem realizar, nenhuma ideia sobre o que é justo ou injusto que possa criar obstáculos às intenções do líder. Desse modo, as posições de mando oferecem àqueles que têm convicções morais semelhantes às que vêm guiando os povos europeus poucos atrativos que compensem a repugnância causada por muitas das tarefas a executar, e escassas oportunidades de satisfazer os desejos mais idealistas, de recompensar os inegáveis riscos, o sacrifício da maioria dos prazeres da vida privada e da independência pessoal que esses postos de grande responsabilidade sempre impõem. A única satisfação é a da ambição do poder em si mesmo, o prazer de ser obedecido e de fazer parte de uma máquina perfeita, imensamente poderosa, diante da qual tudo deve ceder.

Por outro lado, embora pouco haja para induzir homens bons, segundo nossos padrões, a aspirar a cargos de importância na máquina totalitária, e muito para afastá-los dessas posições, haverá oportunidades especiais para os insensíveis e os inescrupulosos. Será preciso desempenhar tarefas de inegável crueldade, mas que não podem deixar de ser executadas, a serviço de alguma finalidade superior, com a mesma perícia e a mesma eficiência que quaisquer outras. Havendo, assim, necessidade de ações intrinsecamente nocivas e que todas as pessoas ainda influenciadas pela moral tradicional relutarão em fazer, a disposição para praticar tais ações converte-se no caminho da ascensão social e do poder. Numa sociedade totalitária, são numerosas as posições em que é necessário praticar a crueldade e a intimidação, a duplicidade e a espionagem. Nem a Gestapo, nem a administração de um campo de concentração, nem o Ministério da Propaganda, nem as S.A. ou as S.S. (ou seus equivalentes italianos ou russos) são lugares favoráveis à prática de sentimentos humanitários. E, no entanto, é exercendo esses cargos que se chega às posições supremas no Estado totalitário. É corretíssima a conclusão do ilustre economista norte-americano que, após enumerar os deveres das autoridades num Estado coletivista, afirmou:

> Eles seriam obrigados a fazer essas coisas, quisessem ou não; e é tão reduzida a probabilidade de o poder ser exercido por homens que detestem sua posse e exercício quanto a de alguém extremamente bom e sensível vir a ser feitor de escravos[85].

Não nos é possível, todavia, esgotar aqui o assunto. O problema da seleção dos líderes está intimamente ligado ao amplo problema de selecioná-los segundo as opiniões que essas pessoas exibem, ou melhor, de acordo com a presteza com que se adaptam a um corpo de doutrinas em constante transformação. E isso nos conduz a um dos mais característicos aspectos morais do totalitarismo: sua relação com as virtudes que se incluem na denominação geral de veracidade e seus efeitos sobre estas. Trata-se de assunto tão amplo que requer um capítulo especial.

---

85 KNIGHT, Frank H. "The Quantity of Capital and the Rate of Interest". *The Journal of Political Economy*. Vol. 44 (December 1938), p. 869.

CAPÍTULO XI

- CAPÍTULO XI -

O Fim da Verdade

> *"É significativo que em todos os países a estatização do pensamento tenha sempre caminhado pari passu com a estatização da indústria".*
>
> – E. H. Carr (1892-1982)

O modo mais eficaz de fazer com que todos sirvam ao sistema único de objetivos visado pelo plano social é fazer com que todos acreditem neles. Para que um sistema totalitário funcione com eficiência, não basta que todos sejam obrigados a trabalhar para os mesmos fins: é essencial que o povo passe a considerá-los seus fins pessoais. Embora seja necessário escolher as ideias e impô-las ao povo, elas devem converter-se nas ideias deste, num credo aceito por todos, que leve os indivíduos, tanto quanto possível, a agir espontaneamente do modo desejado pelo planejador. Se o sentimento de opressão nos países totalitários mostra-se, em geral, bem menos agudo do que muitos imaginam nos países liberais, é porque os governos totalitários conseguem, em grande parte, fazer o povo pensar como eles querem.

Isso, evidentemente, é realizado pelas várias formas de propaganda. Sua técnica já se tornou tão conhecida que não é necessário estender-nos muito a respeito. O único ponto a salientar é que nem a propaganda em si nem as técnicas empregadas são peculiares ao totalitarismo. O que altera de forma tão abrangente sua natureza e efeitos num Estado totalitário é o fato de que a propaganda visa a somente um alvo: todos os instrumentos de propaganda são coordenados de modo a conduzir os indivíduos na mesma direção e a produzir a característica *Gleichschaltung*[86] de todas as mentes. Como resultado, o efeito da propaganda nos países totalitários difere, não só na magnitude, mas também na espécie, do efeito alcançado pela propaganda de agências independentes e competitivas que visam a finalidades diversas. Quando todas as fontes de informação corrente se acham sob um controle efetivo único, já não se tem apenas uma situação em que se tenta persuadir o povo disto ou daquilo. O hábil disseminador de propaganda terá, então, o poder de manipular as mentes da forma que lhe aprouver, e mesmo as pessoas mais sagazes e independentes não poderão evitar de todo essa influência, se permanecerem por muito tempo isoladas das demais fontes de informação.

Embora, num Estado totalitário, a posição ocupada pela propaganda confira a este instrumento um poder incomparável sobre as mentes, os efeitos morais peculiares que ela produz não decorrem da técnica, mas do objetivo e da amplitude da propaganda totalitária. Se esta se limitasse a doutrinar o povo no sistema completo de valores para o qual é dirigido o esforço social, representaria apenas uma manifestação específica das características da moral coletivista que já analisamos. Caso seu objetivo fosse unicamente ensinar ao povo um código moral definido e abrangente, o problema se restringiria a determinar se esse código é bom ou mau. Já vimos quão pouco nos atrai o código moral de uma sociedade totalitária, e que a tentativa de estabelecer a igualdade por meio de uma economia dirigida só pode produzir uma desigualdade oficialmente imposta – a determinação autoritária do *status* de cada indivíduo na nova ordem hierárquica. Vimos também que a maioria dos elementos humanitários da nossa moral – o respeito pela vida humana, pelos fracos e pelo indivíduo em geral – tenderá a desaparecer. Por mais repulsivo que isso pareça à maioria das pessoas, e embora implique uma mudança de padrões morais, não é, necessariamente, de todo antimoral. Certos aspectos de tal sistema podem mesmo atrair os mais rígidos moralistas de índole conservadora, por lhes parecerem preferíveis aos padrões mais brandos da sociedade liberal.

---

86 Literalmente, "padronização" (N. T.)

As consequências morais da propaganda totalitária que passaremos a considerar são, no entanto, de uma natureza ainda mais profunda. Elas destroem todas as regras morais, porque minam um dos fundamentos de toda a ética: o senso da verdade e o respeito a ela. Pela própria natureza da sua função, a propaganda totalitária não se pode limitar a valores, a questões de opinião e de convicção moral em que o indivíduo sempre se conforma mais ou menos às ideias que imperam em sua comunidade. Ela tem de estender-se a questões de fato, em que a inteligência humana está envolvida de modo diferente. Isso acontece, em primeiro lugar, porque, para levar as pessoas a aceitar os valores oficiais, a autoridade tem de justificá-los, ou de mostrar que eles se relacionam com os valores já aceitos pelo povo, os quais habitualmente encerram asserções sobre elos causais entre meios e fins; em segundo lugar, porque a distinção entre fins e meios, entre a meta visada e as medidas adotadas para alcançá-la, na realidade nunca é tão clara e precisa como o faz supor uma discussão superficial de tais problemas. Assim, é necessário fazer com que as pessoas concordem não apenas com as finalidades últimas, mas também com as ideias sobre os fatos e as possibilidades em que se baseiam as medidas específicas.

Já vimos que o consenso em torno desse código moral completo, desse sistema exaustivo de valores que se acha implícito num plano econômico, não existe numa sociedade livre: seria preciso criá-lo. Mas não devemos supor que, ao abordar sua tarefa, o planejador teria consciência dessa necessidade ou que, mesmo dela consciente, lhe fosse possível criar de antemão um código tão vasto. Ele só descobrirá os conflitos entre as diferentes necessidades à medida que for avançando e terá de tomar suas decisões à proporção que a isso o obrigarem as circunstâncias. Não existe um código de valores *in abstracto* a orientar suas decisões antes que estas tenham de ser tomadas. Esse código terá de ser criado com base nas decisões concretas. Já vimos também como essa impossibilidade de separar das decisões concretas a questão geral dos valores impede que um órgão democrático, não estando em condições de decidir os detalhes técnicos de um plano, consiga determinar os valores que o orientam.

E, embora caiba à autoridade planejadora decidir constantemente sobre questões de mérito em que não existem regras morais definidas, ela se verá obrigada a justificar tais decisões perante o povo – ou, pelo menos, a levar de algum modo o povo a acreditar serem essas as decisões justas. Mesmo que os responsáveis por uma decisão se tenham guiado por simples preconceito, terão de apresentá-la ao público como sendo baseada em algum princípio orientador, para que a comunidade não se limite a submeter-se de modo passivo, mas apoie ativamente a medida. A necessidade de encontrar um pretexto para justificar as preferências e antipatias que, à falta de outra coisa, muitas vezes orientam as decisões do planejador, e a necessidade de ampla aprovação possível – tudo isso o obrigará a inventar teorias, isto é, explicações que estabeleçam relação entre os fatos, os quais então passam a integrar a doutrina dominante.

Esse processo de criação de "mitos" para justificar os atos do líder totalitário nem sempre é consciente. Pode acontecer que o líder sinta apenas um desagrado instintivo para com a situação que encontrou e o desejo de criar uma nova ordem hierárquica, mais apropriada à sua concepção de mérito. Talvez ele saiba apenas que tem aversão aos judeus, os quais pareciam tão bem-sucedidos numa ordem social na qual não havia lugar satisfatório para ele, e que tem simpatia e admiração pelo homem alto e louro, pela figura "aristocrática" dos romances de sua juventude. Desse modo, estará pronto a adotar teorias que parecem fornecer uma justificação racional aos preconceitos que compartilha com muitos de seus companheiros. E, assim, uma teoria pseudocientífica é incorporada à ideologia oficial que, em maior ou menor grau, dirige as ações de todos. Ou, então, o generalizado descontentamento com a civilização industrial e o anseio romântico da vida campestre, aliados à ideia (provavelmente errônea) do valor peculiar dos camponeses como soldados, fornecem a base de outro mito: *Blut und Boden* ("Sangue e solo"), o qual não só expressa valores supremos, mas uma multiplicidade de *crenças* a respeito de relações de causa e efeito – crenças que, convertidas nos ideais que orientam a atividade de toda a comunidade, não devem mais ser contestadas.

A necessidade de semelhantes doutrinas oficiais, como instrumento para dirigir e congregar os esforços do povo, foi claramente prevista pelos diferentes teóricos do sistema totalitário. As "nobres mentiras" de Platão (427-347 a.C.) e os "mitos" de Georges Sorel (1847-1922) atendem ao mesmo objetivo da doutrina racial dos nazistas ou da teoria do Estado corporativo de Benito Mussolini. Todos eles baseiam-se, necessariamente, em pontos de vista pessoais sobre fatos, elaborados e transformados depois em teorias científicas, de modo a justificar uma opinião preconcebida.

O meio mais eficaz de fazer com que as pessoas aceitem os valores aos quais terão de servir é persuadi-las de que tais valores são, na realidade, os mesmos que elas, ou pelo menos as mais esclarecidas entre elas, sempre defenderam, mas que antes não eram devidamente compreendidos ou apreciados. Leva-se o povo a abandonar os velhos deuses pelos novos, sob pretexto de que estes são, de fato, como por instinto supunham que fossem, embora até o momento só o percebessem de maneira vaga. E a técnica mais eficiente para a consecução desse fim é continuar a usar as velhas palavras, alterando-as, porém, o sentido. Poucos aspectos dos regimes totalitários despertam tanta confusão no observador superficial e são, ao mesmo tempo, tão característicos do clima intelectual desses sistemas, como a completa perversão da linguagem, a mudança de sentido das palavras que expressam os ideais dos novos regimes.

Nesse contexto, a palavra mais deturpada é, evidentemente, "liberdade", um termo tão usado nos Estados totalitários como em qualquer outro lugar. Pode-se mesmo dizer que, sempre que a liberdade que conhecemos foi aniquilada, isso se fez em nome de uma nova liberdade prometida ao povo. Tal constatação deve ajudar-nos a nos precaver contra as promessas de *novas liberdades em troca das antigas*.

Mesmo entre nós existem *"planejadores da liberdade"*[87] que prometem uma *"liberdade coletiva"* cuja natureza é possível inferir do fato de seus defensores acharem necessário assegurar-nos de que, *"naturalmente, o advento da liberdade planejada não significa que todas* [sic] *as formas mais antigas de liberdade devam ser abolidas"*. Pelo menos, o doutor Karl Mannheim, de cuja obra extraímos essas citações, nos previne de que *"uma concepção de liberdade moldada segundo a época precedente é um obstáculo à verdadeira compreensão do problema"*[88]. O sentido que ele empresta à palavra "liberdade" é, porém, tão enganoso como o que lhe dão os políticos totalitários.

Como a liberdade a que esses se referem, a "liberdade coletiva" que o doutor Mannheim nos oferece não é a dos membros da comunidade. É a liberdade ilimitada do planejador de manipular a sociedade da forma que lhe apraz[89]. Significa, de fato, a confusão entre liberdade e poder, levada ao extremo. Nesse caso particular, a deturpação do sentido da palavra foi, naturalmente, favorecida por uma longa série de filósofos alemães e, o que não é menos importante, por muitos teóricos do socialismo. Entretanto "liberdade" não é, em absoluto, a única palavra cujo sentido se inverteu a fim de torná-la instrumento da propaganda totalitária. Já vimos que o mesmo sucede com

---

87 *"Planners for freedom"* (planejadores da liberdade) é o título de um trabalho recente do historiador norte-americano Carl L. Becker (1873-1945).
88 MANNHEIM, Karl. *Man and Society in an Age of Reconstruction. Op. cit.*, p. 377.
89 Peter Drucker observa, com razão, que, *"quanto menos liberdade há, mais ouvimos falar em 'nova liberdade'"* (DRUCKER, Peter. *The End of Economic Man. Op. cit.*, p. 74) Todavia, essa nova liberdade é uma simples palavra com que se encobre a negação completa de tudo quanto a Europa já entendeu por liberdade. A nova liberdade que se prega na Europa resume-se, entretanto, no direito da maioria contra o indivíduo.

"justiça" e "lei", "direito" e "igualdade". A lista poderia ser ampliada até incluir quase todos os termos morais e políticos em uso.

Para os que não vivenciaram esse processo, é difícil imaginar a extensão de tal mudança do sentido das palavras, a confusão que ela causa e as barreiras que cria a qualquer debate racional. Se, por exemplo, de dois irmãos, um abraça a nova fé, depois de algum tempo ele parecerá falar uma língua diferente, que torna impossível qualquer comunicação entre ambos. E a confusão agrava-se ainda mais porque essa alteração do sentido das palavras que definem ideais políticos não é um fato isolado, mas um processo contínuo, uma técnica empregada consciente ou inconscientemente com o fim de dirigir o povo. Pouco a pouco, à medida que o processo se desenrola, toda a linguagem é, por assim dizer, esvaziada, e as palavras são despojadas de qualquer significado preciso, podendo designar tanto uma coisa quanto seu oposto e sendo usadas apenas por causa das conotações emocionais que ainda lhes estão vinculadas.

Não é difícil impedir a maioria de pensar de forma independente. Mas é preciso silenciar também a minoria que se mantém inclinada à crítica. Já vimos por que motivo a coação não se pode limitar à imposição do código moral em que se baseia o plano diretor de toda atividade social. Uma vez que muitas partes desse código nunca serão enunciadas explicitamente e muitos pontos da escala de valores constarão do plano apenas de forma implícita, o plano em si em todos os detalhes, e mesmo todos os atos do governo, devem tornar-se sacrossantos e acima de crítica. Para que o povo apoie sem hesitações o esforço comum, deve ser persuadido de que não só o fim visado, mas também os meios escolhidos são os mais justos. A ideologia oficial, cuja aceitação deve ser forçosamente obtida, incluirá, pois, todas as opiniões sobre fatos em que se baseia o plano. A crítica e mesmo as expressões de dúvida têm de ser suprimidas, pois tendem a enfraquecer o apoio geral. Como dizem Sidney Webb e Beatrice Webb acerca da situação de todo empreendimento na Rússia:

> Enquanto a obra está sendo executada, qualquer expressão pública de dúvida ou mesmo de receio quanto ao êxito do plano é um ato de deslealdade e até de traição por seus possíveis efeitos sobre a vontade e os esforços dos demais membros do quadro de funcionários[90].

---

[90] WEBB Sidney & WEBB, Beatrice. *Soviet Communism: A New Civilization?* New York: C. Scribner's sons, 1936. p. 1038.

Quando a dúvida ou o receio não dizem respeito ao êxito de determinada realização, mas ao plano social em seu todo, com mais razão ainda deverão ser tratados como sabotagem.

Assim, os fatos e as teorias tornam-se objeto de uma doutrina oficial, na mesma medida em que as opiniões sobre valores. Todo o arsenal educativo – as escolas e a imprensa, o rádio e o cinema – será empregado exclusivamente para disseminar as ideias, verdadeiras ou falsas, que fortaleçam a crença na justeza das decisões tomadas pela autoridade; e toda informação que possa causar dúvidas ou hesitações será suprimida. O provável efeito sobre a lealdade do povo ao sistema torna-se o único critério para resolver se determinada informação deve ser publicada ou não. A situação num Estado totalitário é, permanentemente, e em todos os campos, a mesma de qualquer outro país, com relação a determinados assuntos, em tempo de guerra.

Tudo o que possa despertar dúvidas sobre a competência do governo, ou criar descontentamento, será ocultado ao público. Os fatos que possam servir de base para comparações desfavoráveis com as condições de vida em outros países, o conhecimento de possíveis alternativas para a política já adotada, as informações que possam sugerir que o governo não esteja cumprindo suas promessas ou aproveitando as oportunidades para melhorar as condições gerais – tudo isso será omitido. Não há, pois, campo algum em que não se pratique o controle sistemático das informações e em que a uniformidade de pontos de vista não seja imposta.

Isso se aplica, inclusive, às esferas aparentemente alheias a qualquer interesse político, e em particular a todas as ciências, mesmo as mais abstratas. É fácil perceber que, nas disciplinas que tratam diretamente dos assuntos humanos e, portanto, afetam de maneira imediata as ideias políticas, como a História, o Direito e a Economia, a busca imparcial da verdade não pode ser permitida num sistema totalitário, e a justificação das ideias oficiais constitui o objetivo único, fato, aliás, amplamente confirmado pela experiência. Com efeito, tais disciplinas têm-se tornado em todos os países totalitários as mais fecundas fábricas dos mitos oficiais que os governantes empregam para dirigir o pensamento e a vontade de seus súditos. Não é de surpreender que, nessas esferas, a própria simulação da busca da verdade seja abandonada e que as autoridades decidam quais as doutrinas a serem ensinadas e publicadas.

O controle totalitário da opinião também se estende, entretanto, a assuntos que, a princípio, não parecem ter importância política. Às vezes, é difícil explicar por que certas doutrinas são oficialmente proscritas e outras encorajadas. E é curioso que essas aversões e preferências se assemelhem nos diferentes sistemas totalitários. Em particular, todos eles parecem nutrir em comum uma intensa antipatia pelas formas mais abstratas de pensamento – atitude também manifestada por muitos de nossos cientistas adeptos do coletivismo. Não existe muita diferença entre a teoria da relatividade ser descrita como "um ataque semítico aos fundamentos da física cristã e nórdica" ou combatida porque *"se opõe ao materialismo dialético e ao dogma marxista"*. Tampouco há diferença entre atacar certos teoremas da estatística matemática, pois *"fazem parte da luta de classes na fronteira ideológica e são um produto do papel histórico da matemática como serva da burguesia"*, e condenar o assunto porque *"não apresenta garantias de servir aos interesses do povo"*. Ao que tudo indica, a própria matemática pura não está isenta de ataques, e o fato de se ter determinados pontos de vista sobre a natureza da continuidade pode ser atribuído a *"preconceitos burgueses"*. Segundo os Webb, a *Revista de Ciências Naturais Marxistas-Leninistas* tem os seguintes *slogans*: *"Nós defendemos a matemática do partido. Nós defendemos a pureza da teoria marxista-leninista na cirurgia"*. A situação parece muito semelhante na Alemanha. A *Revista da Sociedade Nacional-Socialista de Matemáticos* está repleta de expressões como *"matemática do partido"*, e um dos mais conhecidos físicos alemães, Philipp Lennard (1862-1947), detentor do prêmio Nobel, deu à obra a que dedicou toda a sua existência o título de *Deutsche Physik 4 Bände* [*Física Alemã em Quatro Volumes*].

É bastante característico do espírito do totalitarismo condenar toda atividade humana exercida por prazer, sem propósitos ulteriores. A ciência pela ciência e a arte pela arte são igualmente abomináveis aos nazistas, aos nossos intelectuais socialistas e aos comunistas. Toda atividade deve ser justificada por um objetivo social consciente. Não deve haver atividade espontânea, não dirigida, porque poderia levar a resultados imprevistos, não contemplados pelo plano – poderia propiciar o surgimento de algo novo que a filosofia do planejador sequer antecipou. Esse princípio estende-se, inclusive, a jogos e diversões. Deixo a cargo do leitor adivinhar se teria sido na Alemanha ou na Rússia que os jogadores de xadrez foram oficialmente exortados com as seguintes palavras: *"Devemos acabar de uma vez por todas com a neutralidade do xadrez. Devemos condenar inapelavelmente a fórmula 'o xadrez pelo xadrez', assim como condenamos a fórmula 'a arte pela arte'"*.

Por incríveis que possam parecer tais aberrações, não devemos considerá-las simples subprodutos acidentais que nada têm a ver com o caráter essencial de um sistema dirigido ou totalitário. Seria um erro. Elas são o resultado direto do desejo de fazer com que tudo seja dirigido por *"uma concepção unitária do conjunto"*, da necessidade de defender a todo custo as ideias em nome das quais se exigem das pessoas sacrifícios constantes, da ideia geral de que os conhecimentos e as crenças do povo são instrumentos a serem usados para uma finalidade única. Quando a ciência tem de servir, não à verdade, mas aos interesses de uma classe, de uma comunidade ou de um Estado, o fim único da argumentação e do debate é justificar e difundir ainda mais as ideias por meio dos quais se dirige toda a vida da comunidade. Como explicou o ministro da Justiça nazista, a pergunta que toda nova teoria científica deve fazer a si mesma é: "Estarei servindo ao nacional-socialismo para maior benefício de todos"?

A própria palavra "verdade" perde seu antigo significado. Já não designa algo que deve ser descoberto, sendo a consciência individual o único juiz a decidir se, em cada caso, a prova (ou a autoridade daqueles que a proclamam) justifica a convicção. Torna-se algo a ser estabelecido pela autoridade, algo em que é preciso crer a bem da unidade do esforço organizado, e que talvez se faça necessário alterar de acordo com as exigências desse mesmo esforço.

O clima intelectual gerado por essa situação, o espírito de completo ceticismo com respeito à verdade, a perda da própria noção do significado da palavra "verdade", o desaparecimento do espírito de pesquisa independente e da crença no poder da convicção racional, a maneira pela qual as diferenças de opinião em cada ramo de conhecimento se convertem em questões políticas a serem resolvidas pela autoridade, tudo isso só pode ser avaliado por quem o experimentou pessoalmente. Uma descrição sucinta não consegue transmitir o que seria viver nessa atmosfera. O fato mais alarmante, talvez, é que o desprezo pela liberdade intelectual não surge apenas depois que o sistema totalitário já se estabeleceu, mas pode ser observado em toda parte, entre intelectuais que abraçaram uma doutrina coletivista e que são aclamados como líderes do pensamento, mesmo em países que ainda se encontram sob um regime liberal.

Desculpam-se as piores opressões, desde que praticadas em nome do socialismo, e a criação de um sistema totalitário é abertamente defendida por homens que se dizem porta-vozes dos cientistas dos países liberais; a própria intolerância é francamente enaltecida. Não vimos há pouco um cientista inglês defender a própria Inquisição, por achar que *"é benéfica à ciência quando protege uma classe em ascensão"*[91]? É um ponto de vista que coincide com as

---

[91] CROWTHER, J. G. *The Social Relations of Science*. London: Macmillan and Co., Ltd., 1941. p. 333.

convicções que levaram os nazistas a perseguir os homens de ciência, a queimar os livros científicos e a suprimir sistematicamente a classe intelectual dos países por eles dominados.

O desejo de impor ao povo uma ideologia considerada salutar para ele não é um fato novo ou peculiar à nossa época. Nova é a argumentação com a qual muitos de nossos intelectuais procuram justificar tais tentativas. Alega-se que, em nossa sociedade, não existe a verdadeira liberdade de pensamento, porque as opiniões e os gostos das massas são moldados pela propaganda, pela publicidade, pelo exemplo das classes superiores e por outros fatores ambientais que obrigam o pensamento a se conformar a padrões estabelecidos. Daí se conclui que, se os ideais e gostos da maioria são sempre plasmados por circunstâncias passíveis de controle, devemos usar intencionalmente esse poder para levar o povo a pensar da forma que nos parece conveniente.

É verdade que a maioria das pessoas raras vezes é capaz de pensar com independência, aceitando em geral as ideias correntes e contentando-se com a ideologia em que nasceu ou para a qual foi levada. Em qualquer sociedade, a liberdade de pensamento só terá, talvez, significação imediata para uma pequena minoria. Mas isso não quer dizer que alguém tenha qualificações ou deva ter o poder para escolher quem deverá gozar dessa liberdade. Por certo, não justifica que um grupo qualquer se arrogue o direito de determinar o que se deve pensar ou crer.

Constitui absoluta confusão de ideias sugerir que, como em qualquer sistema, a maioria do povo é liderada por alguém. Não faz diferença que todos sejam obrigados a seguir a mesma liderança. Menosprezar a liberdade intelectual porque ela nunca significará para todos a mesma possibilidade de pensamento independente implica não atentar para os motivos que conferem a essa liberdade o seu valor. O essencial, para que ela exerça a sua função de impulsionadora do progresso intelectual, não é que todos sejam capazes de pensar ou escrever, mas que toda causa ou ideia possa ser contestada. Enquanto o direito de dissensão não for suprimido, haverá sempre quem ponha em dúvida as ideias que norteiam seus contemporâneos e submeta novas ideias à prova da discussão e da propaganda.

Essa interação entre indivíduos dotados de conhecimentos e opiniões diferentes é o que constitui a vida do pensamento. O desenvolvimento da razão consiste em um processo social baseado na existência de tais diferenças. É da própria essência desse processo não podermos prever seus resultados, não conhecermos as ideias que contribuirão para esse desenvolvimento e as que deixarão de fazê-lo. Em suma, não podemos dirigir tal desenvolvimento sem com isso limitá-lo. "Planejar" ou "organizar" a evolução da mente, ou mesmo o progresso em geral, é uma contradição. Supor que a mente humana deva controlar "conscientemente" seu próprio desenvolvimento confunde a razão individual (a única que pode "controlar conscientemente" alguma coisa) com o processo interpessoal a que se deve tal evolução. Ao tentar controlar esse processo, estaremos apenas impondo-lhe fronteiras e, mais cedo ou mais tarde, provocaremos a estagnação do pensamento e o declínio da razão.

O aspecto trágico do pensamento coletivista é que, ao tentar tornar a razão a instância suprema, acaba destruindo-a por interpretar de forma errônea o processo do qual depende o desenvolvimento dessa mesma razão. Pode-se dizer, com efeito, que o paradoxo das doutrinas coletivistas, e de sua exigência de controle e planejamento "consciente", reside no fato de que elas levam inevitavelmente à necessidade de que a mente de um indivíduo venha a exercer o domínio supremo – enquanto a atitude individualista em face dos fenômenos sociais, é a única que nos permite reconhecer as forças supraindividuais que regem a evolução da razão. O individualismo é, assim, uma atitude de humildade diante desse processo social e de tolerância para com as opiniões alheias, sendo a negação perfeita da arrogância intelectual implícita na ideia de que o processo social deva ser submetido a um amplo dirigismo.

CAPÍTULO XII

- CAPÍTULO XII -

As Raízes Socialistas do Nazismo

> *"Todas as forças antiliberais estão se unindo contra tudo que é liberal".*
> – Arthur Moeller van den Bruck (1876-1925)

É um engano comum considerar o nacional-socialismo uma simples revolta contra a razão, um movimento irracional sem antecedentes intelectuais. Se assim fosse, constituiria um perigo bem menor. Nada mais longe da verdade, porém, ou mais ilusório. As doutrinas do nacional-socialismo representam o ponto culminante de uma longa evolução de ideias, da qual participaram pensadores cuja influência se fez sentir muito além das fronteiras da Alemanha. Seja qual for nossa opinião sobre as premissas em que se basearam, não podemos negar que os criadores da nova doutrina eram escritores de peso, que deixaram a marca de suas ideias em todo o pensamento europeu. O sistema desenvolveu-se com coerência implacável. Uma vez aceitas suas premissas, não se pode fugir à sua lógica. Trata-se simplesmente do coletivismo libertado de todos os vestígios de uma tradição individualista que pudessem impedir-lhe a realização.

Embora os pensadores alemães tenham liderado o processo, de modo algum se pode dizer que foram os únicos a trazer-lhe contribuições. Thomas Carlyle e Houston Stewart Chamberlain, Auguste Comte e Georges Sorel distinguiram-se tanto quanto os alemães no desenvolvimento da doutrina nacional-socialista. Dessa constante evolução dentro da Alemanha, fez há pouco uma excelente exposição Rohan Butler (1917-1996) em seu estudo *The Roots of National Socialism* [*As Raízes do Nacional-Socialismo*]. Mas, embora seja um tanto alarmante verificar, pela leitura da obra de Butler, a permanência dessa doutrina naquele país durante cento e cinquenta anos, manifestando-se reiteradamente e sob forma invariável, é fácil exagerar a importância que tais ideias tinham na Alemanha antes de 1914. Constituíam apenas uma corrente de pensamento entre muitas, numa sociedade que, na época, apresentava, talvez, maior variedade de opiniões que qualquer outra. E eram, em geral, ideias aceitas apenas por uma minoria e tão desprezadas pela maioria na Alemanha como nos demais países.

Por que, então, essas ideias, sustentadas por uma minoria reacionária, vieram a conquistar o apoio da maioria do povo e de praticamente todos os jovens alemães? Não foram apenas a derrota, o sofrimento e a onda de nacionalismo que as conduziram ao sucesso. Tampouco, como muitos querem acreditar, foi seu êxito ocasionado por uma reação do capitalismo contra o avanço do socialismo. Ao contrário, o apoio a essas ideias veio precisamente do lado socialista. Não foi, por certo, a burguesia, mas antes a ausência de uma burguesia forte, que favoreceu sua escalada ao poder.

As doutrinas pelas quais, na geração anterior, as lideranças alemãs tinham-se pautado não se opunham aos elementos socialistas do marxismo, e, sim, aos elementos liberais que este continha – seu internacionalismo e sua democracia. Ao se evidenciar cada vez mais que esses elementos eram, justamente, os que constituíam um obstáculo à realização do socialismo, os socialistas da esquerda aproximaram-se cada vez mais dos da direita. Foi a união das forças anticapitalistas da esquerda e da direita, a fusão do socialismo radical e do socialismo conservador, que destruiu na Alemanha tudo quanto ali havia de liberal.

Foi estreita, desde o início, a relação entre o socialismo e o nacionalismo naquele país. É significativo que os mais ilustres precursores do nacional-socialismo – Johann Gottlieb Fichte (1762-1814), Johann Karl Rodbertus (1805-1875) e Ferdinand Lassalle (1825-1864) – sejam reconhecidos, ao mesmo tempo, como fundadores do socialismo. Enquanto o socialismo teórico, em sua forma marxista, dirigia o movimento trabalhista alemão, o elemento autoritário e nacionalista recuou durante algum tempo para um segundo plano. Isso não durou muito, contudo[92]. De 1914 em diante, das fileiras do socialismo marxista foram surgindo doutrinadores que arrebanharam para o nacional-socialismo, não os conservadores e os reacionários, mas os trabalhadores e a juventude idealista. Foi só a partir daí que a corrente nacional-socialista se projetou, transformando-se em pouco tempo na doutrina hitlerista. A histeria de guerra de 1914 que, por causa da derrota alemã, nunca se extinguiu completamente, é o ponto inicial dos desdobramentos mais recentes que produziram o nacional-socialismo, e foi, em grande parte, à colaboração dos socialistas da velha escola que se deveu sua ascensão durante esse período.

O primeiro, e sob certos aspectos o mais característico representante desse processo de mudança, é talvez o professor Werner Sombart, cuja famosa obra, *Händler und Helden* [*Comerciantes e Heróis*], foi publicada em 1915. Sombart, a princípio, era marxista e ainda em 1909 podia afirmar com orgulho que dedicara a maior parte de sua existência a lutar pelas ideias de Karl Marx. Empenhara-se ao máximo em difundir na Alemanha ideias socialistas e formas variadas de aversão ao capitalismo. E, se ali o pensamento se impregnou de elementos marxistas como em nenhum outro país antes da revolução russa, isso se deveu, em grande parte, a Sombart. Em certa época, ele foi considerado o maior representante da perseguida intelectualidade socialista, ficando impossibilitado de ocupar uma cátedra universitária por causa de suas opiniões radicais. E, mesmo depois da Primeira Guerra Mundial, a influência exercida dentro e fora da Alemanha por sua obra de historiador, que continuava a apresentar uma abordagem marxista apesar de ele ter abandonado o marxismo na política, foi das mais amplas e fez-se notar de modo especial nos escritos de muitos planejadores ingleses e norte-americanos.

Em seu livro sobre a guerra, esse velho socialista saudou a *"guerra alemã"*, que considerava o inevitável conflito entre a civilização comercial da Inglaterra e a cultura heroica da Alemanha. Não tem limites o seu desprezo pelas ideias *"mercantis"* do povo inglês, que havia perdido todo o instinto guerreiro. Nada é mais desprezível a seus olhos do que a busca generalizada da felicidade individual; e o que ele define como a máxima suprema da moral inglesa, *"sê justo para que vivas bem e possas prolongar os teus dias sobre a Terra"*, é, em

---

[92] E só se verificou em parte. Em 1892, um dos líderes do partido social-democrata, August Bebel (1840-1913), declarava a Otto von Bismarck (1815-1898): *"O chanceler imperial pode ficar certo de que a social-democracia alemã é uma espécie de escola preparatória para o militarismo"*.

sua opinião, *"a mais infame das máximas jamais formuladas por um espírito mercantil"*. Ressalta a *"concepção germânica do Estado"*, formulada por Fichte, Lassale e Rodbertus, segundo a qual o Estado não é fundado ou formado por indivíduos; tampouco constitui um agregado de indivíduos ou tem por finalidade servir a qualquer interesse individual. É um *Volksgemeinschaft*[93] em que os indivíduos não têm direitos, mas apenas deveres.

Para Sombart, as reivindicações individuais são sempre decorrência do espírito mercantil. *"As ideias de 1789"* – Liberdade, Igualdade, Fraternidade – são concepções características de sociedade baseadas no comércio, sem outra finalidade que a de garantir certas vantagens ao indivíduo. Segundo ele, todos os verdadeiros ideais alemães de uma vida heroica estavam, antes de 1914, ameaçados de desaparecer por causa do avanço contínuo do pensamento mercantil inglês, do conforto inglês, do esporte inglês. Não só o povo inglês se tornara inteiramente corrupto, e cada membro dos sindicatos acabara *"mergulhado no conforto"*, como também havia começado a contagiar os outros povos. Só a guerra viera lembrar aos alemães que eles eram, na realidade, um povo de guerreiros, um povo no seio do qual todas as atividades, e em particular as econômicas, estavam subordinadas a objetivos militares. Sombart sabia que os outros povos desprezavam os alemães porque, para estes, a guerra era sagrada – mas regozijava-se com isso.

Considerar a guerra algo desumano e insensato é um produto da mentalidade mercantil. Há uma vida superior à individual – a do povo e do Estado – e a finalidade do indivíduo é sacrificar-se por essa vida superior. A guerra é, para Sombart, a consumação da perspectiva heroica da vida, e a guerra contra a Inglaterra representa a luta contra o ideal oposto, o ideal mercantil da liberdade individual e do conforto inglês que, para ele, encontra sua expressão mais desprezível nos aparelhos de barbear encontrados nas trincheiras inglesas.

Se as críticas violentas de Sombart pareceram, na época, excessivas mesmo a muitos alemães, outro professor alemão veio a formular ideias mais ou menos idênticas, sob uma forma mais moderada e erudita, e por isso mesmo mais eficaz. O professor Johann Plenge (1874-1963) é tão grande autoridade em Karl Marx quanto Werner Sombart. Seu livro *Marx und Hegel* [*Marx e Hegel*] assinala o início do moderno renascimento hegeliano entre os pensadores marxistas, e não há dúvidas quanto ao caráter genuinamente socialista

---

[93] Literalmente, "comunidade do povo" (N. T.)

das convicções que lhe serviram de ponto de partida. Entre suas numerosas publicações durante a guerra, a mais importante é um livrinho muito discutido na época, e que tem o significativo título *1789 e 1914: Os Anos Simbólicos na História do Espírito Político1984*. É consagrado ao conflito entre as "Ideias de 1789", o ideal da liberdade, e as "Ideias de 1914", o ideal da organização.

A organização é, para ele, a essência do socialismo, assim como para todos os socialistas cuja doutrina deriva de uma aplicação ingênua dos ideais científicos aos problemas da sociedade. Constituiu, como ele acentua com razão, a raiz do movimento socialista quando esse nasceu na França, no início do século XIX. Marx e o marxismo traíram essa ideia básica do socialismo com sua adesão fanática e utópica à ideia abstrata de liberdade. Somente agora a ideia de organização estava voltando a assumir seu legítimo papel nos demais países, como o atesta a obra de H. G. Wells – cujo *Future in America* [*Futuro na América*] exerceu profunda influência sobre Plenge, que considera Wells uma das maiores figuras do socialismo moderno –, mas em especial na Alemanha, onde ela é melhor compreendida e está mais plenamente realizada. A guerra entre a Inglaterra e a Alemanha é, portanto, na realidade, um conflito entre dois princípios opostos. A *"guerra econômica mundial"* é a terceira grande fase da luta espiritual na história moderna. Tem a mesma importância que a reforma e a revolução burguesa liberal. É a luta pela vitória das novas forças nascidas do progresso da vida econômica do século XIX: o socialismo e a organização.

> Porque, na esfera das ideias, a Alemanha era o mais convicto expoente de todos os sonhos socialistas, e, na esfera da realidade, o poderoso arquiteto do sistema econômico mais altamente organizado. Em nós, vive o século XX. Seja qual for o fim da guerra, somos um povo exemplar. Nossas ideias determinarão os objetivos da vida humana. A História assiste, atualmente, a um colossal espetáculo: conosco, um novo e grande ideal de vida avança rumo à vitória, enquanto, ao mesmo tempo, na Inglaterra, um dos princípios históricos mundiais entra em colapso final.

A economia de guerra criada na Alemanha de 1914

> [...] é o primeiro passo na construção de uma sociedade socialista e seu espírito é a primeira manifestação ativa, e não apenas reivindicatória, de um espírito socialista. As necessidades da guerra firmaram a concepção socialista

na vida econômica alemã, e assim a defesa da nossa nação criou para a humanidade a Ideia de 1914, a Ideia da Organização Alemã, a comunidade do povo *(Volksgemeinschaft)* nacional-socialista. Sem que nos apercebêssemos disso, toda a nossa vida política, no Estado e na economia, alçou-se a um plano superior. O Estado e a vida econômica constituem uma nova unidade. O senso de responsabilidade econômica que caracteriza o trabalho do servidor público impregna toda a atividade privada. A nova constituição corporativa da vida econômica alemã, que o professor Plenge admite não estar ainda madura nem completa, é a mais alta forma de vida do Estado que já se conheceu na Terra.

No início, o professor Plenge ainda esperava conciliar os ideais de liberdade e de organização, embora, em grande parte, mediante a submissão completa, porém voluntária, do indivíduo ao todo. Mas esses vestígios de ideias liberais logo desaparecem de suas obras. Por volta de 1918, consumara-se em sua mente a união entre o socialismo e a inexorável política de poder. Pouco antes do fim da guerra, dirigia ele essa exortação a seus compatriotas no periódico socialista *Die Glocke*:

> Já é tempo de reconhecermos que o socialismo deve ser uma política de poder, porque se resume em organização. O socialismo deve conquistar o poder, nunca destruí-lo às cegas. E a questão mais importante e crítica para o socialismo em tempo de guerra entre nações não pode deixar de ser esta: qual desses povos é preeminentemente chamado ao poder por ser o líder exemplar na organização dos povos?

E prenunciava todas as ideias que acabariam por justificar a nova ordem de Adolf Hitler:

> Do ponto de vista do socialismo, que consiste em organização, por acaso o direito absoluto de autodeterminação dos povos não equivale ao direito de anarquia econômica individualista? Estaremos dispostos a conceder inteira autodeterminação ao indivíduo na vida econômica? O socialismo coerente só pode conceder ao povo o direito de incorporação de acordo com a distribuição real de forças historicamente determinadas.

Os ideais expressos por Plenge com tanta clareza gozavam de especial aceitação em certos círculos de cientistas e engenheiros alemães, nos quais talvez se tenham originado. Como o exigem agora com tanta veemência seus colegas ingleses e norte-americanos, clamavam pela organização central planejada de todos os aspectos da vida. Entre aqueles cientistas, destacava-se o famoso químico Wilhelm Ostwald (1853-1932), que conquistou certa notoriedade por seus pronunciamentos sobre a questão. Ostwald teria declarado publicamente:

> A Alemanha quer organizar a Europa, que até hoje carece de organização. Vou explicar-lhes agora o grande segredo da Alemanha: nós, ou talvez a raça alemã, descobrimos a importância da organização. Enquanto os outros povos ainda vivem sob o regime do individualismo, nós já alcançamos o regime da organização.

Ideias muito semelhantes a essas eram correntes nos escritórios do ditador alemão das matérias-primas, Walter Rathenau (1867-1922), que teria ficado horrorizado se percebesse as consequências de suas concepções econômicas totalitárias, mas que, no entanto, merece lugar de destaque numa história mais completa da evolução do pensamento nazista. Com suas obras, Rathenau provavelmente moldou, mais que qualquer outro, as ideias econômicas da geração que cresceu na Alemanha durante a Primeira Guerra Mundial e nos anos subsequentes. Alguns dos seus colaboradores mais íntimos formariam mais tarde a espinha dorsal da administração do plano quinquenal de Goering. Muito semelhantes eram também os ensinamentos de um outro ex-marxista, Friedrich Naumann (1860-1919), cuja obra *Mitteleuropa* [*Europa Central*], de 1915, foi talvez o livro da época da guerra que maior circulação alcançou na Alemanha[94]. Caberia, porém, a um ativo político socialista, pertencente à ala esquerda do partido social-democrata no Reichstag, desenvolver essas ideias da maneira mais completa e dar-lhes ampla divulgação. Paul Lensch (1873-1926), em livros anteriores, já descrevera a guerra como "a fuga da burguesia inglesa ante o avanço do socialismo", ressaltando quão diferentes eram o ideal socialista de liberdade e a concepção inglesa. Mas somente em seu terceiro livro sobre a guerra, *Three Years of World Revolution* [*Três Anos de*

---

[94] Um bom sumário das ideias de Friedrich Naumann, tão características da fusão alemã de socialismo e imperialismo quanto às demais que citamos no texto, encontra-se em: BUTLER, Rohan D'O. *The Roots of National Socialism*. London: Faber & Faber, 1941. p. 203-09.

Revolução Mundial] – de todos, o de maior sucesso –, suas ideias características, sob a influência de Plenge, alcançariam pleno desenvolvimento[95]. Lensch baseia-se num relato histórico interessante, e sob muitos aspectos exato, de como o sistema protecionista adotado por Bismarck tornara possível na Alemanha uma evolução no sentido da concentração industrial e da cartelização que, segundo sua ótica marxista, representava um estágio superior do desenvolvimento industrial.

Como consequência da decisão de Bismarck em 1879, a Alemanha assumiu um papel revolucionário, isto é, o papel de um Estado que ocupava, em relação ao resto do mundo, a posição de representante de um sistema econômico superior e mais avançado. Tendo compreendido isso, deveríamos perceber que, na presente revolução mundial, a Alemanha representa o lado revolucionário; e sua grande antagonista, a Inglaterra, o lado contrarrevolucionário. Isso prova quão pouco importa a constituição de um país, seja ela liberal e republicana, seja monárquica e autocrática, para que esse país seja considerado liberal ou não, do ponto de vista do desenvolvimento histórico. Ou, em termos mais claros, nossa concepção de liberalismo, democracia etc., deriva da filosofia do individualismo inglês, segundo a qual um Estado com um governo fraco seria um Estado liberal, e toda restrição à liberdade do indivíduo é encarada como um produto da autocracia e do militarismo.

Na Alemanha, *"designada pela história"* para representar essa forma superior de vida econômica, a luta pelo socialismo foi sobremodo simplificada, pois nesse país todos os requisitos do socialismo já se achavam estabelecidos. Portanto, era necessariamente de vital interesse para qualquer partido socialista que a Alemanha triunfasse sobre seus inimigos, para poder cumprir sua missão histórica de revolucionar o mundo. É por isso que a guerra da Entente contra a Alemanha se assemelhava a uma tentativa da pequena burguesia da época pré-capitalista de impedir sua própria decadência. A organização do capital, continua Lensch, iniciada inconscientemente antes da guerra, e prosseguindo de modo consciente no decorrer desta, continuará a desenvolver-se de forma sistemática depois da guerra – isso, não pelo desejo de desenvolver a técnica de organização, e tampouco porque o socialismo tenha sido reconhecido como um princípio superior de desenvolvimento econômico. As classes que constituem hoje, na prática, as pioneiras do socialismo, são, na teoria, suas inimigas

---

95 LENSCH, Paul. *Three Years of World Revolution*. Pref. J. E. M. London: Constable and Co., 1918. A tradução inglesa desta obra foi publicada, ainda durante a última guerra, por algum espírito previdente.

confessas, ou, em todo caso, o eram até há bem pouco. O socialismo está próximo e, de certo modo, já chegou, visto que não podemos mais viver sem ele.

Os únicos que ainda se opõem a essas tendências são os liberais.

> Essa classe de indivíduos, que inconscientemente raciocina segundo padrões ingleses, abrange toda a burguesia alemã de formação acadêmica. Seus conceitos políticos de "liberdade" e "direitos civis", de constitucionalismo e parlamentarismo, derivam da concepção individualista do mundo, de que o liberalismo inglês é uma encarnação clássica, e que foi adotada pelos representantes da burguesia alemã no período que vai de 1850 a 1880. Mas esses padrões são antiquados e decadentes, exatamente como o antiquado liberalismo inglês, destruído por essa guerra. O que cumpre fazer agora é eliminar essas ideias políticas que herdamos e contribuir para o desenvolvimento de uma nova concepção do Estado e da sociedade. Também nessa esfera, o socialismo deve fazer uma oposição consciente e resoluta ao individualismo. A esse respeito, é surpreendente que, na chamada Alemanha "reacionária", as classes trabalhadoras tenham conseguido conquistar uma posição muito mais sólida e poderosa na vida do Estado do que na Inglaterra ou na França.

Lensch prossegue com uma consideração bastante correta e digna de ponderação:

> Os social-democratas, com o auxílio desse sufrágio [universal], ocuparam todos os postos que podiam obter no Reichstag, no parlamento, nos conselhos municipais, na Justiça do Trabalho, nos institutos de previdência social, e assim por diante. Desse modo, penetraram fundo no organismo do Estado. Mas o preço disso foi que o Estado, por sua vez, passou a exercer grande influência sobre as classes trabalhadoras. Sem dúvida, como resultado do árduo esforço desenvolvido pelos socialistas durante cinquenta anos, o Estado já não é o mesmo de 1867, quando foi implantado o sufrágio universal; mas, por sua vez, a social-democracia já não é a mesma daquela época. O Estado passou por um processo de socialização e a social-democracia sofreu um processo de estatização.

Johann Plenge e Paul Lensch forneceram as ideias que nortearam os doutrinadores imediatos do nacional-socialismo, em especial Oswald Spengler (1880-1936) e Arthur Moeller van den Bruck (1876-1925), para

Capítulo XII | AS RAÍZES SOCIALISTAS DO NAZISMO

mencionarmos apenas os dois nomes mais conhecidos[96]. Até que ponto o primeiro pode ser considerado um socialista? As opiniões podem divergir, mas se torna agora evidente que, em seu opúsculo *Preussentum und Sozialismus* [*Prussianismo e Socialismo*], publicado em 1920, ele apenas expressou ideias amplamente defendidas pelos socialistas alemães. Alguns argumentos por ele utilizados bastarão para comprová-lo: *"O velho espírito prussiano e a convicção socialista, que hoje se odeiam com um ódio de irmãos, equivalem à mesma coisa"*. Os representantes da civilização ocidental na Alemanha, os liberais alemães, são *"o exército inglês invisível que, após a batalha de Iena, Napoleão Bonaparte (1769-1821) deixou atrás de si em solo alemão"*. Para Oswald Spengler, homens como Georg von Hardenberg (1772-1801)[97], Wilhelm von Humboldt (1767-1835) e todos os demais reformadores liberais eram "ingleses". Mas esse espírito "inglês" será eliminado pela revolução alemã iniciada em 1914.

> As três últimas nações do Ocidente aspiraram a três formas de existência, representadas pelas famosas divisas: liberdade, igualdade, comunidade. Elas aparecem nas formas políticas do parlamentarismo liberal, da democracia social e do socialismo autoritário[98] [...]. Segundo o instinto alemão, ou, mais corretamente, prussiano, o poder pertence ao todo [...]. A cada um é atribuída uma posição: ou se comanda, ou se obedece. Esse é, desde o século XVIII, o socialismo autoritário, essencialmente antiliberal e antidemocrático, pelos padrões do liberalismo inglês e da democracia francesa. Há na Alemanha muitos contrastes detestados e malvistos, mas só o liberalismo é desprezível no território alemão.
>
> A estrutura da nação inglesa baseia-se na distinção entre ricos e pobres; a da nação prussiana, na distinção entre comando e obediência. O significado da distinção de classes é, pois, fundamentalmente diverso nos dois países.

---

96 O mesmo se aplica a muitos outros líderes intelectuais da geração que produziu o nazismo, como Othmar Spann (1878-1950), Hans Freyer (1887-1969), Carl Schmitt (1888-1985) e Ernst Jünger (1895-1998). Com respeito a estes, consulte-se o interessante estudo de Aurel Kolnai (1900-1973), *The War Against the West* [*A Guerra contra o Ocidente*], de 1938, o qual, todavia, limita-se ao período de pós-guerra, quando esses ideais já tinham sido adotados pelos nacionalistas, apresentando o defeito de não mencionar os socialistas que os haviam criado.
97 Nome de batismo do engenheiro, filósofo e poeta romântico mais conhecido pelo pseudônimo e Novalis. (N. E.)
98 Essa fórmula spengleriana encontra eco numa afirmação muito citada de Carl Schmitt, o maior especialista do nazismo em Direito Constitucional, de acordo com o qual a evolução do governo desenvolve-se em *"três fases dialéticas: do Estado absoluto dos séculos XVII e XVIII, passando pelo Estado neutro do século XIX liberal, ao Estado totalitário, em que Estado e sociedade se identificam"* (SCHMITT, Carl. *Der Hüter der Verfassung*. Tübingen: Mohr, 1931. p. 79).

Após apontar a diferença essencial entre o sistema competitivo inglês e o sistema prussiano de "administração econômica", e tendo mostrado (numa repetição propositada dos conceitos de Lensch) que depois de Bismarck a organização deliberada da atividade econômica assumira progressivamente formas cada vez mais socialistas, Spengler prossegue:

> Na Prússia existia um verdadeiro Estado, na mais ambiciosa acepção da palavra. Rigorosamente falando, lá não podia haver indivíduos. Todos os que viviam dentro do sistema, que funcionava com uma precisão de mecanismo de relógio, eram, de certo modo, peças desse sistema. A direção dos negócios públicos não podia, portanto, achar-se nas mãos de particulares, como pressupõe o parlamentarismo. Era um *Amt*[99], e o político responsável por ela era um servidor público, um servidor do todo.

A "ideia prussiana" exige que cada um se torne um funcionário do Estado e que todos os salários e remunerações sejam fixados por este. Em especial, a administração de toda propriedade se converte numa função assalariada. O Estado do futuro será um *Beamtenstaat*. No entanto,

> [...] a questão decisiva, não só para a Alemanha, como para o mundo inteiro e que a Alemanha deve resolver para o mundo, é a seguinte: deverá a economia no futuro dirigir o Estado, ou o Estado dirigir a economia? Em face dessa questão, prussianismo e socialismo identificam-se. Prussianismo e socialismo combatem a Inglaterra entre nós.

Não tardaria muito, e o expoente máximo do nacional-socialismo, Moeller van den Bruck, proclamaria a Primeira Guerra Mundial – uma guerra entre o liberalismo e o socialismo: *"Nós perdemos a guerra contra o Ocidente. O socialismo perdeu-a para o liberalismo"*[100]. Como para Spengler, o liberalismo é, pois, o arqui-inimigo. Moeller van den Bruck vangloria-se de que

---

[99] Literalmente, "seção, departamento". (N. T.)
[100] BRUCK, Arthur Moeller van den. *Sozialismus und Aussenpolitik*. Breslau: W. G. Korn, 1933. p. 87, 90, 100. Os artigos reproduzidos neste livro, em particular o que trata de Vladmir Lenin e John Maynard Keynes (1883-1946), discutindo de modo mais exaustivo a questão de que tratamos, foram publicados pela primeira vez entre 1919 e 1923.

[...] não há hoje liberais na Alemanha: há jovens revolucionários e jovens conservadores. Mas quem desejaria ser liberal?
[...]
O liberalismo é uma filosofia de vida à qual a juventude alemã volta hoje as costas com nojo, cólera e um desprezo especial, pois não há nada mais exótico, mais repugnante e mais contrário à sua filosofia. A juventude alemã dos nossos dias reconhece no liberalismo o arqui-inimigo.

O terceiro *Reich* de Moeller van den Bruck propunha-se dar aos alemães um socialismo adaptado à sua índole e não maculado pelas ideias liberais do Ocidente. E assim o fez. Esses escritores não constituíam em absoluto um fenômeno isolado. Já em 1922, um observador imparcial falava de um "fenômeno peculiar e, à primeira vista, surpreendente" que então se verificava na Alemanha.

De acordo com essa opinião, a luta contra a ordem capitalista é uma continuação da guerra contra a Entente, com as armas do espírito e da organização econômica; é o caminho que conduz ao socialismo na prática, a volta do povo alemão às suas melhores e mais nobres tradições[101].

A luta contra todas as formas desse liberalismo que derrotara a Alemanha foi a ideia comum que uniu, em uma frente única, socialistas e conservadores. A princípio, foi no Movimento da Juventude Alemã, sobretudo, quase inteiramente socialista em sua inspiração e perspectiva, que essas ideias foram mais prontamente aceitas e que se completou a fusão do socialismo com o nacionalismo. No fim da década de 1920, e até a ascensão de Adolf Hitler ao poder, formou-se em torno da revista *Die Tat*, dirigida por Ferdinand Fried (1898-1967), um grupo de jovens que se tornou o expoente dessa tradição na esfera intelectual. A obra *Ende des Kapitalismus* [*O Fim do Capitalismo*], de Fried, é talvez o produto mais característico desse grupo de *Edlennazis*[102], como eram conhecidos na Alemanha, e tem um aspecto sobremodo inquietante devido à sua semelhança com grande parte da literatura que vemos na

---

101 PRIBAM, Karl. "Deutscher Nationalismus und Deutscher Sozialismus". *Archiv für Sozialwissenschaft und Sozialpolitik*, Vol. 49 (1922), p. 298-99. O autor menciona, como outros exemplos, o filósofo Max Scheler (1874-1928), o qual pregava *"a missão socialista da Alemanha no mundo"*, e o marxista Karl Korsch (1886-1961), que escreve dentro do espírito da nova *Volksgemeinschaft*. Ambos, segundo ele, seguem a mesma linha de argumentação.
102 Literalmente, "elite nazista". (N. T.)

Inglaterra de hoje, onde se pode observar a mesma aproximação entre socialistas de esquerda e de direita, e quase o mesmo desprezo por tudo quanto é liberal na acepção clássica. "Socialismo conservador" (e, em outros círculos, "socialismo religioso") foi o *slogan* sob o qual muitos escritores prepararam o clima que iria propiciar o sucesso do nacional-socialismo. E o "socialismo conservador" é, hoje, a orientação dominante entre nós. A guerra contra as potências do Ocidente – "com as armas do espírito e da organização econômica" – já não estaria quase vencida, antes de a verdadeira guerra começar?

CAPÍTULO XIII

- CAPÍTULO XIII -

Os Totalitários em Nosso Meio

> *"Quando a autoridade se apresenta disfarçada em organização, aumenta de tal modo o seu fascínio que pode levar nações livres a converter-se em Estados totalitários".*
> – The Times

É provável que a própria enormidade das violências cometidas pelos governos totalitários, em vez de aumentar o receio de que tal sistema possa surgir um dia na Inglaterra, tenha fortalecido a certeza de que "isso não pode acontecer aqui". Quando consideramos a Alemanha nazista, afigura-se tão imenso o abismo que dela nos separa, que nada do que lá sucede parece ter relação com o curso dos acontecimentos em nosso país. E o fato de essa diferença se ter acentuado cada vez mais parece afastar qualquer suspeita de que podemos estar caminhando no mesmo sentido. Não esqueçamos, porém, que quinze anos atrás a possibilidade de tal coisa vir a acontecer na Alemanha não pareceria menos fantástica, não só para 90% do próprio povo alemão, mas também para a maioria dos observadores estrangeiros hostis (por mais sagazes que agora pretendam ter sido).

Todavia, como sugerimos anteriormente, não é com a Alemanha de hoje, mas com a Alemanha de há vinte ou trinta anos que nossas condições atuais denotam uma semelhança crescente. Muitos aspectos, então considerados "tipicamente alemães", hoje são familiares na Inglaterra, e muitos sintomas fazem prever outros avanços na mesma direção. Já mencionamos o mais significativo deles: a crescente analogia entre os pontos de vista da direita e da esquerda no campo da economia, e sua comum oposição ao liberalismo que constituía a base de quase toda a política inglesa. Apoiados na autoridade de Harold Nicolson (1886-1968), podemos afirmar que, durante o último góverno conservador, entre os líderes do partido no parlamento, *"os mais bem dotados* [...] *eram todos simpatizantes do socialismo"*[103]; e não se pode negar que, como no tempo dos fabianos, muitos socialistas mostram mais simpatia pelos conservadores do que pelos liberais.

E há muitos outros aspectos intimamente relacionados a esse. A crescente veneração ao Estado, a admiração pelo poder e pela grandeza em si mesma, o entusiasmo pela "organização" em todos os campos (que agora chamamos "planejamento") e a *"incapacidade de deixar qualquer coisa entregue às leis do seu crescimento orgânico"*, que mesmo Heinrich von Treitschke (1834-1896) deplorava na Alemanha há sessenta anos, são quase tão acentuados na Inglaterra de hoje como o eram na época naquele país.

Nos últimos vinte anos, a Inglaterra tem percorrido a trilha aberta pela Alemanha, e isso se torna extraordinariamente claro em alguns dos estudos mais profundos sobre as diferenças entre as ideias inglesas e alemães relativas a questões políticas e morais que foram publicados na Inglaterra durante a Primeira Guerra Mundial. Talvez possamos afirmar que, então, o público britânico tinha, em geral, uma percepção mais aguçada dessas diferenças do que se tem agora; mas, enquanto o público inglês naquela época se orgulhava das próprias tradições, hoje mostra-se um pouco envergonhado de quase todas as ideias políticas que eram consideradas tipicamente suas – quando não as repudia de maneira categórica. Não é exagero dizer que os autores de obras sobre problemas políticos ou sociais que pareciam então mais tipicamente ingleses são os mais esquecidos hoje em dia em seu próprio país.

---

[103] NICOLSON, Harold. "Marginal Comment". *The Spectator*. April 12, 1940, p. 523.

Pensadores como *Lord* John Morley (1838-1923) ou Henry Sidgwick (1838-1900), *Lord* Acton ou A. V. Dicey (1835-1922), então universalmente admirados como exemplos marcantes da sabedoria política da Inglaterra liberal, para a geração atual não passam, em grande parte, de vitorianos antiquados. Talvez nada revele com maior nitidez essa transformação do que a constante simpatia com que a literatura inglesa contemporânea se refere a Otto von Bismarck, enquanto o nome de William Ewart Gladstone (1909-1898) é raramente mencionado pela atual geração sem um sorriso de escárnio para com sua moralidade vitoriana e sua ingênua utopia.

Gostaria de transmitir de modo adequado, em poucos parágrafos, a alarmante impressão colhida da leitura de algumas obras inglesas sobre as concepções que dominavam a Alemanha da última guerra, nas quais quase tudo o que se diz poderia ser aplicado às ideias mais presentes na literatura inglesa atual. Limitar-me-ei a citar uma breve passagem de *Lord* Keynes (1883-1946), descrevendo em 1915 o "pesadelo" que constituía para ele o exposto numa obra alemã daquele período. Conta *Lord* Keynes que, segundo o autor alemão,

> [...] mesmo em tempo de paz a atividade industrial deve continuar mobilizada para a guerra. É isso o que ele entende quando fala em "militarização da nossa atividade industrial". O individualismo deve terminar em definitivo. É preciso criar um sistema de controles cujo objetivo não seja a maior felicidade do indivíduo (o professor Jaffé não se envergonha de dizê-lo *ipsis verbis*), mas o fortalecimento da unidade estatal organizada a fim de alcançar o grau máximo de eficiência (*Leistungsfähigkeit*), cuja influência traria vantagens individuais apenas de forma indireta. Essa horrenda doutrina é envolta numa espécie de idealismo. A nação se converterá numa "unidade fechada", tornando-se, na verdade, aquilo que ela deveria ser segundo Platão: *"Der Mensch im Grossen"*[104]. Em particular, a futura paz trará consigo o fortalecimento da ideia de ação estatal na indústria. Os investimentos estrangeiros, a emigração, a política industrial que até há bem pouco considerava o mundo inteiro um mercado, são por demais perigosos. A velha ordem econômica, hoje agonizante, baseia-se no lucro; na nova Alemanha do século XX, o poder, sem

---

104 Literalmente, "o homem, o povo em sua totalidade". (N. T.)

levar em conta o lucro, deverá pôr fim a esse sistema capitalista, que nos veio da Inglaterra há cem anos"[105].

Ainda que nenhum escritor inglês tenha ousado até agora, que eu saiba, menosprezar abertamente a felicidade individual, haverá nessa citação alguma passagem que não encontre equivalente em boa parte da literatura inglesa contemporânea?

E, sem dúvida, não são apenas as ideias que na Alemanha e em outros países prepararam o caminho do totalitarismo, mas muitos princípios do próprio totalitarismo, que exercem um crescente fascínio em tantas partes do mundo. Embora, na Inglaterra, ninguém, ou muito poucos estivessem dispostos a aceitar o totalitarismo *in totum*, raros são os aspectos desse sistema que ainda não tenhamos sido aconselhados a imitar por este ou aquele autor. É difícil, com efeito, encontrar uma página do livro de Adolf Hitler na qual não figure algo que nos tenha sido recomendado neste país para a consecução de nossos próprios fins. Isso se aplica, em particular, a muitos que são inimigos mortais de Hitler por causa de um aspecto particular de seu sistema. Nunca deveríamos esquecer que o antissemitismo de Hitler expulsou de seu país, ou converteu em inimigos, muitos homens que, sob todos os aspectos, são totalitários convictos do tipo alemão[106].

Nenhuma descrição em termos gerais poderá dar uma ideia correta da semelhança existente entre grande parte da atual literatura política inglesa e obras que destruíram na Alemanha a crença na civilização ocidental, criando a mentalidade que favoreceu o êxito do nazismo. Semelhança muito mais em termos da atitude com que são abordados os problemas, do que dos argumentos específicos usados – a mesma disposição a romper todos os laços culturais com o passado e arriscar tudo no êxito de determinada experiência. Como sucedeu também na Alemanha, a maioria das obras que

---

105 KEYNES, John Maynard. "The Economics of War in Germany". *Economic Journal*. Vol. 25, No. 99 (1 September 1915), p. 450.
106 Em especial quando consideramos quantos ex-socialistas se tornaram nazistas, é importante ter em mente que o verdadeiro significado dessa proporção só poderá ser avaliado se a compararmos, não ao número total de ex-socialistas, mas ao número daqueles cuja conversão não seria em caso algum impedida por sua ascendência racial. Com efeito, um dos aspectos surpreendentes da emigração política da Alemanha é o número relativamente pequeno dos refugiados de esquerda que não são "judeus" no sentido alemão do termo. Quantas vezes não ouvimos a apologia do sistema alemão precedida de alguma declaração como aquela que introduzia, numa conferência recente, a enumeração dos "aspectos da técnica totalitária de mobilização econômica dignos de ponderação": *"Herr* Hitler não é o meu ideal, longe disso. Há poderosas razões pessoais para que *herr* Hitler não seja o meu ideal, mas...".

estão preparando o caminho para a adoção de processos totalitários neste país é produto de idealistas sinceros e, muitas vezes, de homens de considerável força intelectual. Conquanto seja injusto destacar certos indivíduos como exemplo quando opiniões semelhantes são defendidas por centenas de outros, não vejo modo diverso de demonstrar até que ponto esse processo já avançou neste país.

Escolherei deliberadamente autores cujas sinceridade e imparcialidade estão acima de qualquer suspeita. Mas, embora espere mostrar dessa forma com que rapidez se estão espalhando aqui as ideias que engendram o totalitarismo, é pouco provável que consiga exprimir a semelhança, não menos importante, que existe na atmosfera emocional. Seria necessária uma extensa pesquisa de todas as mudanças sutis de pensamento e linguagem para explicitar o que facilmente reconhecemos como sintomas de um curso de acontecimentos bastante conhecido. Tratando com as pessoas que falam sobre a necessidade de contrapor "grandes" ideias a "pequenas" ideias e de substituir o velho pensamento "estático" ou "parcial" por um pensamento novo, "dinâmico" e "global", começamos a compreender que aquilo que a princípio se afigura um absurdo puro e simples é um sinal da mesma atitude intelectual cujas manifestações são as únicas que nos interessam no presente trabalho.

Os primeiros exemplos que escolhi são duas obras de um estudioso de grande talento que vêm atraindo muita atenção nos últimos anos. Na literatura inglesa contemporânea, são talvez poucos os casos em que a influência das ideias especificamente alemãs de que estamos tratando é tão marcante quanto nos livros do professor E. H. Carr (1892-1982), intitulados *Twenty Years' Crisis* [*Vinte Anos de Crise*], de 1939, e *Conditions of Peace* [*Condições de Paz*], de 1942.

No primeiro desses dois livros, o professor Carr confessava-se francamente um adepto *"'da escola histórica' de realistas* [que] *teve seu berço na Alemanha e* [cuja] *evolução foi determinada pelos grandes nomes de Hegel e Marx"*. Um realista, explica ele, é um homem *"cuja moral varia em função da política"* e que *"logicamente não pode aceitar nenhum padrão de valor que não os dos fatos"*. Esse "realismo" é contraposto, em estilo bem alemão, ao pensamento "utópico" do século XVIII, *"em essência individualista por fazer da consciência humana o supremo tribunal de apelação"*. Mas a velha moral com seus *"princípios gerais abstratos"* deve desaparecer, porque *"o empirista trata o caso concreto de acordo com os seus méritos particulares"*.

Em outras palavras, a única coisa que importa é a conveniência do momento. E assevera-se até que *"a regra* pacta sunt servanda *não é um princípio de moral"*. O professor Carr não parece preocupar-se com o fato de que, sem princípios abstratos gerais, o mérito torna-se simples questão de opinião arbitrária, e os tratados internacionais, quando não obrigam moralmente, não têm sentido algum.

Na verdade, a crer no professor Carr (embora ele não o afirme de modo explícito), dir-se-ia que a Inglaterra lutou do lado errado na Primeira Guerra Mundial. Relendo hoje a exposição dos objetivos ingleses de guerra de vinte e cinco anos atrás e comparando-a às opiniões atuais do professor Carr, compreende-se de pronto que o que então se acreditava serem as ideias alemãs são agora as desse autor. Ele argumentaria, provavelmente, que as opiniões diferentes então sustentadas neste país eram simples produtos da hipocrisia britânica. Para ele, existe pouca diferença entre os ideais defendidos na Inglaterra e os que vigoram na Alemanha da atualidade, conforme se pode comprovar em sua afirmação de que

> [...] quando um nacional-socialista preeminente assevera que "tudo quanto beneficia o povo alemão é justo e tudo quanto o prejudica é injusto", está apenas propondo a mesma identificação do interesse nacional com a justiça universal já estabelecida nos países de língua inglesa por Woodrow Wilson (1856-1924) [o presidente norte-americano], pelo professor Arnold Toynbee (1889-1975), por *Lord* Robert Cecil (1864-1958) e muitos outros.

Como os livros do professor Carr são dedicados a problemas internacionais, é sobretudo nesse campo que se evidencia sua tendência característica. Mas, pelo que se pode perceber sobre a natureza da sociedade futura por ele visada, tudo indica também que ela seguiria o modelo totalitário. Às vezes, chegamos a nos perguntar se essa semelhança será acidental ou intencional. O professor Carr afirma, por exemplo, que *"já não tem muito sentido, para nós, a distinção comum ao pensamento do século XIX entre 'sociedade' e 'Estado'"*. Perceberá ele que essa é precisamente a doutrina do professor Carl Schmitt (1888-1985), o maior teórico nazista do totalitarismo, constituindo mesmo a essência da definição que esse autor deu ao termo totalitarismo, por ele próprio introduzido? E ao acrescentar que "a produção em massa da opinião pública é o corolário da produção em massa de mercadorias" e que, por conseguinte, "o preconceito que a palavra propaganda desperta ainda em muitos espíritos guarda estreito paralelismo com o preconceito contra o controle da indústria e do comércio", saberá ele que essa ideia é, na realidade, um pretexto para o controle da opinião, como é praticado pelos nazistas?

No livro mais recente, *Conditions of Peace*, o professor Carr responde com uma afirmativa enfática à pergunta que encerrou nosso último capítulo:

> Os vencedores perderam a paz, que foi ganha pela Rússia soviética e pela Alemanha, porque continuaram a pregar, e em parte a praticar, os ideais dos direitos das nações e do capitalismo tipo *laissez-faire* – ideais outrora válidos, mas hoje desagregadores. As últimas, porém, deixando-se levar consciente ou inconscientemente pela maré do século XX, esforçavam-se para construir o mundo em unidades maiores, sob um planejamento e um controle centralizados.

O professor Carr adota completamente o grito de batalha alemão da revolução socialista do leste contra o oeste liberal, liderada pela Alemanha:

> [...] a revolução que começou na última guerra e que tem sido a força propulsora dos movimentos políticos mais importantes desses últimos vinte anos [...] uma revolução contra as ideias que predominaram no século XIX: a democracia liberal, a autodeterminação dos povos e o princípio do *laissez-faire* na economia.

Como ele mesmo diz com razão, *"era quase inevitável que esse desafio às ideologias do século XIX, que a Alemanha nunca defendera de fato, nela encontrasse um de seus mais fortes protagonistas"*. Com a mesma fé fatalista de todos os pseudo-historiadores desde Hegel e Marx, esse processo é apresentado como inevitável: *"Sabemos em que direção caminha o mundo e temos de caminhar com ele ou perecer"*.

A convicção de que essa tendência é inevitável baseia-se, de modo característico, em conhecidos erros do pensamento econômico – a suposta necessidade de um surto geral de monopólios em consequência dos progressos tecnológicos, a alegada "abundância em potencial" e todos os demais *slogans* populares que aparecem em obras dessa espécie. O professor Carr não é um economista, e seus argumentos econômicos, em geral, não resistem a um exame profundo. Mas nem isso, nem a convicção, defendida por ele ao mesmo tempo, de que a importância do fator econômico na vida social está diminuindo rapidamente, o impedem de basear em argumentos econômicos todas as suas profecias sobre um processo inevitável, ou de apresentar como sua principal reivindicação para o futuro *"a reinterpretação, em termos predominantemente econômicos, dos ideais democráticos de 'igualdade' e 'liberdade'"*.

O desprezo do professor Carr por todas as ideias dos economistas liberais (que ele insiste em chamar ideias do século XIX, embora saiba que a Alemanha "nunca as defendera realmente" e já no século XIX praticava a maior parte dos princípios que ele hoje sustenta) é tão profundo quanto o de qualquer autor alemão citado no capítulo anterior. Apropria-se mesmo da tese alemã, lançada por Friedrich List de que o livre comércio era uma política ditada pelos interesses dos empresários ingleses no século XIX e adequada apenas a esses interesses. Agora, contudo, *"a criação artificial de um certo grau de autarquia é uma condição necessária à existência social organizada"*. *"A volta a um intercâmbio mundial mais disperso e mais generalizado [...] mediante a 'remoção das barreiras ao comércio' ou a readoção dos princípios do* laissez-faire *do século XIX" é "inconcebível"*. O futuro pertence à *Grossraumwirtschaft*[107] do tipo alemão: *"O resultado que desejamos só pode ser conseguido por uma reorganização deliberada da vida europeia, tal como aquela empreendida por Hitler"*.

Depois de tudo isso, não nos surpreendemos de encontrar uma seção intitulada "As funções morais da guerra", em que o professor Carr, condescendente, lastima "as pessoas bem-intencionadas (especialmente nos países de língua inglesa) que, embebidas na tradição do século XIX, persistem em considerar a guerra insensata e sem propósito", e rejubila-se com o "sentimento de que a vida tem significado e propósito" criado pela guerra, *"o mais poderoso instrumento de solidariedade social"*. Tudo isso nos é muito familiar – mas não esperávamos encontrar tais ideias em obras de autores ingleses.

É possível que ainda não tenhamos dedicado atenção suficiente a um dos aspectos da evolução intelectual na Alemanha durante os últimos cem anos, o qual está agora surgindo neste país de forma quase idêntica: o movimento dos cientistas em prol de uma organização "científica" da sociedade. O ideal de uma sociedade totalmente organizada de cima para baixo foi muito estimulado na Alemanha pela influência sem par que os especialistas daquele país nos campos da tecnologia e das ciências puderam exercer sobre a formação das opiniões políticas e sociais. Poucos se recordam de que, na história moderna da Alemanha, os professores engajados na política desempenharam

---

[107] Literalmente, "economia dos grandes espaços". (N. T.)

um papel comparável ao dos juristas políticos na França[108]. A influência desses cientistas voltados para a política nem sempre atuou, nos últimos anos, no sentido da liberdade; a "intolerância fundada no racionalismo", que tantas vezes se faz notar no cientista, a impaciência ante o comportamento do homem comum, tão característica dos especialistas, e o desprezo por tudo o que não tenha sido organizado de modo consciente por espíritos superiores segundo um plano científico, foram atitudes comuns na vida pública da Alemanha durante gerações, antes de se tornarem significativas na Inglaterra. E talvez nenhum outro país ilustre melhor que a Alemanha entre 1840 e 1940 as consequências que a passagem integral do sistema educativo das "humanidades" para o das "realidades" tem sobre um povo[109].

A maneira pela qual, com poucas exceções, seus estudiosos e cientistas acabaram por se colocar prontamente a serviço dos novos governantes é um dos espetáculos mais deprimentes e vergonhosos em toda a história da ascensão do nacional-socialismo[110]. Apesar de cientistas e engenheiros, em alto e bom som, terem-se proclamado líderes da marcha para um mundo novo e melhor, sua classe foi uma das primeiras a prontamente submeter-se à nova tirania[111].

O papel que os intelectuais desempenharam na transformação totalitária da sociedade já fora previsto por Julien Benda (1867-1956), cuja obra

---

[108] Creio ter sido Thomas Hobbes (1588-1679), o autor de *Leviatã*, o primeiro a propor que o ensino dos clássicos fosse suprimido, pois insuflava um perigoso espírito de liberdade.
[109] Ver: SCHNABEL, Franz. *Deutsche Geschichte im neunzehnten Jahrhundert*. Freiburg im Breisgau: Herder, 1933. Vol. II, p. 204.
[110] O servilismo dos cientistas para com os poderes constituídos manifestou-se bem cedo na Alemanha, paralelamente ao grande desenvolvimento da ciência patrocinada pelo Estado, que é hoje objeto de tantos elogios em nosso país. Um dos mais famosos cientistas alemães, o fisiólogo Emil du Bois-Reymond (1818-1896), proclamou, sem constrangimento, numa oração pronunciada em 1870, na qualidade de reitor da Universidade de Berlim e de presidente da Academia Prussiana de Ciências, que *"nós, a Universidade de Berlim, situada em frente ao Palácio Real, somos, por ato de fundação, a guarda intelectual da Casa de Hohenzollern"* (DU BOIS-REYMOND, Emil. *A Speech on the German War*. London: Richard Bentley, 1870. p. 31). É curioso que du Bois-Reymond tenha julgado oportuno publicar uma edição inglesa de seu discurso.
[111] Basta-nos citar um testemunho estrangeiro: Robert A. Brady (3901-1961), no estudo intitulado *The Spirit and Structure of German Fascism* [*O Espírito e a Estrutura do Fascismo Alemão*], conclui sua minuciosa exposição dos acontecimentos verificados no mundo acadêmico alemão afirmando que *"o cientista per se é, talvez, de todos aqueles que recebem uma formação especial na sociedade moderna, o que mais facilmente se deixa usar e 'coordenar'"*. Para dizer a verdade, os nazistas puseram na rua bom número de professores de universidade e despediram muitos cientistas dos laboratórios de pesquisa. Mas tratava-se, sobretudo, de professores da área de Ciências Sociais na qual o programa nazista era examinado com maior atenção e submetido a uma crítica mais persistente, e não da de Ciências Naturais, em que se supõe que o pensamento seja muito mais rigoroso. Os demitidos nesse último campo eram principalmente judeus ou constituíam exceções às generalizações que acabamos de fazer, por sua aceitação irrefletida de pontos de vista contrários ao nazismo. Em consequência, os nazistas puderam "coordenar" com relativa facilidade estudiosos e cientistas, emprestando à sua elaborada propaganda o apoio aparente da opinião científica do país.

Trahison des Clercs [*A Traição dos Intelectuias*] assume nova importância quinze anos após sua publicação. Há, nesse livro, uma passagem, em particular, que merece ser examinada com atenção, e lembrada, ao considerarmos certas incursões dos cientistas britânicos na política. Trata-se da passagem em que Benda fala da

> [...] superstição que considera a ciência competente em todos os campos, inclusive o da moral; superstição, repito, adquirida do século XIX. Resta descobrir se aqueles que ostentam essa doutrina acreditam nela ou desejam apenas conferir o prestígio de uma aparência científica às suas paixões, embora saibam perfeitamente que não passam de paixões. É de notar que o dogma segundo o qual a história obedece a leis científicas é pregado, sobretudo, pelos partidários da autoridade arbitrária. Isso é muito natural, pois elimina as duas realidades mais odiadas por eles, isto é, a liberdade humana e a ação histórica do indivíduo.

Já tivemos ocasião de mencionar um produto inglês desse gênero, uma obra em que, sobre um fundo marxista, todas as idiossincrasias típicas do intelectual totalitário, o ódio a quase tudo quanto distingue a civilização ocidental desde a Renascença, associa-se à aprovação dos métodos da Inquisição. Não desejamos considerar aqui um caso tão extremo e escolheremos uma obra mais representativa e que alcançou considerável publicidade. O pequeno livro do doutor C. H. Waddington (1905-1975) com o significativo título *The Scientific Attitude* [*A Atitude Científica*], de 1941, é um bom exemplo da literatura ativamente patrocinada pelo influente semanário inglês *Nature*, que combina as reivindicações de maior poder político para os cientistas com a ardente defesa de um "planejamento" em grande escala. Embora não seja tão franco em seu desprezo pela liberdade quanto James Crowther (1899-1983), no livro *The Social Relations of Science* [*As Relações Sociais da Ciência*], também de 1941, o doutor C. H. Waddington não é muito mais encorajador do que ele. Difere da maior parte dos escritores do mesmo gênero pelo fato de perceber com clareza e até enfatizar que as tendências por ele descritas e defendidas conduzem, inevitavelmente, a um sistema totalitário. E, ainda assim, tudo indica que isso lhe parece preferível ao que domina *"a feroz e tresloucada civilização atual"*.

A afirmação do doutor Waddington, de que o cientista possui qualificações para dirigir uma sociedade totalitária, baseia-se, sobretudo, em sua tese de que "a ciência é capaz de julgar a conduta humana do ponto de vista ético", a qual, ao ser por ele desenvolvida, recebeu da *Nature* considerável publicidade. Trata-se, como se vê, de uma ideia que os cientistas alemães comprometidos com a política há muito conheciam e que Julien Benda, com acerto, escolheu para alvo de sua crítica. Para compreendermos o que isso significa, não precisamos ir além do livro de Waddington. A liberdade, explica ele, *"é um conceito que o cientista tem muita dificuldade em discutir, até certo ponto porque ele não está convencido de que, em última análise, tal coisa exista"*. Não obstante, acrescenta que *"a ciência reconhece"* algumas espécies de liberdade, mas *"a liberdade de ser excêntrico e diferente dos seus concidadãos não tem valor científico"*. Ao que parece, as *"humanidades sedutoras"*, das quais Waddington fala com tanto desdém, desencaminharam-nos perigosamente ao ensinar-nos a tolerância.

Esse livro sobre a "atitude científica" nada tem de científico quando aborda questões sociais e econômicas – o que, aliás, estamos acostumados a encontrar em obras desse gênero. Deparamos aqui, mais uma vez, com todos os conhecidos clichês e as generalizações infundadas sobre a *"abundância em potencial"* e a tendência inevitável ao monopólio, embora as *"maiores autoridades"* citadas para respaldar essas afirmações não passem de panfletos políticos de duvidoso valor científico, enquanto estudos sérios dos mesmos problemas são manifestamente negligenciados.

Como em quase todas as obras desse gênero, as convicções de Waddington são, em grande parte, determinadas por sua crença nas *"tendências históricas inevitáveis"* que a ciência teria supostamente descoberto. Ele as extrai da *"profunda filosofia científica"* do marxismo, cujas ideias básicas são *"quase, senão de todo, idênticas às que servem de fundamento ao enfoque científico da natureza"*. A *"competência para julgar"* do doutor Waddington lhe diz que essas *"tendências históricas inevitáveis"* constituem um progresso sobre tudo o que se pensara antes. Assim, embora para Waddington seja *"inegável que a Inglaterra é agora um país onde a vida é mais difícil"* do que em 1913, ele confia na implantação de um sistema econômico que *"será centralizado e totalitário no sentido de que todos os aspectos do desenvolvimento econômico de vastas regiões serão submetidas a um planejamento consciente e integrado"*. E, quanto a seu otimismo fácil, que dá como certa a preservação da liberdade de pensamento nesse sistema totalitário, sua "atitude científica" tem por único fundamento a convicção de que *"deve haver elementos de prova muito válidos acerca de questões que não é preciso ser especialista para compreender"* – como a possibilidade de *"combinar o totalitarismo com a liberdade de pensamento"*.

Um exame mais completo das variadas tendências totalitárias na Inglaterra deveria dedicar considerável atenção às várias tentativas de criar uma espécie de socialismo da classe média, as quais revelam, por certo sem que os autores o percebam, uma semelhança inquietante com tendências equivalentes na Alemanha pré-hitlerista[112]. Se tratássemos aqui de movimentos políticos propriamente ditos, teríamos de levar em consideração organizações novas, como a *Forward March* ou o movimento *Common Wealth* de *Sir* Richard Acland (1906-1990), o autor de *Unser Kampf*[113], ou as atividades do "Comitê 1941" de J. B. Priestley (1894-1984), que já esteve associado à primeira. Mas, embora não seja prudente desprezar a significação sintomática de tais fenômenos, ainda não podemos considerá-los forças políticas importantes. Afora as influências intelectuais que já ilustramos com dois exemplos, o impulso desse movimento rumo ao totalitarismo provém, sobretudo, dos dois grandes grupos de interesses: as organizações de classe empresariais e operárias. A mais grave de todas as ameaças talvez esteja no fato de que as políticas desses dois poderosíssimos grupos apontam para a mesma direção.

Isso se dá mediante o apoio comum e, muitas vezes conjugado, que ambos prestam à organização monopólica da indústria; e é essa tendência que constitui o grande perigo imediato. Não há razão alguma para crer que esse movimento seja inevitável, mas é quase certo que, se continuarmos no caminho que viemos trilhando, seremos conduzidos ao totalitarismo.

Esse movimento vem sendo, na verdade, deliberadamente planejado, sobretudo pelos organizadores capitalistas de monopólios, que constituem uma das principais fontes do perigo. Sua responsabilidade não é menor pelo fato de não visarem a um sistema totalitário, mas, antes, a uma espécie de sociedade corporativa em que os setores industriais organizados assumiriam o caráter de "domínios" semi-independentes e autárquicos. No entanto mostram tão pouca visão quanto seus colegas alemães, ao supor que lhes será permitido não só criar, mas também dirigir tal sistema. As decisões que os dirigentes de um setor da economia organizado dessa forma com frequência teriam de tomar seriam tais que nenhuma sociedade as deixaria por muito tempo ao arbítrio de particulares.

---

112 Outro elemento que, após a guerra atual, poderá vir a fortalecer as tendências nesse sentido, é a dificuldade que alguns dos homens que durante o conflito tomaram gosto pelo poder de controle coercitivo terão em adaptar-se aos papéis mais humildes que lhes caberá desempenhar. Se, depois da Primeira Guerra Mundial, os homens dessa espécie não eram tão numerosos quanto provavelmente serão no futuro, já então exerciam apreciável influência sobre a vida econômica de tal país. Foi na companhia de alguns deles que, há dez ou doze anos, experimentei pela primeira vez na Inglaterra a sensação, ainda rara naquele tempo, de ser, de súbito, transportado para o que eu aprendera a encarar como uma atmosfera intelectual integralmente "alemã".
113 *Unser Kampf* (*Nossa Luta*), em contraposição à obra *Mein Kampf* (*Minha Luta*), de Adolf Hitler. (N. T.)

Um Estado que permite concentrações tão imensas de poder não pode consentir que este repouse inteiramente no controle privado. Também não é menos ilusório supor que, em tais condições, os empresários possam gozar por muito tempo da situação especial de que desfrutam numa sociedade baseada na concorrência justificável pelo fato de que, embora a probabilidade de sucesso leve muitos a se arriscar, apenas alguns são bem-sucedidos. Não surpreende que os empresários desejem gozar, não apenas da elevada renda que o regime de concorrência possibilita aos vencedores, mas também da segurança do funcionário público. Enquanto um vasto setor da indústria privada coexistir com a indústria dirigida pelo governo, um empresário de talento poderá conquistar salários elevados, mesmo em posições bastante seguras. Embora, porém, seja possível aos diretores de grandes empresas verem suas esperanças realizadas durante uma fase de transição, não tardarão a verificar, como seus colegas alemães, que já não são senhores, tendo, antes, de contentar-se em todos os aspectos com os poderes e emolumentos que o governo lhes conceder.

A não ser que a tese deste livro tenha sido entendida de forma equivocada, ninguém me acusará de estar sendo pouco severo para com os capitalistas se eu salientar que seria um erro culpá-los exclusivamente, ou mesmo principalmente, pela atual tendência ao monopólio. Sua propensão não constitui algo novo, nem teria probabilidade de converter-se por si mesma num poder formidável. O elemento decisivo nisso tudo é que os capitalistas conseguiram o apoio de um número cada vez maior de outros grupos e, com o auxílio destes, o apoio do Estado.

Até certo ponto, os monopolistas conquistaram esse apoio, quer permitindo que outros grupos participassem de seus lucros, quer – e talvez com maior frequência – persuadindo-os de que a formação dos monopólios era de interesse público. No entanto a mudança operada na opinião pública, que pela sua influência na legislação e na jurisprudência[114] foi o mais importante fator que possibilitou esse desdobramento, é, acima de tudo, um resultado da propaganda da esquerda contra a concorrência. Quase sempre, as próprias medidas que visam a atingir os monopolistas contribuem, na realidade, para reforçar o poder dos monopólios. Toda medida que reduz o lucro dos monopólios, seja no interesse de determinados grupos ou do Estado como um todo,

---

[114] A este respeito, cito o instrutivo artigo: LEWIS, W. Arthur sobre "Monopoly and the Law". *The Modern Law Review*, Vol. VI, No. 3 (April 1943).

tende a estabelecer novos interesses que ajudarão a fortalecer o monopólio. Um sistema em que grandes grupos privilegiados tiram proveito dos lucros do monopólio pode ser politicamente muito mais perigoso do que aquele em que os lucros se concentram nas mãos de poucos. E, em tal sistema, o monopólio é, sem dúvida, muito mais poderoso. É evidente que, por exemplo, os salários mais elevados que o monopolista está em condições de pagar são também um resultado da exploração, tanto quanto seu próprio lucro – uma vez que empobrecem não só a todos os consumidores, porém ainda mais a todos os outros trabalhadores assalariados. Isso não impede, contudo, que tanto aqueles que se beneficiam disso quanto o público em geral aceitem hoje o fato de os monopólios poderem pagar salários mais elevados como um argumento válido em seu favor[115].

Há sérias razões para duvidar de que, mesmo naqueles casos em que o monopólio é inevitável, o melhor meio de controlá-lo seja entregá-lo ao Estado. Se uma única indústria estivesse em questão, isso talvez fosse verdade. Quando, porém, se trata de muitas indústrias monopólicas, é preferível deixá-las nas mãos de indivíduos diferentes a reuni-las sob o controle único do Estado. Ainda que as estradas de ferro, os transportes terrestres e aéreos ou o abastecimento de gás e eletricidade fossem necessariamente monopólios, a posição do consumidor seria, sem dúvida, mais forte, enquanto tais setores continuassem constituindo monopólios separados, do que se fossem "coordenados" por um controle central.

O monopólio privado raramente é total e ainda mais raramente tem longa duração ou está em condições de desprezar a concorrência em potencial. Mas um monopólio de Estado é sempre um monopólio protegido pelo Estado – protegido contra a concorrência em potencial e contra a crítica efetiva. Isso significa que, na maioria dos casos, se concede a um monopólio temporário o poder de assegurar para sempre sua posição – poder que, com certeza, não deixará de ser usado. Quando o poder que deveria refrear e controlar o monopólio passa a proteger e defender os que dele legalmente desfrutam; quando, para o governo, pôr fim a um abuso é admitir sua própria responsabilidade no caso; e quando a crítica dos atos do monopólio

---

115 Ainda mais surpreendente, talvez, é a notável indulgência que muitos socialistas mostram para com os debenturistas, aos quais a organização monopólica da indústria garante rendimentos seguros. Um dos mais extraordinários sintomas da subversão de valores ocorrida na geração passada é uma cega hostilidade para com o lucro que levou a considerar o rendimento fixo e conquistado sem esforço algo social ou moralmente mais desejável do que o lucro, e a aceitar o próprio monopólio para garantir, por exemplo, tais rendimentos aos debenturistas das redes ferroviárias.

implica uma crítica ao governo, é improvável que o monopólio venha a servir à comunidade.

Um Estado envolvido de todas as formas na administração de monopólios, ainda que detivesse um poder esmagador sobre o indivíduo, seria, ao mesmo tempo, um Estado fraco no que concerne à liberdade de formular sua política. O mecanismo do monopólio se identificaria com o mecanismo do Estado e este, por sua vez, se aliaria cada vez mais aos interesses dos dirigentes, em prejuízo dos interesses do povo em geral.

Nos casos em que o monopólio é de fato inevitável, é provável que a estratégia, até há pouco preferida pelos norte-americanos, de um forte controle estatal sobre os monopólios privados ofereça, quando aplicada de maneira coerente, resultados mais satisfatórios do que a administração pelo Estado. Assim parece suceder, pelo menos, quando o Estado impõe um rigoroso controle de preços que não deixa margem a lucros extraordinários de que outros, além dos monopolistas, possam participar.

Mesmo que em consequência disso (como tem acontecido por vezes com os serviços públicos nos Estados Unidos) os serviços prestados pelas indústrias monopólicas se tornassem menos satisfatórios, seria um preço muito pequeno a pagar em troca de um controle eficaz dos poderes do monopólio. Eu, pessoalmente, preferiria ter de conformar-me com alguma ineficiência a ver meus hábitos de vida controlados pelo monopólio organizado. Essa estratégia, que não tardaria a tornar a posição do monopolista a menos vantajosa entre todas as atividades empresariais, também seria extremamente útil para restringir o monopólio às áreas em que é inevitável e para estimular a criação de substitutos que sejam oferecidos de forma competitiva. É só fazer com que a posição do monopolista volte a ser mais uma vez a do bode expiatório da política econômica, e ficaremos surpresos ante a rapidez com que a maioria dos empresários mais hábeis recuperará o gosto pela estimulante atmosfera da concorrência.

O problema do monopólio não seria tão complexo se tivéssemos de lutar apenas contra o capitalista monopolizador. No entanto, como já foi dito, o monopólio tornou-se perigoso não pelo empenho de alguns capitalistas que buscavam seu interesse, mas pelo apoio dos grupos aos quais eles permitiram compartilhar de seus lucros, e o de tantos a quem persuadiram de que, apoiando o monopólio, estariam contribuindo para a criação de uma sociedade mais justa e mais bem organizada. O momento decisivo da história moderna ocorreu quando o movimento trabalhista, que só pode alcançar suas finalidades primordiais mediante a luta contra qualquer privilégio, passou a ser influenciado pelas doutrinas hostis à concorrência, e ele próprio se envolveu na luta pelo privilégio. O recente crescimento do monopólio resulta, em grande parte, de uma colaboração intencional entre o capital organizado e o trabalho organizado, em que os grupos privilegiados de trabalhadores compartilham dos lucros do monopólio em detrimento da comunidade e, em especial, das camadas mais pobres: os empregados nas indústrias menos organizadas e os desempregados.

Um dos espetáculos mais lamentáveis de nossa época é ver um grande movimento democrático amparar uma política que infalivelmente acabará por destruir a democracia e que, nesse meio tempo, só poderá trazer benefícios a uma minoria das massas que a apoiam. E, contudo, é esse apoio da esquerda às tendências monopolizadoras que torna tão irresistíveis, e tão sombrias as perspectivas do futuro. Há, na realidade, poucas esperanças para o futuro enquanto o Partido Trabalhista continuar a contribuir para a destruição da única ordem política na qual tem sido assegurado pelo menos um certo grau de independência e liberdade a cada trabalhador. Os líderes trabalhistas que atualmente proclamam terem *"rompido de uma vez por todas com o louco sistema de concorrência"*[116] estão proclamando a sentença de morte da liberdade individual. Não há alternativa: ou a ordem estabelecida pela disciplina impessoal do mercado, ou a ordem comandada pelo arbítrio de alguns indivíduos; e aqueles que se empenham em destruir a primeira estão ajudando, consciente ou inconscientemente, a criar a segunda. Mesmo que nessa nova ordem alguns trabalhadores passem a se alimentar melhor e (o que é indubitável) todos passem a se vestir de maneira mais uniforme, é lícito duvidar de que a maioria dos trabalhadores ingleses fique agradecida a seus líderes intelectuais por a terem presenteado com uma doutrina socialista que ameace sua liberdade pessoal.

Para os que conhecem a história dos grandes países do continente nos últimos vinte e cinco anos, será uma experiência sobremodo deprimente estudar o atual programa do Partido Trabalhista britânico, agora empenhado na criação de uma "sociedade planificada". A "qualquer tentativa de restaurar a Inglaterra tradicional" opõe-se um plano que, não só nas linhas gerais

---

[116] Professor H. J. Laski, em discurso pronunciado na 41ª Conferência Anual do Partido Trabalhista, realizada em Londres em 26 de maio de 1942 (*Report*, p. 111). Vale a pena notar que, segundo o professor Laski, *"esse louco sistema de concorrência significa a pobreza para todos os povos e a guerra como consequência dessa pobreza"*. Temos aí uma curiosa interpretação da história dos últimos cento e cinquenta anos.

mas também nos detalhes e até na fraseologia, é indistinguível dos sonhos socialistas que dominavam os debates na Alemanha vinte e cinco anos atrás. Não só exigências como a da resolução adotada em acatamento à proposta do professor Harold J. Laski, que requereu a manutenção, em tempo de paz, das *"medidas de controle governamental necessárias à mobilização dos recursos nacionais durante a guerra"*, mas todos os *slogans* característicos, como a "economia equilibrada" que o professor Laski agora reclama para a Grã-Bretanha, ou o *"consumo comunitário"* em cujo nome se deverá imprimir um controle central à produção – tudo isso foi calcado, integralmente, na ideologia alemã.

Vinte e cinco anos atrás, talvez houvesse alguma justificativa para se defender a ingênua ideia de que *"uma sociedade planejada pode ser muito mais livre do que o sistema de concorrência regido pelo preceito do* laissez-faire, *que tal sociedade vem substituir"*[117]. Mas constatar que essa ideia ainda é defendida após vinte e cinco anos de uma experiência que nos levou a reexaminar nossas velhas convicções, e justamente quando estamos combatendo os resultados dessas mesmas doutrinas, é mais trágico do que as palavras podem exprimir. A transformação decisiva ocorrida em nossa época e fonte de perigo mortal para tudo aquilo que um liberal preza é a aliança do poderoso partido que, no parlamento e na opinião pública, substituiu basicamente os partidos progressistas do passado a um movimento que, à luz dos últimos acontecimentos, não pode deixar de ser considerado reacionário. O fato de, no passado, o progresso ter sofrido ameaça por parte das forças tradicionalistas da direita é um fenômeno de todas as épocas ante o qual não há motivo para nos alarmarmos. Mas se o lugar da oposição, tanto no parlamento quanto na opinião pública, viesse a ser monopolizado de forma duradoura por um segundo partido reacionário, então não restaria mesmo esperança alguma.

---

117 *The Old World and the New Society: an interim Report of the National Executive of the British Labour Party on the Problems of Reconstruction* (Relatório Provisório da Executiva Nacional do Partido Trabalhista Britânico sobre os Problemas da Reconstrução). p. 12 e 16.

CAPÍTULO XIV

- CAPÍTULO XIV -

Condições Materiais e Objetivos Ideais

> *"Será justo ou razoável que o número maior de vozes contrárias ao fim supremo do governo escravize um número menor, que deseja ser livre? Se a força tiver de decidir, mais justo será, sem dúvida, o número menor obrigar o maior a preservar sua liberdade (o que não seria fazer-lhe injustiça) do que o maior, para satisfazer sua baixeza, compelir o número menor a compartilhar com ele a escravidão. Aqueles que não procuram senão sua justa liberdade têm direito a conquistá-la, sempre que tiverem tal poder, por mais numerosas que sejam as vozes em contrário".*
>
> – John Milton

Agrada muito à nossa geração pensar que dá menos importância a considerações de ordem econômica do que seus pais e avós. O "fim do homem econômico" promete tornar-se um dos mitos dominantes de nossa época. Antes de aceitar essa ideia ou de considerar tal mudança digna de louvor, convém investigar um pouco mais seu grau de veracidade. Quando examinamos as principais razões com que se procura justificar a reconstrução social, quase todas mostram ser de natureza econômica: já vimos que a "reinterpretação em termos econômicos" dos ideais políticos do passado, da liberdade, da igualdade e da segurança é uma das principais reivindicações daqueles que, ao mesmo tempo, proclamam o fim do homem econômico. Tampouco se pode duvidar de que, em suas convicções e aspirações, os homens sejam hoje, mais do que nunca, influenciados por doutrinas econômicas; pela crença, cuidadosamente cultivada, no irracionalismo de nosso sistema econômico; por falácias como a da "abundância em potencial"; por pseudoteorias acerca de uma inevitável tendência ao monopólio; e pela impressão criada por ocorrências em torno das quais se faz grande publicidade, como a destruição das fontes de matérias-primas ou a supressão de inventos, ocorrências atribuídas ao sistema competitivo, embora sejam precisamente o que não pode acontecer em tal sistema, e só se tornou possível devido ao monopólio – na maior parte das vezes, o monopólio viabilizado pela ação do governo[118].

Num sentido diferente, todavia, é indubitável que nossa geração se mostra menos inclinada que as anteriores a atender a considerações econômicas. Vemos esta, decididamente, muito pouco disposta a sacrificar qualquer de suas exigências aos chamados argumentos econômicos. Impaciente e intolerante com qualquer restrição às suas ambições imediatas, não quer curvar-se ante as necessidades econômicas.

O que distingue tal geração não é o desprezo do bem-estar material, nem mesmo um menor desejo de conquistá-lo, mas, ao contrário, a recusa a reconhecer quaisquer obstáculos, qualquer conflito com outras finalidades que possam impedir a realização de seus desejos. "Economofobia" seria uma denominação mais apropriada a essa atitude do que o termo duplamente enganador "fim do homem econômico", o qual sugere a mudança de um estado de coisas que nunca existiu, e a adoção de um rumo que não estamos seguindo. O homem passou a encarar com ódio e revolta as forças impessoais

---

[118] A destruição ocasional de trigo, café etc., usada com frequência como argumento contra a concorrência, constitui um bom exemplo da desonestidade intelectual desse tipo de alegação, pois um raciocínio simples mostrará que, em um mercado competitivo, o possuidor de tais estoques jamais lucraria em destruí-los. A alegada supressão de patentes úteis é um caso mais complicado e não pode ser debatido de maneira conveniente em uma pequena nota. Mas as condições em que seria proveitoso reter uma patente que deveria ser usada no interesse social são tão excepcionais que é extremamente duvidoso que isso tenha ocorrido em qualquer caso importante.

a que se submetia no passado, conquanto frustrassem, muitas vezes, seus esforços individuais.

Essa revolta exemplifica um fenômeno muito mais geral, uma nova relutância em submeter-se a qualquer regra ou necessidade cujo fundamento lógico não seja compreendido. Tal fenômeno se faz sentir em diversos setores da vida, em particular no da moral, e muitas vezes trata-se de uma atitude louvável. Mas existem campos em que esse anseio de inteligibilidade não pode ser de todo satisfeito, e onde, ao mesmo tempo, a recusa a submeter-se a tudo o que não podemos compreender leva ao colapso da civilização. É natural que, ao tornar-se mais complexo o mundo em que vivemos, cresça nossa resistência às forças que, embora não as compreendamos, com frequência interferem em nossos planos e esperanças. Todavia, é justamente nessas condições que se torna cada vez menos possível a plena compreensão dessas forças.

Uma civilização complexa como a nossa baseia-se, necessariamente, no ajustamento do indivíduo a mudanças cujas causa e natureza ele não pode compreender. Por que aufere maior ou menor renda? Por que tem de mudar de ocupação? Por que certas coisas de que precisa são mais difíceis de conseguir que outras? A resposta a essas questões dependerá sempre de um número tão grande de circunstâncias que nenhum cérebro será capaz de apreendê-las; ou, o que é ainda pior, os prejudicados as atribuirão a uma causa óbvia, imediata ou evitável, enquanto as inter-relações mais complexas que determinam a mudança continuarão a ser um mistério para eles.

Mesmo numa sociedade totalmente planejada, se o diretor quisesse explicar a um empregado por que o transferiu para uma função diferente ou alterou-lhe o salário, não poderia fazê-lo de maneira adequada sem explicar e justificar todo o plano. Isso significa que tal esclarecimento só poderia ser dado a um pequeno número de pessoas.

Foi a submissão às forças impessoais do mercado que possibilitou o progresso de uma civilização que, sem isso, não se teria desenvolvido. É, portanto, submetendo-nos que ajudamos dia a dia a construir algo cuja magnitude supera nossa compreensão. Não importa que os homens no passado se tenham submetido em virtude de crenças que alguns hoje consideram supersticiosas: o espírito de humildade religiosa ou um exagerado respeito pelos toscos ensinamentos dos primeiros economistas. O ponto crucial dessa questão reside no fato de que é muito mais difícil compreender racionalmente a necessidade de submeter-se a forças cuja atuação não podemos entender em detalhes, do que fazê-lo animados da humilde veneração inspirada pela religião, ou mesmo pelo respeito às doutrinas econômicas. Se quiséssemos apenas preservar nossa atual e complexa civilização sem que ninguém fosse obrigado a fazer coisas cuja necessidade não compreende, seria preciso que todos tivessem inteligência infinitamente maior do que hoje têm.

A recusa a ceder a forças que não podemos compreender nem reconhecer como decisões conscientes de um ser inteligente é fruto de um racionalismo incompleto e, portanto, errôneo. Incompleto, porque não percebe que a combinação de uma enorme variedade de esforços individuais numa sociedade complexa deve levar em conta fatos que nenhum indivíduo pode apreender de todo. Também não percebe que, para essa sociedade complexa não ser destruída, a única alternativa à submissão às forças impessoais e aparentemente irracionais do mercado é a submissão ao poder também incontrolável e, portanto, arbitrário de outros homens. Na ânsia de escapar às irritantes restrições que hoje experimenta, o homem não se dá conta de que as novas restrições autoritárias que lhe deverão ser deliberadamente impostas no lugar daquelas serão ainda mais penosas.

Aqueles que argumentam que adquirimos um assombroso domínio sobre as forças da natureza, mas estamos lamentavelmente atrasados na utilização eficiente das possibilidades de colaboração social, têm perfeita razão quanto a esse ponto. Enganam-se, porém, quando levam mais longe a comparação, afirmando que devemos aprender a dominar as forças da sociedade da mesma forma que aprendemos as da natureza.

Esse é o caminho não só do totalitarismo, mas também da destruição de nossa civilização e um meio certo de obstar o progresso futuro. Aqueles que reivindicam tal domínio das forças sociais mostram não terem ainda compreendido até que ponto a simples preservação do que até agora conquistamos depende da coordenação dos esforços individuais por forças impessoais.

Voltaremos agora, por alguns momentos, ao ponto crucial: a liberdade individual é inconciliável com a supremacia de um objetivo único ao qual a sociedade inteira tenha de ser subordinada de maneira completa e permanente. A única exceção à regra de que uma sociedade livre não deve ser submetida a uma finalidade exclusiva é constituída pela guerra e por outras calamidades temporárias, ocasiões em que a subordinação de quase tudo à necessidade imediata e premente mostra-se o preço que temos de pagar pela preservação, em longo prazo, de nossa liberdade. Isso explica também por que são tão errôneas muitas ideias hoje em moda, segundo as quais devemos aplicar aos fins da paz os processos que aprendemos a empregar para fins de guerra. É sensato sacrificar temporariamente a liberdade de modo a garanti-la para o futuro. Não se pode dizer, porém, o mesmo de um sistema proposto como solução permanente.

A regra de não permitir, na paz, a primazia absoluta de um objetivo sobre todos os demais deve ser aplicada mesmo ao objetivo que hoje todos concordam ser prioritário: a supressão do desemprego. Não há dúvida alguma de que esse deve ser o alvo de nossos mais ingentes esforços. Ainda assim, não se segue daí que tal finalidade deva absorver-nos com exclusão de tudo mais e que, segundo a leviana expressão corrente, deva ser realizada "a qualquer preço". É nesse campo, com efeito, que o fascínio de expressões vagas, mas populares, como "pleno emprego," pode conduzir à adoção de medidas extremamente insensatas, na qual a frase categórica e irresponsável do idealista radical, "isso deve ser feito a todo custo", pode produzir os maiores danos.

É importantíssimo termos ampla visão da tarefa que seremos obrigados a enfrentar nesse campo depois da guerra, e que percebamos com clareza aquilo que podemos ter esperança de realizar. Um dos aspectos dominantes da situação imediata de pós-guerra será o de que as necessidades específicas geradas pelo atual conflito canalizaram centenas de milhares de homens e mulheres para serviços especializados, os quais, durante o conflito, lhes permitiram ganhar salários relativamente elevados.

Em muitos casos, não haverá possibilidade de empregar o mesmo número de pessoas nessas ocupações. Será necessário transferir, com urgência, grande parte dessas pessoas para outros serviços, e muitas descobrirão que as ocupações disponíveis serão menos bem pagas do que as que exerciam durante a guerra. O próprio retreinamento, que por certo deve ser oferecido em larga escala, não solucionará de todo o problema. Haverá ainda muita gente que, se for paga de acordo com o novo valor de seus serviços para a sociedade, terá, em qualquer sistema, de conformar-se com uma queda de sua posição econômica em relação aos demais.

Se, pois, os sindicatos resistirem com êxito a uma redução dos salários de tais categorias, restarão apenas duas alternativas: ou usar a coação (ou seja, escolher certos indivíduos e transferi-los compulsoriamente a outras funções menos bem remuneradas), ou então deixar que aqueles que já não podem ser empregados com os salários relativamente altos percebidos durante a guerra permaneçam desempregados até se disporem a aceitar trabalho menos bem pago. É um problema que surgiria tanto numa sociedade socialista quanto em qualquer outra; e, com toda probabilidade, a maioria dos trabalhadores não se mostraria ali mais inclinada a garantir os mesmos níveis salariais àqueles que ocuparam empregos bem remunerados em função das necessidades especiais da guerra. Numa situação como essa, uma sociedade socialista não deixaria de usar a coação. O importante para nós é que, se não quisermos, a nenhum preço, permitir o desemprego, ou usar a coação, seremos arrastados a toda sorte de medidas precipitadas, nenhuma das quais poderá trazer alívio duradouro, todas constituindo sérios obstáculos ao uso mais produtivo de nossos recursos. Deve-se observar, sobretudo, que a política monetária não pode corrigir essa dificuldade, a não ser por meio de uma inflação geral de proporções consideráveis, suficiente para elevar todos os outros salários e preços em relação aos que não podem ser diminuídos. Mesmo isso, porém, só produziria o efeito desejado porque implicaria em uma redução disfarçada de salários reais, que não se poderia realizar às claras. Entretanto a elevação de todos os outros salários e rendimentos num grau suficiente para ajustar a posição de determinada categoria envolveria uma expansão inflacionária em tão grande escala que as perturbações, dificuldades e injustiças seriam muito piores do que as que se pretendesse sanar.

Esse problema, que surgirá de forma particularmente aguda após a guerra, jamais será solucionado enquanto o sistema econômico tiver de adaptar-se a contínuas mudanças. A expansão monetária poderá viabilizar um nível máximo possível de emprego no curto prazo, nas posições em que as pessoas se encontram. Mas esse máximo só pode ser mantido pela expansão inflacionária progressiva, o que tem por efeito retardar a redistribuição da mão de obra entre os setores da economia, indispensável, dada a mudança das circunstâncias – redistribuição que, enquanto os trabalhadores tiverem a liberdade de escolher sua ocupação, só se realizará com certa demora, causando, nesse ínterim, um certo nível de desemprego. Visar sempre ao máximo de emprego possível por meios monetários é uma política que sempre trará efeitos contraproducentes. Ela tende a baixar o nível de produtividade do trabalho. Isso aumenta constantemente a parcela da população trabalhadora que só pode ser mantida em seus empregos, com os atuais salários, por meios superficiais.

Não há dúvida de que, depois da guerra, o bom senso na direção dos nossos assuntos econômicos será ainda mais importante do que antes, e de que o destino da nossa civilização dependerá, sobretudo, da maneira como resolveremos os problemas econômicos que teremos de enfrentar. A princípio, haverá um estado de pobreza – de grande pobreza. Igualar e ultrapassar os padrões anteriores será mais difícil para a Grã-Bretanha do que para muitos outros países. Se agirmos com prudência, é quase certo que, pelo trabalho árduo, dedicando uma parte considerável de nossos esforços à reparação e à renovação da maquinaria e da organização industrial, conseguiremos, dentro de alguns anos, voltar ao nível que havíamos alcançado e mesmo superá-lo.

Mas isso pressupõe que nos contentemos em consumir apenas o indispensável, para que a tarefa de reconstrução não seja prejudicada; que esperanças exageradas não criem reivindicações irresistíveis de um quinhão maior; e que consideremos mais importante empregar nossos recursos da melhor maneira possível e para as finalidades que mais contribuem para o bem-estar, do que permitir que sejam consumidos sem nenhum critério[119]. Igualmente importante é, talvez, não prejudicar classes numerosas a ponto de transformá-las em inimigos ferrenhos da ordem política reinante com tentativas imediatistas de sanar a pobreza pela redistribuição, e não pelo aumento da nossa renda. Nunca se deveria esquecer de que o fator decisivo do advento do totalitarismo no continente, fator que ainda inexiste neste país, foi o surgimento de uma classe média despojada de seus bens.

Nossas esperanças de evitar o destino que nos ameaça devem, com efeito, repousar, em grande parte, na perspectiva da retomada de um progresso econômico acelerado que nos faça ascender continuamente, por mais baixo que tenhamos de começar. E a principal condição de tal progresso é que estejamos sempre prontos a nos adaptarmos com rapidez a um mundo bastante modificado, sem permitir que nenhuma consideração pelo padrão habitual deste ou daquele grupo impeça tal adaptação.

Devemos aprender, mais uma vez, a orientar nossos recursos de modo a que nos tornemos todos mais ricos. Os ajustamentos necessários para igualarmos e ultrapassarmos os padrões anteriores serão maiores do que todos os outros que foram necessários realizar até hoje; e só conseguiremos vencer um período difícil como homens livres e capazes de escolher seu modo de vida se cada um de nós estiver pronto a obedecer às injunções desse ajustamento. Que um mínimo uniforme seja garantido a todos; mas admitamos, ao mesmo

---

[119] Cabe, talvez, acentuar que, por mais que desejemos um rápido regresso à economia livre, isso não pode significar a eliminação instantânea de todas as restrições do período de guerra. Nada desacreditaria mais o sistema de livre iniciativa do que o agudo, embora provavelmente efêmero, período de instabilidade e desarticulação que tal tentativa produziria. O que se impõe decidir é a que tipo de sistema devemos visar no decorrer do processo de transição, e não se as medidas adotadas durante a guerra devem ser transformadas em um sistema mais permanente, mediante uma política cuidadosamente elaborada de afrouxamento gradual de controles, a qual talvez tenha de estender-se por vários anos.

tempo, que, com essa garantia de um mínimo-base, devem extinguir-se todas as reivindicações a uma segurança privilegiada por parte de certas classes e desaparecer todos os pretextos para se permitir que determinados grupos, no intuito de manterem um padrão especial e exclusivamente seu, impeça os novos concorrentes de participar em sua relativa prosperidade.

Pode parecer muito nobre dizer: "Deixemos de lado a economia. Vamos construir um mundo decente". Na realidade, porém, essa é uma atitude de todo irresponsável. Com a situação mundial que conhecemos, e existindo a convicção generalizada de que as condições materiais devem ser melhoradas em certos pontos, a única possibilidade de construirmos um mundo decente está em podermos continuar a melhorar o nível geral de riqueza. Isso, porque a moderna democracia entrará em colapso se houver a necessidade de uma redução substancial dos padrões de vida em tempo de paz, ou mesmo uma estagnação prolongada das condições econômicas.

Muitos admitem que as atuais tendências políticas constituem séria ameaça para nossas perspectivas econômicas e que seus efeitos econômicos põem em perigo valores muito mais elevados – e, mesmo assim, continuam acreditando que estamos fazendo sacrifícios materiais para alcançar objetivos ideais. É extremamente duvidoso, porém, que cinquenta anos de avanço rumo ao coletivismo tenham elevado nossos padrões morais. Ao contrário, talvez a mudança se tenha verificado no sentido oposto.

Embora nos orgulhemos de ter uma consciência social mais desenvolvida e sensível, nossa conduta individual provavelmente não justifica esse orgulho. No que se refere a criticar e a indignar-se ante as injustiças da ordem social existente, a atual geração talvez supere quase todas as que a precederam. Mas o efeito do movimento coletivista sobre nossos padrões positivos, no campo da moral, na conduta individual e na seriedade com que defendemos princípios éticos contra as conveniências e exigências do mecanismo social – isso é assunto bem diverso.

As questões nesse campo tornaram-se tão confusas que é necessário voltar aos pontos fundamentais. Nossa geração corre perigo de esquecer não só que a moral é, por essência, um fenômeno da conduta pessoal, mas também que ela só pode existir na esfera em que o indivíduo tem liberdade de decisão e é solicitado a sacrificar voluntariamente as vantagens pessoais à observância de uma regra moral. Fora da esfera da responsabilidade pessoal, não há bondade nem maldade, nem possibilidade de mérito moral, nem oportunidades de pôr à prova as próprias convicções pelo sacrifício dos desejos individuais ao que se considera justo. Só quando somos responsáveis por nossos interesses e livres para sacrificá-los é que nossa decisão tem valor moral. Nem temos o direito de sermos altruístas à custa de terceiros, nem há mérito algum em o sermos quando não existe outra alternativa. Os membros de uma sociedade compelidos a fazer sempre o que é justo não têm direito ao louvor. Como disse John Milton: *"Se toda ação boa ou má de um homem adulto dependesse de permissão, prescrição ou coerção, o que seria a virtude senão uma palavra, que louvor caberia à boa ação, que honra haveria em ser sensato, justo ou continente"*?

A liberdade de ordenar nossa conduta numa esfera em que as circunstâncias materiais nos obrigam a escolher e a responsabilidade pela organização de nossa existência de acordo com nossa consciência são a única atmosfera em que o senso moral se pode desenvolver e os valores morais serem, a cada dia, recriados no livre-arbítrio do indivíduo. A responsabilidade, não perante um superior, mas perante a própria consciência, a compreensão de um dever não imposto pela compulsão, a necessidade de resolver qual das coisas a que damos valor devemos sacrificar a outras e de aceitar as consequências da nossa decisão – eis a essência de toda regra moral que mereça tal nome.

O fato de que, na esfera da conduta individual, os efeitos do coletivismo têm sido quase inteiramente destrutivos é, ao mesmo tempo, inevitável e inegável. Um movimento cuja maior promessa é isentar o indivíduo da responsabilidade[120] não pode deixar de ser antimoral em seus efeitos, por mais elevados que sejam os ideais que o geraram. Pode haver dúvida de que o sentimento da obrigação pessoal de eliminar injustiças, sempre que o permitem nossas forças individuais, foi enfraquecido ao invés de se fortalecer? E de que tanto a disposição para assumir responsabilidades quanto a consciência de que é nosso dever individual saber escolher foram bastante debilitadas? Há uma completa diferença entre exigir que a autoridade estabeleça uma situação satisfatória, ou mesmo entre estar pronto a submeter-se contanto que todos façam o mesmo, e dispor-se a fazer o que pessoalmente julgamos justo,

---

[120] Isso é expresso com clareza cada vez maior à medida que o socialismo se aproxima do totalitarismo, e na Inglaterra se encontra formulado de maneira explícita no programa da mais recente e mais totalitária forma de socialismo inglês – o movimento *Common Wealth* de *Sir* Richard Acland. A principal característica da nova ordem por ele prometida é que a comunidade *"dirá ao indivíduo 'Você não precisa preocupar-se com ganhar a vida'"*. Em consequência, como é natural, *"cabe à comunidade em conjunto decidir se a força de trabalho de um homem será ou não aplicada aos nossos recursos e como, quando e de que maneira ele trabalhará"*. A comunidade terá de *"manter campos, em condições toleráveis, para os que não querem trabalhar"*. Não é de admirar que o autor tenha descoberto que Adolf Hitler *"se deparou com uma pequena parte, ou talvez seja melhor dizer com um aspecto particular, daquilo que finalmente virá a ser exigido da humanidade"* (ACLAND, *Sir* Richard. *The Forward March*. London: George Allen and Unwin, 1941. p. 127, 126, 132, 135).

com sacrifício de nossos próprios desejos e enfrentando, talvez, uma opinião pública hostil. Há claros indícios de que nos tornamos, na realidade, mais tolerantes para com determinados abusos e muito mais indiferentes perante as desigualdades em casos individuais, depois que voltamos nossa atenção para um sistema inteiramente novo, em que o Estado resolverá todas as questões. É bem possível mesmo, como se tem sugerido, que a paixão pela ação coletiva seja um meio pelo qual, coletivamente *e* sem remorso, passamos a satisfazer o egoísmo que, como indivíduos, tínhamos aprendido, em parte, a reprimir.

É verdade que as virtudes menos estimadas e praticadas hoje em dia – a independência, a confiança em si mesmo e a disposição para assumir riscos, para defender as convicções pessoais contra a maioria e para cooperar voluntariamente com nossos semelhantes – são as principais virtudes em que repousa uma sociedade individualista. O coletivismo não tem como substituí-las e, como as destruiu, deixou um vácuo não preenchido senão pela exigência de submissão e pela coerção do indivíduo para que faça o que a coletividade declara justo. A eleição periódica de representantes, a que tende a reduzir-se cada vez mais a escolha moral do indivíduo, não é uma ocasião em que seus valores sejam postos à prova ou em que ele possa reafirmá-los e demonstrá-los constantemente, atestando a sinceridade de suas convicções pelo sacrifício dos valores que considera inferiores aos que reputa mais elevados.

Como as regras de conduta dos indivíduos são o manancial de onde provêm os padrões morais que a ação política possa ter, seria, na verdade, surpreendente que o relaxamento dos padrões da conduta individual fosse acompanhado de uma elevação dos padrões de ação social. Que houve grandes mudanças, isso é evidente. Toda geração, como se sabe, privilegia alguns valores mais e outros menos do que as gerações anteriores. Mas quais são os objetivos que ocupam o segundo plano agora, quais os valores que, conforme nos advertem, terão de desaparecer se entrarem em conflito com outros? Que valores são menos destacados no panorama do futuro a nós oferecido pelos autores e oradores populares, em relação aos ideais e aos sonhos dos nossos pais?

Evidentemente, não é o conforto material, nem a elevação de nosso padrão de vida ou a garantia de certa posição na sociedade, que ocupam o degrau inferior. Existe algum escritor ou orador popular que ouse sugerir às massas que talvez tenham de sacrificar suas aspirações materiais em prol de um objetivo ideal? O que tem ocorrido não é, de fato, exatamente o oposto? As coisas que com frequência cada vez maior somos induzidos a considerar "ilusões do século XIX" não são todas elas valores morais – a liberdade e a independência, a verdade e a honestidade intelectual, a paz e a democracia, e o respeito pelo indivíduo como ser humano e não como simples membro de um grupo organizado?

Quais os princípios hoje sacrossantos que nenhum reformador ousa atacar, porque são considerados fronteiras imutáveis a serem respeitadas em todo plano para o futuro? Não mais, por certo, a liberdade do indivíduo ou a liberdade de movimento, e raramente a liberdade de expressão – mas os privilégios deste ou daquele grupo, seu "direito" de impedir que outros provejam às necessidades de seus semelhantes. A discriminação contra membros e não membros de grupos fechados, para não falar nas pessoas de nacionalidades diferentes, é aceita cada vez mais como natural. As injustiças infligidas a indivíduos pelos governos no interesse de um ou outro grupo são olhadas com uma indiferença que beira a insensibilidade. As mais grosseiras violações dos direitos elementares do indivíduo, como a remoção compulsória de populações inteiras, são aceitas com frequência cada vez maior até por supostos liberais.

Tudo isso indica, por certo, que nosso senso moral se embotou, ao invés de tornar-se mais refinado. Quando nos dizem – o que acontece cada vez mais amiúde – que não é possível fazer omeletes sem quebrar ovos, notamos que os ovos quebrados nesse processo são sempre aqueles que, uma ou duas gerações atrás, eram considerados as bases essenciais da vida civilizada. E quantas atrocidades cometidas por poderes com cujos princípios nossos pretensos "liberais" simpatizam não foram por estes desculpadas de bom grado?

Nessa mudança de valores morais causada pelo avanço do coletivismo, há um aspecto que, no presente momento, oferece motivo especial à reflexão: as virtudes cada vez menos apreciadas e, em consequência, cada vez mais raras, são justamente aquelas de que, com razão, se orgulhava o povo britânico. As virtudes nas quais, em geral, se admitia que esse povo superava os demais, com exceção de algumas nações pequenas, como os suíços e os holandeses, eram a independência e a fé em si mesmo, a iniciativa individual e a responsabilidade pela solução de problemas em nível local, a justificada confiança na atividade voluntária, a não interferência nos assuntos dos vizinhos e a tolerância para com os excêntricos e os originais, o respeito pelo costume e pela tradição e uma saudável desconfiança do poder e da autoridade.

A fortaleza de espírito, o caráter e as realizações do povo britânico são, em grande parte, fruto do cultivo do comportamento espontâneo. Entretanto, quase todas as tradições e instituições em que o gênio moral britânico encontrou sua expressão mais característica e que, por sua vez, moldaram o caráter nacional e todo o clima moral da Inglaterra, são aquelas que o avanço do coletivismo e as tendências à centralização que lhe são inerentes estão progressivamente destruindo.

Uma formação adquirida no exterior ajuda, por vezes, a perceber com mais clareza a que circunstâncias se devem as excelências peculiares da atmosfera moral de uma nação. E se a alguém que, apesar das disposições legais, permanecerá sempre um estrangeiro, for permitido manifestar-se sobre o assunto, direi que um dos espetáculos mais desalentadores de nosso tempo é ver até que ponto algumas das coisas mais preciosas que a Inglaterra deu ao mundo são agora desdenhadas na própria Inglaterra.

Mal sabem os ingleses o quanto diferem da maioria dos outros povos pelo fato de que todos, não importa o partido a que pertençam, defendem, em maior ou menor escala, as ideias que, em sua forma mais acentuada, são conhecidas como liberalismo. Em comparação com a maioria dos outros povos, ainda há vinte anos quase todos os ingleses eram liberais, por muito que discordassem do liberalismo partidário. Hoje, o inglês conservador ou socialista, não menos que o liberal, ao viajar pelo estrangeiro, poderá verificar que as ideias e as obras de Thomas Carlyle ou de Benjamin Disraeli (1804-1881), de Sidney Webb e Beatrice Webb ou de H. G. Wells são, sobremaneira, populares em círculos com os quais ele pouco tem em comum – entre nazistas e outros totalitários. Por outro lado, deparar-se com uma ilha intelectual onde sobrevive a tradição de Thomas Babington Macaulay (1800-1859) e William Ewart Gladstone, de James Mill (1773-1836) ou de *Lord* John Morley, encontrará espíritos que "falam sua linguagem" – por muito que ele se afaste dos ideais que esses homens defenderam.

Em parte alguma é mais patente a perda da fé nos valores específicos da civilização inglesa, e em parte alguma esse fato teve efeito mais paralisante sobre a busca de nosso grande objetivo imediato, do que na tola ineficiência de quase toda a propaganda britânica. O primeiro requisito para o êxito da propaganda dirigida a estrangeiros é a altiva admissão dos valores característicos e dos traços distintivos pelos quais o país que a promove é conhecido pelos outros povos. A causa principal da ineficácia da propaganda inglesa é que seus dirigentes parecem ter perdido a fé nos valores peculiares à civilização inglesa ou ignorar por completo os pontos em que ela difere das demais. De fato, a *intelligentsia* esquerdista prostrou-se por tanto tempo diante dos deuses estrangeiros que parece haver se tornado incapaz de perceber o que há de bom nas instituições e tradições tipicamente inglesas. Esses socialistas não admitem, é claro, que os valores morais de que a maior parte deles se orgulha são, em sua maioria, produto das instituições que se propõem a destruir. Infelizmente, essa atitude não está restrita aos socialistas confessos. Embora se deva esperar que isso não se aplique aos ingleses cultos, menos participantes, porém mais numerosos, a julgar pelas ideias que encontram expressão na propaganda e nos debates políticos correntes, os ingleses que não só *"falam a linguagem que William Shakespeare (1564-1616) falava"*, mas também *"defendem a fé e a moral que John Milton defendia"* parecem ter quase desaparecido[121].

Acreditar, no entanto, que a propaganda nascida dessa atitude possa ter o efeito desejado sobre nossos inimigos, e em particular sobre os alemães, é um erro fatal. Talvez os alemães não conheçam a Inglaterra muito bem, mas a conhecem o suficiente para saber quais são os valores tradicionais característicos da vida britânica, e quais os elementos que, durante as duas ou três últimas gerações, contribuíram para separar cada vez mais o espírito desses dois países. Se quisermos convencê-los, não só da nossa sinceridade, mas também de que temos a oferecer uma alternativa real para o caminho por eles escolhido, não será fazendo concessões a seu modo de pensar que o conseguiremos. Não os enganaremos com uma versão expurgada tomada de empréstimo às ideias de seus pais – seja o socialismo de Estado, a *Realpolitik*, o planejamento "científico" ou o corporativismo. Não os persuadiremos seguindo-os até metade do caminho que conduz ao totalitarismo. Se os próprios ingleses abandonarem o ideal supremo da liberdade e da felicidade individual, se admitirem implicitamente que sua civilização não merece ser preservada e que não conhecem outra alternativa senão seguir o caminho trilhado pelos alemães, é que não têm mesmo nada a oferecer.

Para os alemães, tudo isso não passa de simples confissões tardias de que os ingleses sempre estiveram errados e de que são eles, os alemães, que estão mostrando o caminho de um mundo novo e melhor, por mais alarmante que seja o período de transição. Os alemães não ignoram que o que eles ainda consideram tradições inglesas são concepções de vida fundamentalmente

---

[121] Embora o assunto deste capítulo já tenha suscitado algumas referências a John Milton, é difícil resistir à tentação de acrescentar aqui mais uma passagem, muito conhecida aliás, embora, ao que parece, hoje em dia ninguém, a não ser um estrangeiro, a ouse citar: *"Que a Inglaterra não esqueça que foi a primeira a ensinar as outras nações a viver"*. É talvez significativo que nossa geração tenha conhecido um sem-número de detratores de John Milton, tanto ingleses quanto norte-americanos – e que o primeiro deles, Ezra Pound (1885-1972), tenha transmitido propaganda, nesta guerra, pela rádio italiana.

opostas a seus novos ideais e irreconciliáveis com estes. Poderiam convencer--se de ter escolhido o caminho errado – mas nada os persuadirá jamais de que os ingleses sejam melhores guias no caminho traçado pela Alemanha.

Além disso, esse tipo de propaganda será o último a seduzir aqueles alemães com cujo auxílio devemos contar, em última análise, para reconstruir a Europa, por serem seus valores mais próximos aos nossos. Pois a experiência os fez mais prudentes: aprenderam que nem as boas intenções nem a eficiência da organização podem preservar a decência num sistema em que a liberdade e a responsabilidade pessoal são destruídas. O que querem, acima de tudo, os alemães e os italianos que aprenderam sua lição é defesa contra o Estado totalitário – não planos grandiosos de organização em escala colossal, mas a possibilidade de reconstruírem, em paz e liberdade, seu pequeno mundo individual. Se podemos contar com o apoio de alguns dos cidadãos dos países inimigos, não é porque eles acreditam que ser mandado por ingleses seja preferível a sê-lo por prussianos, e sim porque creem que num mundo em que os ideais britânicos saírem vitoriosos serão menos manipulados pelas autoridades, podendo cuidar em paz de suas vidas.

Se quisermos ser bem-sucedidos na guerra de ideologias e conquistar os indivíduos honestos dos países inimigos, devemos, em primeiro lugar, recuperar a fé nos valores tradicionais que este país representava no passado e ter a coragem moral de defender com tenacidade os ideais atacados por nossos inimigos. Não conquistaremos adesões com desculpas envergonhadas e com asserções de que nós estamos regenerando rapidamente, nem com explicações de que estamos procurando conciliar os valores tradicionais ingleses e as novas ideias totalitárias. O que importa não são os últimos melhoramentos que possamos ter introduzido em nossas instituições sociais, pois isso representa muito pouco em comparação com as diferenças básicas entre dois sistemas de vida opostos. Importa nossa fé inabalável nas tradições que fizeram deste país uma nação de homens livres e retos, tolerantes e independentes.

CAPÍTULO XV

- CAPÍTULO XV -

AS PERSPECTIVAS DA ORDEM INTERNACIONAL

> *"De todas as restrições à democracia, a federação tem sido a mais eficaz e a que mais favorece a harmonia [...]. O sistema federativo limita e restringe o poder soberano, dividindo-o e concedendo ao governo apenas certos direitos definidos. É o único meio de refrear, não só a maioria, mas o poder do povo inteiro".*
>
> – Lord Acton (1834-1902)

Em nenhum outro campo, o mundo pagou tão caro por abandonar o liberalismo do século XIX como naquele em que esse abandono se iniciou: o das relações internacionais. Contudo só aprendemos em parte a lição que a experiência deveria ter-nos ensinado. Mais que em qualquer outro lugar, talvez, as ideias correntes na Inglaterra sobre o que é desejável e praticável ainda são tais que podem produzir o oposto daquilo que prometem.

A lição do passado recente, cuja importância vem aos poucos sendo reconhecida, mostra que muitas formas de planejamento econômico, aplicadas de modo independente em escala nacional, tenderão a ser prejudiciais em seu conjunto, mesmo de um ponto de vista puramente econômico, produzindo, além disso, sérios atritos internacionais. Em nossos dias, não é necessário acentuar que haverá poucas esperanças de ordem internacional ou de uma paz duradoura, enquanto cada país puder aplicar quaisquer medidas que julgue úteis a seu interesse imediato, por mais nocivas que sejam para os outros. Muitas formas de planejamento econômico só são praticáveis, com efeito, quando a autoridade planejadora está em condições de afastar todas as influências externas. O resultado inevitável de tal planejamento é, em consequência, o acúmulo de restrições ao movimento de pessoas e mercadorias.

Menos evidentes, mas de modo algum menos reais, são as ameaças à paz, geradas pela solidariedade econômica, artificialmente promovida, de todos os habitantes de um país, e pelos novos blocos de interesses conflitantes, criados pelo planejamento em escala nacional. Não é necessário nem desejável que as fronteiras nacionais assinalem pronunciadas diferenças de padrões de vida, nem que o fato de pertencer a um grupo nacional confira o direito a uma fatia de um bolo completamente diverso daquele partilhado por membros de outros grupos. Se os recursos de cada nação forem considerados sua propriedade exclusiva, se as relações econômicas internacionais deixarem o plano individual para se tornarem cada vez mais entre nações inteiras organizadas como unidades comerciais, essas relações se converterão inevitavelmente em causa de atritos e inveja entre os povos. Uma das ilusões mais fatais é a de que, se a concorrência para a conquista dos mercados ou das matérias-primas fosse substituída por negociações entre Estados ou grupos organizados, os atritos internacionais seriam reduzidos. Isso seria apenas transformar num embate de forças aquilo que só em sentido metafórico podemos denominar "luta" entre concorrentes e transferir para Estados poderosos e armados, não sujeitos a qualquer lei superior, as rivalidades que os indivíduos eram obrigados a decidir sem recurso à força. As transações econômicas entre unidades nacionais que são, ao mesmo tempo, juízes supremos da própria conduta, que não se curvam ante nenhuma lei superior e cujos representantes não podem ser restringidos por qualquer consideração, exceto o interesse imediato de seus respectivos países, acabarão por converter-se em choque entre nações[122].

---

122 A respeito de todos estes pontos e de outros que só poderemos abordar muito por alto, consultar: ROBBINS, Lionel. *Economic Planning and International Order*. London: Macmillan, 1937. *passim*.

Se a vitória não nos servisse para algo melhor do que favorecer as atuais tendências nesse sentido, já bem perceptíveis antes de 1939, acabaríamos por descobrir que derrotamos o nacional-socialismo apenas para criar um mundo dividido entre muitos socialismos nacionais, que, embora diferindo em detalhes, seriam todos igualmente totalitários e nacionalistas e viveriam em conflito periódico uns com os outros. Os alemães, como já pensam alguns[123], pareceriam ter sido os perturbadores da paz, tão somente porque foram os primeiros a tomar o caminho depois seguido por todos os demais.

Aqueles que compreendem, ao menos em parte, essas ameaças costumam chegar à conclusão de que o planejamento econômico se deve realizar em nível "internacional". Isto é, deve ser feito por alguma autoridade supranacional. Mas, conquanto isso pudesse afastar alguns dos perigos óbvios criados pelo planejamento em escala nacional, parece que os defensores de planos tão ambiciosos têm pouca noção das dificuldades e dos perigos ainda maiores suscitados por suas propostas. Os problemas decorrentes da ordenação deliberada dos assuntos econômicos em escala nacional assumem, inevitavelmente, proporções maiores quando a mesma coisa é levada a efeito em escala internacional. O conflito entre planificação e liberdade não pode deixar de agravar-se conforme diminui a semelhança de valores e de padrões entre os que são submetidos a um plano unitário. Não é muito difícil planejar a vida econômica de uma família, e a dificuldade é pouco maior quando se trata de uma comunidade pequena. Mas, à proporção que a escala aumenta, diminui o consenso a respeito da ordem de importância dos objetivos. Numa pequena comunidade, os padrões de valores e as opiniões sobre a importância relativa das tarefas principais serão comuns no que diz respeito a um grande número de questões. Esse número, porém, diminuirá cada vez mais, à medida que se amplia o âmbito de planificação; e, reduzindo o consenso, crescerá a necessidade de adotar a força e a coerção.

É fácil persuadir qualquer povo a fazer um sacrifício para auxiliar aquilo que ele considera "sua" indústria siderúrgica ou "sua" agricultura, ou para que em seu país ninguém fique abaixo de um certo nível econômico. Enquanto se tratar de ajudar indivíduos cujos hábitos de vida e maneiras de pensar nos são familiares; de corrigir a distribuição da renda ou as condições de trabalho de pessoas cuja situação nos é fácil imaginar e cujas ideias sobre o que seria sua posição social adequada assemelham-se fundamentalmente às

---

[123] Vem, em especial, a significativa obra já citada: BURNHAM, James. *The Managerial Revolution. Op. cit.*

Capítulo XV | As Perspectivas da Ordem Internacional

nossas, a maior parte das vezes nos disporemos a fazer alguns sacrifícios. No entanto basta considerar os problemas criados pelo planejamento econômico, mesmo de uma região como a Europa Ocidental, para ver que inexistem as bases morais necessárias a semelhante empreendimento. Quem acredita na existência de ideais comuns de justiça distributiva que levem o pescador norueguês a abrir mão de suas perspectivas de melhoria econômica a fim de auxiliar seu colega português, ou o trabalhador holandês a pagar mais por sua bicicleta para ajudar o mecânico de Coventry, ou o camponês da França a pagar mais impostos em apoio à industrialização da Itália?

Se a maioria não quer compreender a dificuldade, é sobretudo porque, consciente ou inconscientemente, presume que ela própria é que resolverá essas questões para os outros membros da sociedade, e porque está convencida de sua capacidade de fazê-lo com justiça e equidade. O povo inglês, por exemplo, talvez ainda mais do que os outros, só começa a compreender o que significam tais planos quando lhe é lembrado que ele poderia constituir uma minoria na comissão planejadora e que as linhas gerais do futuro desenvolvimento econômico da Grã-Bretanha poderiam ser traçadas por uma autoridade não britânica. Quantos na Inglaterra estariam dispostos a submeter-se às decisões de uma autoridade internacional, mesmo democraticamente constituída, que tivesse o poder de decretar a precedência do desenvolvimento da indústria metalúrgica espanhola sobre a mesma indústria no País de Gales Meridional, a concentração da indústria de instrumentos ópticos na Alemanha com exclusão da Inglaterra, ou que a Inglaterra só importasse gasolina completamente refinada e que todas as indústrias relacionadas com o refino fossem reservadas aos países produtores?

A ideia de que se possa dirigir ou planejar por métodos democráticos a vida econômica de uma vasta região habitada por muitos povos diferentes revela completa falta de conhecimento dos problemas que tal planejamento suscitaria. Muito mais do que o nacional, o planejamento realizado em escala internacional não pode ser senão a lei da força: a imposição, por parte de um reduzido grupo, do tipo de trabalho e do padrão de vida que os planejadores julgam convir aos demais. É indiscutível que a *Grossraumwirtschaft* que os alemães pretendem pôr em execução só pode ser realizada com êxito por uma raça dominante, um *Herrenvolk*, que obrigue implacavelmente os outros povos a aceitarem suas ideias e seus objetivos. É erro considerar a brutalidade e o desrespeito que os alemães têm mostrado para com os desejos e ideais dos povos mais fracos um simples indício de uma perversão peculiar aos germânicos.

É a própria natureza da tarefa por eles assumida que torna esse procedimento inevitável. Empreender a direção da vida econômica de pessoas apegadas a ideais e valores amplamente divergentes é assumir responsabilidades que implicam o uso da força – é atribuir-se uma posição na qual, mesmo com as melhores intenções, não se pode deixar de agir de uma forma que, para alguns daqueles a ela submetidos, parecerá altamente imoral[124].

Isso se aplica mesmo que suponhamos o poder dominante tão idealista e desprendido quanto se possa conceber. Mas quão pouca probabilidade há de que ele seja desprendido, e são grandes as tentações. Creio que os padrões de decência e justiça, em especial no que toca às relações internacionais, são tão elevados na Inglaterra quanto nos outros países – se não superiores. E, contudo, ainda hoje ouvimos dizer que é preciso aproveitar a vitória para criar condições em que a indústria britânica possa fazer uso integral do equipamento construído durante a guerra, que a reconstrução da Europa deve ser orientada de maneira a ajustar-se às necessidades específicas da economia inglesa e a garantir a todos os habitantes do país o trabalho para o qual cada um se julga mais apto. O aspecto mais alarmante dessas sugestões não é o fato de serem feitas, mas de serem feitas com toda a ingenuidade, e consideradas coisa natural por pessoas de bem que não percebem em absoluto as enormidades morais implícitas no uso da força para tais fins[125].

O mais poderoso agente que contribui para criar essa crença na possibilidade de uma direção centralizada e única, por meios democráticos, da vida econômica de muitos povos diferentes, é a fatal ilusão de que, se as decisões fossem deixadas ao "povo", a comunhão de interesses das classes trabalhadoras logo superaria as diferenças que separam as classes dominantes. É de todo justificável esperar que, com o planejamento mundial, o embate de

---

[124] A experiência na esfera colonial da Grã-Bretanha, tanto quanto na de qualquer outro país, demonstrou que, mesmo as formas mais brandas de planejamento, conhecidas como desenvolvimento colonial, implicam, queiramos ou não, a imposição de certos valores e ideais àqueles a quem pretendemos auxiliar. Foi por sinal essa experiência que tornou os peritos em assuntos coloniais, inclusive os mais internacionalistas, tão descrentes da praticabilidade de uma administração "internacional" das colônias.

[125] Se alguém ainda não percebeu essas dificuldades, ou acalenta a esperança de que todas elas possam ser vencidas como um pouco de boa vontade, ser-lhe-á proveitoso imaginar as consequências de uma direção central das atividades econômicas, aplicada em escala mundial. Haverá dúvidas de que isso importaria numa tentativa mais ou menos consciente de assegurar o domínio do homem branco, e de que as outras raças teriam razão em assim considerá-la? Enquanto eu não encontrar um homem são de espírito convicto de que as raças europeias submeterão voluntariamente seu padrão de vida e o ritmo de seu progresso às determinações de um parlamento mundial, não posso deixar de considerar absurdos tais planos. Mas isso, infelizmente, não impede que se advoguem certas medidas que só se justificariam se o princípio da planificação mundial fosse um ideal realizável.

interesses econômicos que observamos agora em torno da política econômica de qualquer nação assumiria a forma, ainda mais agressiva, de um embate de interesses entre nações, que só poderia ser decidido pela força. Sobre as questões que uma autoridade planejadora internacional teria de resolver, os interesses e opiniões das classes trabalhadoras dos diferentes povos divergiriam tanto quanto os das diferentes classes de qualquer país, e as bases comuns para um acordo equitativo seriam ainda menores. A reivindicação do trabalhador de um país mais rico, no sentido de que se estabeleça um salário mínimo comum que o proteja da concorrência de seu colega de um país pobre que trabalha por salário mais baixo, aparentemente reverteria em benefício deste. Na realidade, porém, isso constituiria, muitas vezes, apenas um meio de privar esse trabalhador mais pobre da única possibilidade de melhorar suas condições de vida tentando superar desvantagens naturais pela oferta de mão de obra a um preço inferior ao de seus colegas de outros países. E, para ele, o fato de ter que dar o produto de dez horas de seu trabalho pelo produto de cinco horas de trabalho de seu colega estrangeiro, melhor equipado em termos de maquinaria, constituiria "exploração" semelhante à praticada por qualquer capitalista.

Num sistema internacional de economia dirigida, as nações mais ricas e, portanto, mais poderosas, teriam muito maior probabilidade de suscitar o ódio e a inveja das mais pobres do que um regime de livre mercado. E estas últimas, com ou sem razão, estariam convencidas de que sua situação poderia melhorar muito mais depressa se tivessem liberdade de fazer o que lhes aprouvesse. Com efeito, se passássemos a considerar um dever da autoridade internacional o estabelecimento da justiça distributiva entre os diferentes povos, a transformação da luta de classes em luta entre as classes trabalhadoras dos diferentes países não passaria de um desdobramento lógico e inevitável da doutrina socialista.

Hoje em dia, há muita discussão incoerente sobre "planejamento para igualar os padrões de vida". Será instrutivo considerar de forma mais detalhada uma dessas propostas, para perceber exatamente o que ela implica. A região para a qual nossos planejadores se voltam com especial carinho no momento é a bacia do Danúbio e o sudeste europeu. Sem dúvida, urge melhorar as condições econômicas dessa região, tanto por motivos humanitários e econômicos quanto pelo interesse da futura paz europeia.

Também é certo que tal melhoramento só poderá ser conseguido numa situação política diferente da que até hoje tem reinado ali. Mas isso não pressupõe que a vida econômica dessa região deva ser dirigida de acordo com apenas um plano abrangente, que favoreça o desenvolvimento das diversas indústrias segundo um cronograma traçado de antemão, de maneira que o êxito das iniciativas locais dependa da aprovação da autoridade central e da incorporação dessas iniciativas ao plano. Não se pode, por exemplo, criar uma espécie de administração do vale do Tennessee aplicável à bacia do Danúbio sem fixar, para um prazo bastante longo, o ritmo relativo do progresso dos diferentes grupos étnicos que habitam essa região ou sem subordinar a essa tarefa as aspirações e desejos de cada grupo.

Tal planejamento deve começar, necessariamente, por estabelecer uma ordem de prioridade entre as diferentes reivindicações. Traçar um plano para equiparar os padrões de vida significa dispor essas reivindicações numa ordem hierárquica de acordo com o mérito, dar a algumas delas prioridade em relação a outras e fazer com que algumas tenham de aguardar a sua vez – ainda que aqueles cujos interesses sejam assim postergados estejam convencidos, não apenas da superioridade dos seus direitos, mas até da possibilidade de alcançarem mais depressa seu objetivo se tivessem liberdade de agir como desejam. Não há base lógica que nos permita determinar se as reivindicações do camponês pobre da Romênia são mais prementes ou menos prementes do que as do albanês, ainda mais pobre do que ele, ou se as necessidades do pastor das montanhas eslovacas são maiores que as de seu colega esloveno. Mas, para que a elevação de seus padrões de vida se dê de acordo com um plano unitário, alguém terá de comparar os méritos de todas essas reivindicações e decidir entre elas. E, uma vez posto em execução semelhante plano, todos os recursos da região a que ele se aplica deverão contribuir para sua realização. Não será possível abrir exceções para os que se julgam capazes de alcançar maior prosperidade por si mesmos. Como outras reivindicações são sobrepostas às suas, terão de trabalhar em primeiro lugar para a satisfação das necessidades daqueles a quem se deu prioridade.

Dessa forma, *todos* se sentirão em pior situação do que se outro plano tivesse sido adotado. Cada um se convencerá de que foram o arbítrio e o poder dos países dominantes que o condenaram a viver em condições menos favoráveis do que aquelas a que julga ter direito. Semelhante experiência numa região dividida em pequenos países, cada um dos quais acredita com igual convicção na sua superioridade sobre os demais, equivale a empreender uma tarefa que só pode ser executada pelo emprego da força. Na prática, isso significa que os ingleses e o poderio inglês determinariam se a elevação dos padrões de vida do camponês búlgaro deve preceder a do macedônio, e se cabe ao mineiro tcheco ou ao húngaro aproximar-se mais depressa dos padrões ocidentais. Não é necessário ter grande conhecimento da natureza humana, e por certo bastará conhecer um pouco os povos da Europa Central, para compreender que, seja qual for a decisão imposta, haverá muitos – provavelmente uma maioria – a quem a ordem de precedência dada parecerá suprema injustiça. E o ódio comum não tardará a voltar-se contra o poder que, embora desinteressadamente, decidiu, na realidade, o destino de todos.

Muitos, sem dúvida, acreditam com sinceridade que, se lhes fosse atribuída essa tarefa, conseguiriam resolver todos os problemas de forma justa e imparcial, e ficariam surpreendidos ao ver as suspeitas e o ódio voltarem-se contra eles. No entanto essas pessoas seriam, provavelmente, as primeiras a lançar mão da força quando aqueles a quem pretendem beneficiar se mostrassem recalcitrantes e a exercer implacável coerção sobre o povo no cumprimento daquilo que julgam ser do interesse popular. Esses perigosos idealistas não veem que, quando uma responsabilidade moral envolve a necessidade de fazer nossos princípios éticos prevalecerem sobre os de outras comunidades, assumi-la pode nos colocar numa posição em que um comportamento moral se torne impossível. Impor às nações vitoriosas uma tarefa moral impossível é um meio certo de corrompê-las e desacreditá-las moralmente.

Auxiliemos, pois, tanto quanto pudermos os mais pobres em seus esforços para organizarem-se e elevarem o próprio padrão de vida. Uma autoridade internacional pode ser muito equitativa e contribuir enormemente para a prosperidade econômica, desde que se limite a manter a ordem e a estabelecer condições em que os indivíduos possam desenvolver-se por si mesmos. Mas é impossível ser justo e permitir que cada um viva a seu modo quando a autoridade central distribui matérias-primas e aloca mercados, quando todo esforço espontâneo depende de uma "aprovação" e nada se pode fazer sem a sanção da autoridade central.

Depois das exposições feitas nos capítulos anteriores, é quase desnecessário acentuar que essas dificuldades não podem ser enfrentadas conferindo-se a várias autoridades internacionais "apenas" poderes econômicos específicos. A ideia de que isso seja uma solução prática baseia-se na ilusão de que o planejamento econômico é uma questão puramente técnica que pode ser resolvida de maneira objetiva por especialistas, e que os pontos, de fato, essenciais continuariam sendo decididos pelas autoridades políticas. Qualquer autoridade econômica internacional, não sujeita a um poder político superior, mesmo dentro dos estritos limites de um campo específico, poderia exercer com facilidade o poder mais tirânico e irresponsável que é possível imaginar. O controle exclusivo de um bem ou serviço essencial (como o transporte aéreo) é, com efeito, um dos poderes mais amplos que se podem conferir a qualquer autoridade. E há poucas possibilidades de controlar esse poder, uma vez que quase tudo pode ser justificado por "necessidades técnicas" incontestáveis por um leigo de modo eficiente – ou mesmo por argumentos humanitários e talvez sinceros – sobre as necessidades de algum grupo particularmente desfavorecido que não poderia ser auxiliado de outra maneira. A organização dos recursos mundiais por órgãos mais ou menos autônomos, apoiada hoje em dia por setores os mais inesperados, um sistema de vastos monopólios reconhecido por todos os governos nacionais, mas independente de todos eles, acabaria por converter-se no pior de todos os sistemas de exploração – ainda que os homens incumbidos de administrá-lo se mostrassem guardiões fidelíssimos dos interesses a eles confiados.

Basta ponderar sobre as consequências de propostas aparentemente inócuas e tidas como a base da futura ordem econômica, como o controle e a distribuição deliberada da oferta de matérias-primas essenciais, para compreender as tremendas dificuldades políticas e os perigos morais que elas criariam. A autoridade encarregada do controle da oferta de gasolina, madeira, borracha ou estanho, seria senhora do destino de indústrias e de países inteiros. Ao decidir se cumpre ou não permitir o aumento da oferta e a queda do preço ou da renda dos produtores, ela estaria decidindo se este ou aquele país teria permissão para iniciar uma nova indústria ou seria impedido de fazê-lo. Enquanto essa autoridade controladora "protege" o padrão de vida daqueles que considera especialmente confiados a seu cuidado, privará muitos, em posição bem pior, da maior e talvez única oportunidade de melhorar a própria condição. Se todas as matérias-primas essenciais fossem controladas dessa forma, não haveria indústria nova ou novo empreendimento a que um povo se pudesse lançar sem a permissão da autoridade, nenhum plano de desenvolvimento ou de melhoramento que esta não pudesse frustrar com seu veto. O mesmo acontece com o acordo internacional para a "partilha" dos mercados, e ainda mais com o controle do emprego de capitais e o aproveitamento dos recursos naturais.

É curioso observar como aqueles que se dizem os mais intransigentes realistas e não perdem ocasião de ridicularizar as "ideias utópicas" dos que acreditam na possibilidade de uma ordem política internacional consideram, no entanto, praticável a interferência muito mais íntima e irresponsável na vida dos diferentes povos, implícita no planejamento econômico. Além disso, acreditam que, uma vez conferido um poder jamais visto a um governo internacional que acabam de declarar incapaz de impor um simples Estado de Direito, esse grande poder será usado com tanto desprendimento e tanta justiça que conquistará a aprovação geral. Ora, é evidente que, embora as nações possam respeitar normas formais por elas aceitas de comum acordo, nunca se submeterão ao controle inerente ao planejamento internacional. Talvez possam concordar sobre as regras do jogo. Jamais concordarão, porém, com a ordem de prioridades que fixe por voto majoritário a importância relativa de suas necessidades e a rapidez com que lhes será permitido progredir. Ainda que a princípio, iludidos quanto ao significado de tais propostas, os povos assentissem em delegar tais poderes a uma autoridade internacional, não tardariam a descobrir que o que tinham delegado não era uma simples tarefa técnica, e sim o mais amplo controle sobre suas próprias vidas.

O que têm em mente, de fato, os "realistas" não de todo destituídos de senso prático que advogam esses planos é que, se de um lado as grandes potências relutarão em submeter-se a qualquer autoridade superior, de outro poderão utilizar essas autoridades "internacionais" para impor sua vontade às pequenas nações na área em que exercem hegemonia. Há tanto "realismo" nisso que, camuflando-se dessa forma como "internacionais" as autoridades planejadoras, seria mais fácil alcançar a única condição em que é exequível o planejamento, ou seja, aquela em que ele é realizado por uma só potência dominante. Esse disfarce, entretanto, não alteraria o fato de que, para os Estados menores, tal coisa significa uma sujeição bem mais completa a uma potência externa, à qual já não seria possível opor nenhuma resistência real, do que a sujeição implícita na renúncia a uma parte claramente definida da sua soberania política.

É significativo que os mais apaixonados defensores de uma nova ordem para a Europa, com direção econômica centralizada, revelem, como seus protótipos fabianos e alemães, o mais completo desdém pela individualidade e pelos direitos das pequenas nações. As opiniões do professor Carr, que nessa esfera, ainda mais do que na da política interna, representa as tendências totalitárias na Inglaterra, já levaram um de seus colegas de profissão a fazer esta pergunta muito pertinente: *"Se o tratamento dado pelos nazistas às pequenas nações soberanas deve ser empregado agora de forma generalizada, por que, então, estamos em guerra*"[126]? Os que observaram a inquietação provocada entre nossos aliados mais fracos por certas declarações recentes sobre o assunto, publicadas em jornais de orientação tão diferente quanto o *The Times* ou o *New Statesman*[127], não terão dúvidas de que nossos amigos mais próximos até hoje se ressentem dessa atitude e de como será fácil dissipar a boa vontade acumulada durante a guerra, se resolvermos seguir tais conselhos.

Aqueles que se mostram tão dispostos a espezinhar os direitos das pequenas nações têm, é claro, razão num ponto: não podemos esperar que reine a ordem ou uma paz duradoura depois dessa guerra se os Estados, grandes e pequenos, reconquistarem uma soberania irrestrita na esfera econômica. Isso, porém, não quer dizer que se deva conceder a um novo superestado poderes que não aprendemos a usar com inteligência sequer no âmbito nacional, ou a um órgão internacional o direito de ditar a cada nação como empregar seus recursos. Significa apenas que deve haver um poder capaz de impedir que as diferentes nações adotem medidas prejudiciais aos seus vizinhos; um conjunto de normas que defina o campo de ação de cada Estado; e uma autoridade capaz de fazer cumprir essas normas. Os poderes necessários a tal autoridade são basicamente de natureza negativa: ela deve, acima de tudo, estar em condições de vetar toda sorte de medidas restritivas.

Longe de ser verdade que, como muitos acreditam hoje, necessitemos de uma autoridade econômica internacional que não impeça os Estados de conservarem soberania política irrestrita, trata-se quase exatamente do oposto. Do que necessitamos e podemos ter esperanças de conseguir não é uma autoridade econômica internacional irresponsável dotada de maior poder, mas, ao contrário, um poder político superior capaz de refrear os interesses econômicos, funcionando como árbitro nos conflitos que surgem entre estes por não estar ele próprio envolvido nos interesses em jogo.

Necessitamos de uma autoridade política internacional que, sem poderes para impor aos diferentes povos o que devem fazer, tenha condições de impedi-los de prejudicar a outros. Os poderes de que deve ser investida uma autoridade internacional não são aqueles recentemente assumidos pelos Estados, mas um número mínimo de poderes sem o qual é impossível manter

---

126 Sentença do professor C. A. W. Manning (1894-1978), numa resenha do livro *Conditions of Peace*, do professor E. H. Carr, publicada em junho 1942 no periódico *International Affairs Review Supplement*.
127 É bastante significativo que, como observava recentemente uma das nossas revistas semanais, *"já estávamos esperando sinais das doutrinas de Carr nas páginas de* New Slatesman, *assim como nas de* The Times" ("Four Winds". *Time and Tide*, February 20, 1943).

relações pacíficas: em essência, os poderes do Estado ultraliberal. E, ainda mais que na esfera nacional, é indispensável que esses poderes da autoridade internacional sejam rigorosamente circunscritos pelo Estado de Direito. A necessidade de semelhante autoridade supranacional torna-se, com efeito, cada vez maior conforme os Estados se vão convertendo em unidades de administração econômica, antes atores do que simples supervisores do cenário econômico, e que todo atrito só pode surgir entre Estados como tais, não entre indivíduos.

A forma de governo internacional sob a qual certos poderes estritamente definidos são transferidos a uma autoridade superior, enquanto sob todos os outros aspectos cada país permanece responsável por sua política interna é, naturalmente, a da federação. Não devemos permitir que os numerosos argumentos irrefletidos, e muitas vezes tolos, apresentados a favor de uma "união federal" durante o apogeu da propaganda nesse sentido, obscureçam o fato de que o princípio federativo é a única forma de associação de povos diferentes capaz de criar uma ordem internacional sem restringir de maneira indevida o desejo de independência desses povos[128]. O federalismo nada mais é do que a aplicação, aos assuntos internacionais, da democracia, único método de mudança pacífica até hoje inventado pelo homem. Trata-se, porém, de uma democracia com poderes claramente limitados. Além do ideal mais impraticável que visa a fundir diferentes países num único Estado centralizado (cuja conveniência, aliás, está longe de ser evidente), a federação é o único meio de converter em realidade o ideal do Direito internacional. Não devemos iludir-nos: no passado, ao denominar Direito internacional as regras de conduta entre as nações, estávamos apenas manifestando uma aspiração hipócrita. Quando queremos impedir que as pessoas se matem umas às outras, não nos contentamos em declarar em público que o homicídio é condenável: conferimos poder a uma autoridade para impedi-lo. Do mesmo modo, não haverá Direito internacional se não existir um poder que o aplique.

O obstáculo à criação de tal autoridade internacional foi, em grande parte, a ideia de que ela deveria dispor dos poderes praticamente ilimitados

---

[128] É lastimável que o grande número de publicações federalistas editadas nos últimos anos tenha impedido que as poucas obras importantes e sensatas entre elas recebessem a merecida atenção. Uma, em particular, deveria ser cuidadosamente consultada ao se tentar estabelecer uma nova estrutura política da Europa – o seguinte livro: JENNINGS, William Ivor. *A Federation for Western Europe*. Cambridge: Cambridge University Press, 1940.

que o moderno Estado detém. Com a divisão de poderes propiciada pelo sistema federal, porém, isso não é de modo algum necessário.

Essa divisão de poder atuaria, ao mesmo tempo, como uma limitação do poder do conjunto, e do poder de cada Estado em particular. É provável que muitas formas de planejamento em moda hoje em dia se tornassem de todo impossíveis[129], mas isso de modo algum constituiria um obstáculo a qualquer planejamento. Uma das principais vantagens da federação é, com efeito, poder ser estabelecida de modo a dificultar quase todo planejamento prejudicial, deixando o caminho aberto a todo planejamento benéfico. Ela impede, ou é possível fazer com que impeça, quase todas as formas de restrição, e limita o planejamento internacional aos campos em que se pode chegar a um verdadeiro acordo – não apenas entre os "interesses" imediatamente envolvidos, mas entre todos os que possam ser atingidos. As formas desejáveis de planejamento que se podem levar a efeito em nível local e sem a necessidade de medidas restritivas são deixadas em liberdade e confiadas aos mais bem qualificados para empreendê-las. É mesmo de esperar que, dentro de uma federação, onde já não existem razões para fortalecer ao máximo cada Estado, o processo de centralização utilizado no passado possa, dentro de certos limites, ser invertido. Isso permite, inclusive, que certos poderes sejam retirados do Estado e devolvidos às autoridades locais.

Vale a pena recordar que a ideia de que o mundo encontrará, por fim, a paz mediante a fusão dos diferentes Estados em grandes grupos federados e depois, talvez, numa federação única constitui, na verdade, o ideal de quase todos os pensadores liberais do século XIX. De Alfred Tennyson (1809-1892), cuja visão muito citada da "batalha aérea" é seguida de uma visão dos povos federados após a grande luta derradeira, até o fim do século, o estabelecimento final de uma organização federativa foi a esperança recorrente de uma próxima grande etapa no caminho da civilização. Talvez os liberais do século XIX não compreendessem plenamente até que ponto uma organização federal dos diferentes Estados constituía um complemento essencial a seus princípios[130]; mas eram poucos entre eles os que não expressavam sua crença em tal coisa como um objetivo final[131]. Apenas com a aproximação de nosso

---

129 Sobre este assunto, ver o seguinte artigo de nossa autoria: HAYEK, F. A. "The Economic Conditions of Interstate Federalism". *New Commonwealth Quarterly*, Vol. 5, No. 2 (September 1939) 131-49.
130 Ver, a este respeito: ROBBINS, Lionel. *Economic Planning and International Order. Op. cit.*, p. 240-57.
131 Ainda nos últimos anos do século XIX, Henry Sidgwick pensava não estar *"fora dos limites de uma previsão moderada conjeturar que alguma integração futura poderá ocorrer nos estados da Europa Ocidental; e, se isso se converter em realidade, parece provável que seja seguido o exemplo dos Estados Unidos e que se forme a nova agregação política sobre a base*

século é que, ante o surto triunfante da *Realpolitik*, essas esperanças passaram a ser consideradas utópicas e irrealizáveis.

    Não conseguiremos reconstruir nossa civilização em grande escala. Não é por mera coincidência que, de modo geral, havia mais beleza e honestidade na vida dos pequenos povos e que, entre os grandes, existia mais felicidade e contentamento, pois evitavam a doença fatal da centralização. E, por certo, não lograremos preservar a democracia ou promover seu desenvolvimento se todo o poder e a maioria das decisões importantes ficarem nas mãos de uma organização tão vasta que o homem comum não a possa fiscalizar ou compreender. Em parte alguma a democracia tem funcionado bem sem uma grande medida de autodeterminação em nível local, que constitua uma escola de adestramento político para seus futuros líderes não menos que para o povo em geral. Só onde se pode aprender e praticar a responsabilidade em assunto com que a maioria do povo está familiarizada, onde a percepção das condições de nosso vizinho e não um conhecimento teórico das necessidades alheias orienta a nossa ação, é que o homem comum pode, de fato, participar dos negócios públicos, porque dizem respeito ao mundo que ele conhece.

    Quando o âmbito das medidas políticas se torna tão vasto que praticamente só os burocratas têm o necessário conhecimento, os impulsos criativos do indivíduo tendem a definhar. Creio que, nesse ponto, a experiência de países pequenos como a Holanda e a Suíça encerra muitas lições mesmo para os países grandes mais afortunados, como a Grã-Bretanha. Todos nós teremos a lucrar com a criação de um mundo em que os pequenos Estados possam viver.

    Mas os pequenos só podem conservar sua independência, tanto na esfera internacional quanto na nacional, no âmbito de um verdadeiro sistema legal que garanta, de um lado, a aplicação invariável de certas normas e, de outro, que a autoridade investida do poder para fazê-las cumprir não possa utilizar tal poder para qualquer outra finalidade. Embora, para a tarefa de fazer vigorar a lei comum, a autoridade supranacional deva ser muito poderosa, sua constituição deverá ao mesmo tempo ser estruturada de modo a impedir tanto a autoridade internacional quanto as nacionais de se tornarem tirânicas. Jamais poderemos evitar o abuso de poder se não nos dispusermos a limitá-lo de um modo que também impeça seu uso ocasional para fins benéficos.

---

de uma constituição federal" (SIDGWICK, Henry. *The Development of European Polity*. London: The Macmillan, 1903. p. 439).

A grande oportunidade que teremos após esta guerra é a de que as grandes potências vitoriosas, começando elas mesmas por submeterem-se a um sistema de normas que estão em condições de fazer observar, possam conquistar simultaneamente o direito moral de impor as mesmas normas aos demais.

Uma autoridade internacional que limite de modo efetivo o poder do Estado sobre o indivíduo será uma das melhores salvaguardas da paz. O Estado de Direito internacional deve tornar-se uma proteção tanto contra a tirania do Estado sobre o indivíduo quanto contra a tirania do novo superestado sobre as comunidades nacionais. Nossa meta não deve ser nem um superestado onipotente, nem uma frouxa associação indefinida de "nações livres", mas uma comunidade de nações formadas de homens livres. Durante muito tempo, afirmamos que se tornara impossível adotar aos negócios internacionais uma linha de ação que nos parecia aconselhável, porque os outros recusavam-se a entrar no jogo. O acordo a ser estabelecido constituirá uma oportunidade de mostrarmos que fomos sinceros e que estamos prontos a aceitar as mesmas restrições à nossa liberdade de ação que, no interesse comum, achamos necessário impor aos outros.

Empregado com prudência, o princípio federativo de organização poderá revelar-se a melhor solução para os mais complexos problemas mundiais. Sua aplicação, porém, é tarefa sobremodo difícil, na qual não obteremos êxito se, numa tentativa por demais ambiciosa, o forçarmos além do limite da sua capacidade.

Haverá, provavelmente, uma forte tendência para dar alcance mundial e universal a qualquer organização internacional que se formar. E, é claro, sentiremos a necessidade imperiosa de uma organização abrangente, uma espécie de nova Liga das Nações. Se, porém, no desejo de apoiar-se inteiramente nessa instituição, ela for encarregada de todas as tarefas que parece desejável confiar a uma organização internacional, essas tarefas correm o grande risco de não serem levadas a efeito de modo adequado. Sempre me pareceu que tais ambições constituíssem a causa da ineficácia da Liga das Nações. Para dar-lhe abrangência mundial (tentativa, aliás, fracassada), foi preciso debilitá-la. Uma liga menor e ao mesmo tempo mais poderosa teria sido melhor instrumento para a manutenção da paz. Creio que essas considerações ainda são válidas e que seria possível realizar certo grau de cooperação entre, por exemplo, o Império Britânico e as nações da Europa Ocidental, incluindo talvez os Estados Unidos, enquanto em escala mundial tal coisa seria irrealizável. A associação bastante íntima implícita numa federação talvez não seja praticável inicialmente nem mesmo numa região tão limitada como uma parte da Europa Ocidental, embora possa ser ampliada aos poucos.

É certo que, com a formação de tais federações regionais, ainda permanecerá a possibilidade de guerra entre os diferentes blocos. Para diminuir ao máximo esse risco, seria preciso confiar numa união mais ampla e menos compacta. O que desejo acentuar é que a necessidade dessa outra organização não deve constituir um obstáculo à associação mais íntima de países que apresentem maior semelhança de civilização, ideias e padrões. Embora seja nosso dever prevenir tanto quanto possível as futuras guerras, não se deve pensar que possamos criar de uma só vez uma organização permanente que impossibilite a guerra em qualquer parte do mundo.

Além de sermos malsucedidos nessa tentativa, talvez arruinássemos as probabilidades de êxito numa esfera mais limitada. Como acontece em relação a outros grandes males, as medidas que tornariam a guerra de todo impossível no futuro talvez se revelassem piores do que a própria guerra. Se conseguirmos diminuir os riscos de atrito capazes de provocar a guerra, faremos tudo o que, dentro dos limites do razoável, podemos ter esperança de realizar.

CONCLUSÃO

- CONCLUSÃO -

A finalidade deste livro não foi traçar um programa detalhado para uma futura ordem social desejável. Se no campo dos negócios internacionais fomos um pouco além de nosso propósito essencialmente crítico, é porque nesse terreno talvez tenhamos, em breve, de criar uma estrutura dentro da qual o futuro desenvolvimento poderá vir a processar-se por muito tempo. Muita coisa dependerá de como usarmos a oportunidade que então nos será dada. O que quer que façamos, porém, só poderá ser o começo de um novo, longo e árduo processo pelo qual todos nós esperamos criar pouco a pouco um mundo muito diferente daquele que conhecemos nos últimos vinte e cinco anos.

É duvidoso que, na fase atual, tenha grande utilidade apresentar um plano detalhado de uma nova ordem da sociedade – ou que alguém seja competente para fazê-lo. O importante, agora, é que teremos de encontrar um consenso em torno de certos princípios e de nos libertar de alguns erros que pautaram nossa conduta nas últimas décadas. Por muito que nos desagrade admitir tal fato, devemos reconhecer que, antes desta guerra, havíamos novamente atingido uma fase crítica. Agora, é mais importante remover os obstáculos com que a insensatez humana obstruiu nosso caminho e liberar a energia criadora dos indivíduos, do que inventar novos mecanismos para "guiá-los" e "dirigi-los" – criar condições favoráveis ao progresso, em vez de "planejar o progresso". A primeira necessidade é libertarmo-nos da pior forma de obscurantismo contemporâneo: aquela que procura nos persuadir de que nossa conduta no passado recente foi ou acertada, ou inevitável. Não nos tornaremos mais sábios enquanto não aprendermos que muito do que fizemos era pura tolice.

Para construir um mundo melhor, devemos ter a coragem de começar de novo – mesmo que isso signifique, como dizem os franceses, *reculer pour mieux sauter*[132]. Não são os que creem em tendências inevitáveis que mostram essa coragem; nem aqueles que pregam uma "nova ordem" (que não é mais do que uma projeção das tendências dos últimos quarenta anos), sem nada melhor a oferecer do que imitar Hitler. Aqueles que clamam mais alto pela nova ordem são, na realidade, os que se acham mais completamente dominados pelas ideias que provocaram esta guerra e quase todos os males de que sofremos. Os jovens têm razão em depositar pouca confiança nos princípios pelos quais se norteia grande parte da geração mais velha. Mas se enganam ou são enganados quando acreditam que tais princípios ainda são os princípios liberais do século XIX. Estes, a geração jovem mal os conhece. Conquanto não possamos desejar nem efetuar a volta à realidade do século XIX, temos a oportunidade de realizar seus ideais – e esses ideais não eram desprezíveis. Não temos direito de nos considerarmos superiores a nossos avós nesse ponto; e nunca deveríamos esquecer que fomos nós, os homens do século XX, e não eles, que provocamos tal desordem. Se eles ainda não haviam aprendido de todo o que era necessário para construir o mundo que desejavam, a experiência por nós adquirida desde então deveria ter-nos preparado melhor para a tarefa. Se fracassamos na primeira tentativa de criar um mundo de homens livres, devemos tentar novamente. O princípio orientador – o de que uma política de liberdade para o indivíduo é a única política que, de fato, conduz ao progresso – permanece tão verdadeiro hoje como o foi no século XIX.

---

132 Literalmente, "recuar para melhor avançar". (N. T.)

NOTAS

- NOTAS BIBLIOGRÁFICAS -

A exposição de um ponto de vista que, durante muitos anos, vem sendo desfavorecido pela opinião geral torna-se ainda mais difícil pelo fato de que, nos limites de uns poucos capítulos, só é possível debater alguns de seus aspectos. Para o leitor cujas opiniões se tenham formado segundo as ideias dominantes nos últimos vinte anos, uma exposição tão sumária não poderá ser suficiente para fornecer os elementos básicos indispensáveis a um estudo proveitoso. Mas, embora não prevaleçam nos dias atuais, as ideias do autor deste livro não são tão incomuns quanto poderiam parecer a certos leitores. Sua perspectiva fundamental é a mesma de escritores cujo número vem crescendo substancialmente em muitos países.

Desenvolvendo seus estudos de modo independente, eles chegaram a conclusões quase idênticas. O leitor desejoso de conhecer melhor o que possa ter julgado um conjunto de ideias pouco comum, porém pelas quais sinta afinidade, considerará útil a lista que apresento a seguir, de alguns dos trabalhos mais importantes dessa linha de pensamento. Nela, incluo diversos estudos em que o caráter essencialmente crítico deste livro é complementado por análises mais amplas da configuração que deveria ter a sociedade futura.

CASSEL, G. *From Protectionism Through Planned Economy*. London: Cobden Memorial Lecture. 1934.

CHAMBERLIN, W. H. A *False Utopia Collectivism in Theory and Practice*. London: Duckworth, 1937.

GRAHAM, F. D. *Social Goals and Economic Institutions*. Princeton: Princeton University Press, 1942.

GREGORY, T. E. *Gold, Unemployment, and Capitalism*. London: King, 1933.

HALÉVY, E. *L'ère des tyrannies*. Paris: Gallimard, 1938. [Dois dos ensaios mais importantes desta obra foram publicados em tradução inglesa na *Economics* de fevereiro de 1941, e na *International Affairs*, em 1934].

HALM, G.; MISES, L. von *et al. Collectivist Economic Planning*. Org. F.A. HAYEK. London: Routledge, 1937.

HUTT, W. H. *Economists and lhe Public*. London: Cape, 1935.

LIPPMANN, W. *An Inquiry into the Principles of the Good Society*. London: Allen & Unwin, 1937.

MISES, L. von. *Socialism*. Trad. J. Kahane. London: Cape, 1936.

_____. *Omnipotent Government*. New Haven: Yale University Press, 1944.

MUIR, R. *Liberty and Civilization*. London: Cape, 1940.

POLANYI, M. *The Contempt of Freedom*. Londres: Watts, 1940.

QUEENY, E. M. *The Spirit of Enterprise*. New York: Scribners, 1943.

RAPPARD, W. *The Crisis of Democracy*. Chicago: University of Chicago Press, 1938.

ROBBINS, L. *Economic Planning and International Order*. London: Macmillan, 1937.

_____. *The Economic Basis of Class Conflict and Other Essays in Political Economy*. London: Macmillan, 1939.

_____. *The Economic Causes of War*. London: Cape, 1939.

RÖPKE, W. *Die Gesellschaftskrisis der Gegenwart*. Erlenbach-Zürich: Eugen Rentsch Verlag, 1942.

_____. *Civitas Humana*. Erlenbach-Zürich: Eugen Rentsch Verlag, 1944.

ROUGIER, L. *Les mystiques* économiques. Paris: Librairie Medicis, 1938.

VOIGT, F. A. *Unto Caesar*. London: Constable, 1938.

Os seguintes *Public Policy Pamphlets* foram publicados pela University of Chicago Press:

GIDEONSE, H. D. *Organised Scarcity and Public Policy*. 1939.

HEILPERIN, M. A. *Economic Policy and Democracy*. 1943.
HERMENS, F. A. *Democracy and Proportional Representation*. 1940.
SIMONS, H. *A Positive Program for Laissez-Faire: Some Proposals for a Liberal Economic Policy*. 1934.
SULZBACH, W. *Capitalist Warmongers: A Modem Superstition*. 1942.

Há também importantes estudos da mesma orientação, de alemães e italianos; mas, por consideração para com seus autores, seria inconveniente mencioná-los no momento atual. A essa lista, acrescento três livros que, mais do que quaisquer outros que eu conheça, ajudam a compreender o sistema de ideias que rege nossos inimigos, bem como as diferenças que os separam de nós:

ASHTON, E. B. *The Fascist: His State and Mind*. London: Putnam, 1937.
FOERSTER, F. W. *Europe and the German Question*. London: Sheed, 1940.
KANTOROWICZ, H. *The Spirit of English Policy and the Myth of the Encirclement of Germany*. London: Allen & Unwin, 1931.

E acrescento, ainda, uma importante obra recente sobre a História moderna da Alemanha, não tão conhecida na Inglaterra quanto merece:

SCHNABEL, F. *Deutsche Geschichte im 19, Jahrhundert*. Freiburg i. B., 1929-37, 4 v.

Talvez os estudos mais esclarecedores sobre alguns de nossos problemas contemporâneos ainda se encontrem em certas obras dos grandes filósofos políticos da era liberal, como de Alexis de Tocqueville (1805-1859) ou *Lord* Acton (1834-1902), e, para ir ainda mais longe no passado, Benjamin Constant (1767-1830), Edmund Burke (1729-1797) e os ensaios reunidos em *The Federalist* [*O Federalista*] de James Madison (1751-1836), Alexander Hamilton (1755-1804) e John Jay (1745-1829) – homens de gerações para as quais a liberdade ainda constituía um problema e um valor a ser defendido, enquanto nossa geração, que a encara como algo que sempre continuará existindo, não sabe de onde vêm os perigos que a ameaçam nem tem a coragem de livrar-se das doutrinas que a ela se opõem.

POSFÁCIO

- POSFÁCIO -
Uma Retrospectiva sobre *O Caminho da Servidão:* A Falha de Governo no Debate Contra o Socialismo

PETER J. BOETTKE

Em simpósio sobre o livro *The Fatal Conceit* [*A Arrogância Fatal*][133], o economista e historiador Robert Higgs censurou a ignorância de F. A. Hayek (1899-1992) sobre os desenvolvimentos contemporâneos na área da Teoria da Escolha Pública [*Public Choice*]. Higgs argumenta:

---

[133] HAYEK, F. A. *The Fatal Conceit: The Errors of Socialism.* Chicago: The University of Chicago Press, 1988.

Lendo F. A. Hayek ninguém jamais saberia da existência da Teoria da Escolha Pública. Não há qualquer menção aos trabalhos de James M. Buchanan (1919-2013) ou de Gordon Tullock (1922-2014) ou ao de qualquer um de seus discípulos. Tampouco Hayek aparenta ter alguma noção sobre os problemas de Escolha Pública[134].

Segundo Higgs inexiste discussão sobre grupo de interesses, motivação para votar, problemas do carona [*free-rider*], normas constitucionais, etc., no trabalho de Hayek. Concede-se o fato de que tais comentários de Higgs limitam-se ao livro *A Arrogância Fatal*, não fazem referência ao *corpus* hayekiano, mas a impressão do leitor é que essa falha no último trabalho de Hayek é sintomática de algo que permeia as suas obras em economia e política como um todo. Nesse sentido, *A Arrogância Fatal* é vista como uma mera consolidação dos trabalhos anteriores de Hayek, e, de fato, de acordo com Higgs, esse seria o problema. A repetição de temas familiares em Hayek sobre construtivismo racional e a função informativa do sistema de preços seria insuficiente para uma fundamentação acadêmica rigorosa do liberalismo clássico. Não somente se ignora as questões levantadas pelos teóricos da Escolha Pública, como o mesmo ocorre com os argumentos sobre a limitação do mercado levantadas pela principal corrente neoclássica da economia. A posição de Hayek seria frágil analiticamente e retoricamente insípida, e, portanto, conclui Higgs, não se deve supor que a argumentação de Hayek seja capaz de convencer além de quem já seja profundamente favorável à posição hayekiana.

Uso Higgs como paradigma não por representar notável interpretação equivocada de Hayek, mas porque reflete uma opinião comum entre os pensadores pró-mercado sobre o aparato analítico de Hayek[135]. Em

---

134 HIGGS, Robert. "Who'll be persuaded?" *Human Studies Review*, Vol. 6, Np. 2 (Winter 1988-89): 8-9.
135 Por exemplo, não se contesta a alegação de Robert Higgs de que F. A. Hayek não citou a literatura contemporânea de Escolha Pública. Hayek, realmente, não citou essa literatura, como tampouco citou trabalhos contemporâneos de economia austríaca. Sua falha em citar ambas linhas de literatura, no entanto, não deveria ser tomada como falta de tratamento sobre às questões desenvolvidas nessas literaturas. F. A. Hayek não seria menos austríaco como economista por deixar de citar trabalhos de Israel Kirzner e de Murray N. Rothbard (1926-1995), sem contar Mario J. Rizzo, Gerald O'Driscoll, Roger Garrison, Lawrence White e Don Lavoie (1951-2001), e qualquer interprete da obra de Hayek a sugerir o contrário estaria "lendo-o mal". Igualmente, o fato de Hayek não citar trabalhos de James M. Buchanan Jr., Gordon Tullock ou outros acadêmicos de Escolha Pública não pode ser tomado como negligência às questões analíticas levantadas pela literatura da Escolha Pública.
Ademais, não se contesta a contenda de Higgs, expressada em correspondência privada de 16 de Junho de 1994, de que as posições de Hayek sobre políticas públicas deixariam a desejar sob uma perspectiva libertária. Esse é um ponto recentemente enfatizado por teóricos libertários, tais como Hand-Hermann Hoppe [HOPPE, Hans-Hermann. "F. A. Hayek on Government and Social Evolution". *The Review of*

outras palavras, enquanto muitos até demonstram apreço à valorosa luta de Hayek contra o socialismo e à liderança na ressurgência internacional da economia política liberal clássica (especialmente aos seus esforços relativos a Mont Pelerin Society), a crença é que ele teria falhado em enfrentar tanto as revisões da teoria econômica socialista no decorrer dos anos – os modelos socialistas de mercado posteriores a Oskar Lange (1904-1965), como os propostos por Leonid Hurwicz (1917-2008), ou os modelos de auto-gestão dos trabalhadores desenvolvidos por Jaroslav Vaněk (1930-2017), por exemplo – quanto também os vários argumentos sutis em favor do intervencionismo – neokeynesianismo e Teoria das Falhas de Mercado – surgidas após a Segunda Guerra Mundial. Mais inaceitável ainda, seria a suposta ignorância de Hayek acerca dos desenvolvimentos pró-mercado na ciência econômica, tais como direitos de propriedade e teoria de custo de transação, direito e economia, monetarismo, macroeconomia neoclássica, escolha pública, etc. Ao contrário, a crítica complacente sustenta que Hayek se contentou simplesmente em bater numa espécie de cachorro morto intelectual – o planejamento central[136].

Enquanto muitos estudiosos da Escolha Pública colocariam o livro *Capitalism, Socialism and Democracy* [*Capitalismo, Socialismo e Democracia*][137], lançado originalmente em 1942, de Joseph Schumpeter (1883-1950) como precursor, o trabalho de Hayek em ciências políticas mal é mencionado em relação

---

Austrian Economics, Vol. 7, No. 1 (1994): 67-93] e Walter Block [BLOCK, Walter. "Hayek's *Road to Serfdom*". Unpublished paper. Departament of Economics, College of the Holy Cross, 1994]. Esses pensadores estão indubitavelmente certos, Hayek não era um libertário moderno. Não se sugere que se leia Hayek à procura de receitas de políticas libertárias, mas de uma série de argumentos analíticos que desenvolverão o entendimento sobre os princípios organizacionais dos processos políticos. A possibilidade de a utilização consistente desses argumentos analíticos conduzirem a posições políticas libertárias muito além do imaginado por Hayek está fora do escopo do presente artigo.

136 A essa opinião, escapam-lhe a força e a unidade do programa de pesquisa de Hayek durante toda sua carreira. Muito pouco da obra de Hayek é dedicada a uma crítica do planejamento central, embora essa crítica compor o núcleo da análise de diversas propostas alternativas para uma ação governamental no direcionamento do processo econômico (incluindo-se oferta e demanda de bens públicos, emissão de moeda, contraste entre legislação e direito [*common law*], etc.). Um dos pontos mais desanimadores, comum aos obituários publicados sobre Hayek, foi a total ausência nesses de apreço à teoria econômica subjacente ao liberalismo político de Hayek (isto é, propriedade privada, programa liberal clássico de limitação governamental). Contudo, o capitalismo liberal de Hayek foi formado pela influência "austríaca" no seu entendimento sobre a natureza dos processos econômicos. Portanto, a crítica sútil do planejamento central é muito mais uma questão de teoria econômica que de política pública. Essa crítica teórica permeia toda a obra hayekiana, da teoria do capital à filosofia jurídica. Nesse respeito, ver: KIRZNER, Israel. "F. A. Hayek, 1899-1992". *Critical Review*, Fall 1991: 585-92; BOETTKE, Peter. "F. A. Hayek, 1899-1992". *The Freeman*, August 1992: 300-03.

137 SCHUMPETER, Joseph A. *Capitalism, Socialism and Democracy*. New York: Harper & Row, 1942.

desenvolvimento histórico da Teoria da Escolha Pública[138]. Isto é notável uma vez que Schumpeter não viu qualquer dificuldade teórica na organização lógica do socialismo, enquanto o trabalho de Hayek tratou explicitamente da espinhosa lógica econômica e política do socialismo e do socialismo democrático[139]. Especificamente, é curioso que o livro *The Road to Serfdom* [*O Caminho da Servidão*][140], originalmente lançado em 1944, de Hayek não seja visto como uma obra que trata dos problemas básicos da Escolha Pública sobre a operação da democracia, apesar de seu longo tratamento sobre os limites da democracia. Sir Alan T. Peacock (1922-2014), por exemplo, em seu livro *Public Choice Analysis in Historical Perspective* [*Análise da Escola Pública em Perspectiva Histórica*] usa Hayek como exemplo de teorista o qual decididamente *não* faz parte da tradição da Escolha Pública[141]. De acordo com *O Caminho da Servidão*, a massa da humanidade, argumenta Peacock, reage passivamente às iniciativas políticas. Hayek seria tão culpado quanto John Maynard Keynes (1883-1946), aponta Peacock, por rejeitar o saber da análise da Escolha Pública quando aceita a premissa de que são ideias, e não, interesses escusos, que regem o mundo dos negócios.

O Caminho da Servidão, no entanto, não se limitou a uma crítica do planejamento central completo, isto é, do socialismo bolchevique. Tampouco limitou-se a um exame das ideias que prepararam a ascensão do totalitarismo

---

138 Por exemplo, os manuais básicos de economia da Escolha Pública de Dennis Mueller [MUELLER, Dennis C. *Public Choice II*. Cambridge / New York: Cambridge University Press, 1989.], de Joe Stevens [STEVENS, Joe. *The Economics of Collective Choice*. Boulder: Westview Press, 1993.] e de David Johnson [JOHNSON, David. *Public Choice: An Introduction to the New Political Economy*. Mountain View: Mayfield Publishing, 1991.], em nenhum desses há qualquer menção a F. A. Hayek tanto na bibliografia quanto no índice remissivo. Dentro do grupo dos acadêmicos de Economia Política constitucional, entretanto, a obra de Hayek aparenta ser considerada mais relevante ao núcleo de desenvolvimento teórico – como seria evidenciado pela citação de Hayek a acompanhar o cabeçalho da revista *Constitutional Political Economy*. Ademais, James M. Buchanan e Viktor J. Vanberg são os dois pensadores modernos que claramente representam a disposição, até intensa, dentro da tradição da Teoria da Escolha Pública, de incorporar (e/ou revisar) a obra de Hayek sobre Direito e política no objetivo de forjar uma economia política e uma filosofia social revitalizadas. Outrossim, deve-se menção honrosa ao exame sobre planejamento burocrático de Gordon Tullock – lamentavelmente pouco considerado – em que o argumento hayekiano acerca do "problema do conhecimento" compõe o núcleo de sua seção terceira.

139 Sobre análise da lógica econômica e organizacional do socialismo por Joseph Schumpeter, ver: SCHUMPETER, Joseph A. *Capitalism, Socialism and Democracy. Op. cit.*, p. 172-99; Idem. *History of Economic Analysis*. Oxford / New York: Oxford University Press, 1954. p. 989. Caso o socialismo fosse lidar com qualquer problema operacional, Schumpeter afirmou, esse seria em nível das dificuldades prático-administrativas, e *não* da esfera da lógica econômica pura como Ludwig von Mises e F. A. Hayek arguiam.

140 HAYEK, F. A. *The Road to Serfdom*. Chicago: The University of Chicago Press, 1944. [Ao longo do texto todas as citações da versão original em inglês serão substituídas pela passagem equivalente em língua portuguesa da presente edição, com as indicações do capítulo e da página. (N. E.)].

141 PEACOCK Sir Alan T. *Public Choice Analysis in Historical Perspective*. Cambridge / New York: Cambridge University Press, 1992. p. 59-60.

nas versões bolchevique e nazista. Mais que isso, o livro buscou explicar com as ideias socialistas modificaram as expectativas sobre as instituições democráticas, e como tais instituições, por sua vez, transformaram-se em instrumentos de um governo totalitário devido a impossibilidade de atender às novas expectativas de maneira consistente com os princípios democráticos. Noutras palavras, Hayek conta uma trágica história na qual a melhor das intenções pavimenta o caminho para um inferno político, econômico e social. Hayek questiona:

> Poderíamos imaginar maior tragédia do que, no esforço de modelar conscientemente nosso futuro de acordo com elevados ideais, estarmos de fato e involuntariamente produzindo o oposto daquilo por que vimos lutando?[142]

Para que se chegue a um entendimento mais profundo do posicionamento de Hayek, deve-se rever seus argumentos apresentados em *O Caminho da Servidão*, fazer um levantamento das reações dos seus contemporâneos a essa argumentação; enfrentar os motivos subjacentes as seu mal entendimento tanto pelos contemporâneos quanto pelas gerações seguintes, e, finalmente, explicar a constante relevância da tese de Hayek sobre o fracasso dos governos em controlar ou superar o mecanismo de mercado de forma consistente com os princípios liberais-democráticos.

I - O Argumento Central

O Caminho da Servidão não é um panfleto "político" usual. Os fundamentos do texto são sutis, e, de fato, o resto da vida acadêmica de Hayek centrou-se no núcleo da mensagem dessa obra. O afastamento de Hayek de questões técnicas da economia, como ele mesmo informa o leitor no prefácio, *"decorreu, sobretudo, de uma característica peculiar das atuais discussões acerca dos problemas da futura política econômica"*[143]. Não há dúvidas da pretensão inicial de Hayek em retornar com toda a dedicação aos problemas da teoria econômica pura e, especificamente, à teoria do capital (sobre a qual *The Pure Theory of Capital* [*A Teoria Pura do Capital*][144] de 1940, fora somente o primeiro tomo de

---

142 Na presente edição, ver na "Introdução" a página 55. (N. E.)
143 Na presente edição, ver no "Prefácio do Autor à Edição Inglesa de 1944" a página 29. (N. E.)
144 HAYEK, F. A. *The Pure Theory of Capital*. Chicago: The University of Chicago Press, 1940.

um projeto em dois volumes) após a finalização dessa obra, escrita no seu tempo livre. Hayek, no entanto, nunca voltou à economia. Ao invés disso, ele embarcou numa nova carreira como cientista político, historiador das ideias, jusfilósofo, etc. De fato, é perfeitamente legítimo arguir que, após 1944, Hayek abandonou os estudos de economia propriamente ditos para tornar-se, alegadamente, um dos mais abrangentes teóricos em ciências sociais do século XX. Ainda assim, ambos *The Constitution of Liberty* [*Os Fundamentos da Liberdade*][145], de 1960, e *Law, Legislation, and Liberty* [*Direito, Legislação e Liberdade*][146], cujos volumes foram lançados em 1973, 1976 e 1979, são, em diversas maneiras, elaborações e refinamentos da argumentação primeiramente articulada no que ficou conhecido como "o livro político" de Hayek.

O Caminho da Servidão é dividido em dezesseis capítulos compactos que leva o leitor numa jornada através da história intelectual e deduções lógica abstratas intercaladas por observações históricas. O objetivo do livro seria demonstrar as consequências sociais das ideias. Nesse ponto, poder-se-ia dizer que a interpretação de Peacock sobre Hayek é correta, não fosse essa incompleta. Apesar de ser verdade que Hayek toma as ideias como forças-motrizes na história, a tragédia das más ideias é permitirem existir governos em favor de determinados interesses privilegiados e contra o bem comum. Ideias fornecem a infra-estrutura social na qual indivíduos perseguem seus próprios interesses. Se tais ideias refreiam apropriadamente o comportamento egoísta dos indivíduos, o resultado não apenas será economicamente ineficiente, mas politicamente e socialmente detestável.

O núcleo teórico da análise de F. A. Hayek provém dos ensinamentos de Ludwig von Mises (1881-1973) quanto à impossibilidade técnica de fazer-se cálculos econômicos num sistema socialista[147] – sendo socialismo definido tradicionalmente como a abolição da propriedade privada dos meios de produção. A contribuição de Hayek para a argumentação misesiana está na elaboração do papel exato que o sistema de preços exerce no provimento de informações (ou conhecimento) necessários para a coordenação de planos complexos[148]. Mises e Hayek demonstraram que o socialismo não é capaz de reproduzir aquilo que a ordem da propriedade privada

---

145 Idem. *The Constitution of Liberty*. Chicago: The University of Chicago Press, 1960.
146 Idem. *Law, Legislation and Liberty*. Chicago: The University of Chicago Press, 1973 / 1976 / 1979. 3v.
147 MISES, Ludwig von. *Socialism: An Economic and Sociological Analysis*. Trad. J. Kahane. Indianapolis: Liberty Classics, 1981.
148 Em meu livro *Why Perestroika Failed*, a crítica Mises-Hayek do socialismo é examinada em cada uma de suas partes constituintes – incentivos de propriedade, complexidade informacional, natureza contextual do

e o sistema de preços provém. Não há mente ou grupo de mentes capaz de reunir o conhecimento necessário para coordenar um sistema econômico industrial complexo. Por outro lado, a ordem da propriedade privada e o sistema de preços, tanto pelos sinais dos preços monetários quanto pela contabilidade de lucros e prejuízos, traduzem para a linguagem econômica a informação necessária a ser processada pelos agentes econômicos gerando os incentivos apropriados para a ação desses; e não só provêm o contexto social para descobertas empreendedoras necessárias para o uso efetivo dos recursos disponíveis, como levam a inovações e progresso tecnológico que asseguram prosperidade contínua[149].

O Caminho da Servidão prossegue sob a premissa que essa proposição misesiana está consolidada na literatura técnica[150]. A tarefa de Hayek em *O Caminho da Servidão* não era estabelecer que o planejamento socialista não poderia alcançar a eficiência dos resultados do capitalismo, mas, além, era demonstrar o que emergiria estruturalmente do fracasso do planejamento socialista em atingir o resultado almejado. O desvio pela história intelectual nos três primeiros capítulos teria sido necessário para mostrar que, a despeito da demonstração misesiana, a crítica socialista à concorrência debilitou efetivamente, entre o público em geral e, especialmente, entre a elite intelectual, a legitimidade das instituições liberais. O parecer de Hayek que um dos maiores avanços da teoria liberal foi desmascarar a ação de grupos de interesse em buscar privilégios é significativa para demonstrar a relevância de Hayek para a Escolha Pública. O liberalismo, Hayek sustenta, conferira certa "suspeita saudável" a qualquer argumento que demandasse restrições à concorrência de mercado[151]. Com essa crítica ao sistema de concorrência, a teoria socialista eliminara, infelizmente, as barreiras liberais contra pleitos para concessão de privilégios, e abriria a porteira para a enxurrada de grupos de interesse a

---

conhecimento e organização política. Ver: BOETTKE, Peter. *Why Perestroika Failed: The Politics and Economics of Socialist Transformation*. London: Routledge, 1993. p. 46-56.
149 MISES, Ludwig von. *Socialism. Op. cit.*, p. 55-130; HAYEK, F. A. *Individualism and Economic Order*. Chicago: The University of Chicago Press, 1948. p. 77-91, 119-209.
150 Como será argumentado, é essa premissa que levou a diversos mal-entendidos a respeito da obra de F. A. Hayek, porque muitos – mesmo aqueles favoráveis ao liberalismo – não entenderam o significado da demonstração de Ludwig von Mises.
151 Para um exame da teoria de grupos de interesse tanto no liberalismo clássico em geral quanto na economia austríaca em particular, ver: RAICO, Ralph. "Classical Liberal Roots of the Marxist Doctrine of Classes". *In*: MALTSEV, Yuri N. (Ed.). *Requiem for Marx*. Auburn: The Ludwig von Mises Institute, 1993. p. 189-220; HOPPE, Hans-Hermann. *The Economics and Ethics of Private Property*. Boston: Kluwer Academic Publishers, 1993. p. 93-110.

demandar proteção estatal contra a concorrência sob a bandeira do planejamento socialista[152].

Hayek até mesmo explicaria como o fracasso do liberalismo *laissez-faire* contra o socialismo originou-se do próprio sucesso em coibir os privilégios de natureza mercantilista. Hayek afirma:

> Diante dos inumeráveis interesses a demonstrar que certas medidas trariam benefícios óbvios e imediatos a alguns, enquanto o mal por elas causado era muito mais indireto e difícil de perceber, apenas regras fixas e imutáveis teriam sido eficazes. E como se firmara uma forte convicção de que era imprescindível haver liberdade na área industrial, a tentação de apresentá-la como uma regra sem exceções foi grande demais para ser evitada[153].

Portanto, se uma das reivindicações teóricas da teoria moderna da escolha pública é a demonstração da lógica dos benefícios concentrados e custos dispersos, então, resta evidente o conhecimento de Hayek sobre tal princípio. Ademais, caso se considere a posição de Hayek sobre a importância econômica da "segurança jurídica" ("*the rule of law*"), torna-se hialino o intento de Hayek em combater a lógica dos benefícios concentrados com uma norma fixa que eliminaria oportunidades para grupos de interesse aparelharem a máquina pública para usá-la em benefício próprio[154].

---

[152] Na presente edição, ver no *capítulo III* ("Individualismo e Coletivismo") a página 89 [p. 61 na edição do IMB]. (N. E.)
[153] Na presente edição, ver no *capítulo I* ("O Caminho Abandonado") a página 63. (N. E.)
[154] Ver, por exemplo, *O Caminho da Servidão*, onde Hayek afirmou que:

> As pessoas interessadas de perto numa questão não são necessariamente os melhores juízes dos interesses da sociedade como um todo. Consideremos apenas o caso mais característico: quando, num setor industrial, capitalistas e trabalhadores concordam numa política de restrição, explorando, assim, os consumidores, não costuma haver dificuldade na divisão dos lucros de forma proporcional aos ganhos anteriores ou de acordo com algum princípio semelhante. O prejuízo, porém, partilhado por milhares ou milhões de consumidores, costuma ser simplesmente menosprezado ou não é levado em consideração devidamente [Na presente edição, ver no *capítulo VI* ("A Planificação e o Estado de Direito") a página 136. (N. E.)].

> Hayek seguiu argumentando que "justiça" no planejamento requereria que ganhos e perdas decorrentes das políticas públicas fossem igualmente considerados pela autoridade responsável, mas dada a complexidade da corrente de eventos e da natureza indireta dos efeitos dessas políticas, não haveria motivação suficientemente forte para que o prejuízo "*partilhado por milhares ou milhões*" fosse incorporado ao processo de tomada de decisões de maneira adequada. A natureza discricionária do planejamento, no entanto, obriga as autoridades a fazerem julgamentos exatamente desse tipo. Abandonar a segurança jurídica ("*rule of law*") pela discrição do planejamento equivaleria, segundo Hayek, a um retorno não-intencional à regência por posição social ("*rule of status*") contrário à igualdade contratual.

Apesar das interpretações dadas por Higgs ou Peacock, *O Caminho da Servidão* toca em vários temas caros à Escolha Pública além dos benefícios concentrados e custos dispersos. Em sua discussão sobre a importância do estado de direito (*rule of law*), por exemplo, Hayek antecipou um tema que seria continuamente reiterado na obra de James M. Buchanan. Normas, ao invés de discricionariedade, por "atarem as mãos do rei", provêm a segurança jurídica (*legal certainty*) necessária para o desenvolvimento da sociedade comercial. Hayek, de fato, descreve normas formais como *"instrumentos de produção" (instruments of production)*[155], numa fraseologia que ressoa na distinção de Buchanan entre "Estado Produtivo" e "Estado Redistributivo"[156].

Hayek fornece uma das mais articuladas fundamentações da tese liberal que as liberdades econômica e política são vinculadas uma à outra. Sua argumentação é comumente mal-interpretada como se sugerisse que desenvolvimento econômico seria apenas possível em uma ordem política liberal. Fosse esse o caso, abundariam exemplos empíricos em contrário mostrando econômico em sociedades sob ditaduras autoritárias. O argumento liberal estaria refutado ou, ao menos, seriamente posto em causa[157]. O ponto de Hayek, por certo, era mais limitado e refinado que tão estreita relação social de causalidade. Ele argumenta que controle econômico não controla somente

> um setor da vida humana, distinto dos demais. É o controle dos meios que contribuirão para a realização de todos os nossos fins. Pois quem detém o controle exclusivo dos meios também determinará a que fins nos dedicaremos, a que valores atribuiremos maior ou menor importância. Em suma, determinará aquilo em que os homens deverão crer e por cuja obtenção deverão esforçar-se. Planejamento central significa que o problema econômico

---

[155] Na presente edição, ver no *capítulo VI* ("A Planificação e o Estado de Direito") a página 129 [página 91 na edição do IMB]. (N. E.)

[156] BUCHANAN, James. *The Limits of Liberty*. Chicago: The University of Chicago Press, 1975.

[157] Para argumentos desse tipo, ver, por exemplo: PRZEWORSKI, A. & LIMONGI, F. "Political Regimes and Economic Growth". *Journal of Economic Perspectives*, Summer 1993: 51-69. Há diversos problemas que imediatamente se revelam. Primeiro, não se trata de argumento liberal levantado por F. A. Hayek em *O Caminho da Servidão* nem por Milton Friedman (1912-2006) em *Capitalismo e Liberdade* [FRIEDMAN, Milton. *Capitalism and Freedom*. Chicago: Chicago University Press, 1962]. Segundo, a análise parte da premissa que desenvolvimento econômico seja sinônimo de taxas de crescimento (isto é, as dificuldades de economia agregada não são enfrentadas adequadamente). Finalmente, a estrutura política *de facto* da sociedade em questão é deixada virgem nesses estudos. Por exemplo, na China contemporânea, muito do "sucesso" das reformas econômicas pode ser atribuído a descentralizações políticas *de facto* que ocorreram na metade para o final da década de 1980. Ver: WEINGAST, B. "The Economic Role of Political Institutions". Unpublished manuscript. Hoover Institution on War, Revolution and Peace, Stanford University, 1993. p. 33-40.

será resolvido pela comunidade, e não pelo indivíduo. Isso, porém, implica que caberá à comunidade, ou melhor, a seus representantes, decidir sobre a importância relativa das diferentes necessidades[158].

Quiçá a contribuição mais importante de Hayek à escolha pública em *O Caminho da Servidão* esteja em apontar a lógica organizacional implícita na substituição das decisões privadas dos indivíduos no mercado pela tomada de decisões pela comunidade através dos seus representantes por um plano coletivo. A argumentação de Hayek inclui tanto uma análise dos incentivos enfrentados pelos representantes no contexto institucional de planejamento econômico centralizado quanto o processo evolutivo engendrado por tais instituições para a seleção de líderes. Frise-se, a premissa assumida aqui é que Hayek não procurou demonstrar a verdade ou falsidade da tese misesiana acerca da impossibilidade do cálculo econômico no socialismo em *O Caminho da Servidão*. A obra desenvolve-se *como se* a tese estivesse pacificada na literatura técnica da teoria econômica. Portanto, Hayek examinava a lógica organizacional do planejamento central e quais as transformações institucionais/sociais ocorreriam em resposta ao fracasso de tal planejamento em alcançar seus objetivos propostos[159].

Obviamente, quando diante do próprio fracasso, as autoridades públicas poderiam reverter o curso e mover em direção à adoção de políticas econômicas de cunho liberal. É crucial à tese de Hayek o demonstrado pela "escolha pública" que autoridades públicas, dentro de um contexto social no qual liberalismo (e suas instituições de governança) foram solapados pela crítica socialista, não sofrem qualquer incentivo que os levaria a escolher tal alteração de curso. Isso é o que leva ao conceito de "bola de neve" ("*slippery slope*"). O ponto em que Hayek se afasta da interpretação extremada da Escolha Pública sobre incentivos na política é o quanto ideias (por modificarem a infraestrutura social) podem mudar os inventivos enfrentados pelas autoridades nas decisões sobre políticas públicas. Nesse sentido, Hayek mistura ideias e interesses de maneira mais sutil àquela disponível nos manuais de teoria da

---

158 Na presente edição, ver no *capítulo VII* ("Controle Econômico e Totalitarismo") a página 145. (N. E.)
159 Não é impossível tentar planejar centralmente uma economia industrial complexa; impossível é ser "bem-sucedido" na tarefa. Sucesso aqui significa atingir os propagados fins socialistas de acréscimo de prosperidade, uso eficiente de recursos, eliminação dos ciclos econômicos, eliminação do poder monopolista e distribuição equitativa de riqueza.

Escolha Pública, e ele faz de modo semelhante à importante distinção de Buchanan entre níveis de análise pré-constitucional e pós-constitucional.

Ao examinar a lógica organizacional do planejamento central, Hayek avisa o leitor que como o conhecimento econômico necessário para planejar racionalmente a economia não estará disponível aos planejadores, esses serão forçosamente obrigados a basear suas decisões em informações cuja forma é aquela prontamente disponível em tal contexto – informações na forma de incentivo para o exercício do poder público. O argumento de Hayek fundamenta-se numa aplicação do princípio de vantagens comparativas ao processo de seleção de lideranças num sistema de planejamento central. Dito de outro modo, da mesma maneira em que se espera a divisão de trabalho em determinada sociedade refletir os custos de oportunidade dos diversos produtores, deve-se esperar que aqueles com a habilidade necessária ao exercício do poder político sejam os que cresçam dentro de aparelhos estatais voltados ao planejamento central. Nesse sentido, Hayek contestava diretamente as opiniões de que os exemplos históricos e concretos desse tipo de ordem política, como, digamos, na antiga União Soviética, seriam "acidentes históricos" e/ou causados por "más" pessoas, pelo que não poderiam servir de ilustração às dificuldades da realização de um planejamento centralizado. A premissa que se somente pessoas "boas" controlassem a agência de planejamento, os resultados decorrentes seriam condizentes com os valores democráticos liberais é simplesmente falsa[160]. Hayek escreveu:

> Há razões de sobra para se crer que os aspectos que consideramos mais detestáveis nos sistemas totalitários existentes não são subprodutos acidentais, mas fenômenos que, cedo ou tarde, o totalitarismo produzirá inevitavelmente. Assim como o estadista democrata que se propõe a planejar a vida econômica não tardará a defrontar-se com o dilema de assumir poderes ditatoriais ou abandonar seu plano, também o ditador totalitário logo teria de escolher entre o fracasso e o desprezo à moral comum[161].

---

[160] Como se verá, aqui é onde F. A. Hayek se afasta da companhia de John Maynard Keynes. É de certa forma irônico que tenha sido Oscar Wilde (1854-1900) – e não, Keynes – a perceber a impossibilidade de misturar-se planejamento econômico socialista e valores burgueses. Wilde afirmou no seu ensaio *The Soul of Man Under Socialism* [A Alma do Homem sob o Socialismo], de 1891, que mesmo se o socialismo alcançasse uma performance econômica melhor do que a economia de mercado, isso seria ao custo da destruição da liberdade artística. O argumento de Hayek apenas acrescentar-se-ia às acusações contra o socialismo do tipo da de Wilde, demonstrando que o sistema socialista tampouco poderia superar a sociedade de mercado no plano econômico.

[161] Na presente edição, ver no *capítulo X* ("Por Que os Piores Chegam ao Poder") a página 191. (N. E.)

Nessa seara, "sucesso" requer talento para um comportamento moral desinibido e inescrupuloso em relação à humanidade. Totalitarismo não é consequência de "corrupção" ou de "acidente histórico", mas a consequência lógica de incentivos institucionais da tentativa de planejar centralmente a economia[162].

Hayek, tanto neste ponto quanto no restante de *O Caminho da Servidão* faz uma sutil e trágica exposição das consequências de tal planejamento. É algo além do fato de uma "farândola" assumir o controle do aparato coercitivo estatal e empregá-lo na opressão do restante dos cidadãos em prol de si mesma, apesar de o desejo de organizar a vida econômica (ou a vida social em geral) estritamente conforme um plano científico não decorrer do desejo de exercer poder sobre as pessoas. Como giza Hayek, a imposição arbitrária de poder é consequência, e não a causa, do desejo de planejar cientificamente a economia. Para *"realizar seu objetivo, os coletivistas precisam criar um poder de uma magnitude jamais vista até hoje, exercido por alguns homens sobre os demais – e de que seu êxito dependerá do grau de poder alcançado"*[163]. Mesmo socialistas liberais, em oposição aos coletivistas, no anseio de planejar a economia, devem estabelecer instituições de planejamento discricionário e conceder autoridade a planejadores para que esses exerçam poder político de maneira a conferir a tarefa a eles delegada. A complexidade da tarefa implícita no ato de planejar racionalmente um sistema econômico requereria que aos encarregados lhes fosse concedida quase que absoluta discricionariedade. Consequentemente, deve-se esperar que somente aqueles com vantagem comparativa no exercício do poder discricionário sobreviverão.

O argumento de Hayek foi uma aplicação direta dos princípios econômicos às instituições políticas do planejamento central. Não foi um argumento restrito a Hayek e não deveria ter sido algo controverso. Frank H. Knight (1885-1972) fez algo similar, o que lhe permitiu adequadamente afirmar que autoridades encarregadas do planejamento seriam obrigadas a:

> [...] exercer seu poder impiedosamente para manter em funcionamento a estrutura de produção e distribuição [...]. Seriam obrigados a isso

---

[162] Para uma aplicação desse argumento do tipo hayekiano no debate sobre a ascensão de Stalin dentro do contexto soviético, ver: BOETTKE, Peter. *The Political Economy of Soviet Socialism: The Formative Years, 1918-1928*. Boston: Kluwer Academic Publishers, 1990. p. 34-38. Para uma aplicação do argumento no contexto do socialismo descentralizado, tal como no caso da Iugoslávia, ver: PRYCHITKO, David L. *Marxism and Worker's Self-Management: The Essential Tension*. Westport: Greenwood Press, 1991.
[163] Na presente edição, ver no *capítulo X* ("Por Que os Piores Chegam ao Poder") a página 191. (N. E.)

querendo ou não; e a probabilidade de as pessoas no poder serem indivíduos para os quais a posse e o exercício de poder seja enfadonho é equivalente a de uma pessoa caridosa trabalhar como açoitador numa fazenda com mão-de-obra escrava[164].

Se a teoria da escolha pública significa *"o estudo econômico da tomada de decisões fora do mercado ou simplesmente da aplicação da economia à ciência política"*[165], então o tratamento de Hayek à lógica organizacional das instituições socialistas é indevidamente negligenciada pela literatura contemporânea de política econômica. Ademais, Hayek não se limitou a um exame do socialismo "pesado", como também analisou a importância de normatização ao invés de discricionariedade, os limites da democracia e a importância do federalismo como entrave institucional à ação democrática[166].

Gostaria de sugerir que esse descaso para com as contribuições de Hayek à Escolha Pública poderia ser atribuída à "visão" e "análise", dois fatores siameses[167]. A maioria de seus contemporâneos não compreenderam adequadamente as inovações no posicionamento de Hayek devido a diferenças visionárias que as tornaram insensíveis à argumentação. Não o bastante, entre aqueles contemporâneos de visão semelhante, muito poucos seguiram sua estrutura analítica[168]. Infelizmente, mesmo com o passar do tempo e com um aumento na quantidade de pensadores tendentes a compartir da visão de Hayek quanto ao fracasso do planejamento governamental da economia, o modo de análise daqueles montem-se antitético ao dele, impedindo que percebam a originalidade da contribuição analítica de Hayek.

---

164 KNIGHT, Frank H. "Lippmann's *The Good Society*". *Journal of Political Economy*, Vol. 46, No. 6 (December 1938): 864-872. Cit. p. 869.
165 MUELLER, Dennis C. *Public Choice II. Op. cit.*, p. 1.
166 Hayek discutiu federalismo em *O Caminho da Servidão* no capítulo "As Perspectivas da Ordem Internacional" (p. 277-292). Ver, também: HAYEK, F. A. *Individualism and Economic Order. Op. cit.*, p. 255-72; Idem. *The Constitution of Liberty. Op. cit.*, p. 176-92.
167 Sobre "visão" e "análise" em fundamentação econômica, ver: SCHUMPETER, Joseph A. *History of Economic Analysis. Op. cit.*, p. 41-45.
168 Por exemplo, considere-se a rejeição por Frank H. Knight do argumento crucial misesiano a respeito da impossibilidade de cálculo econômico sob o socialismo, em: KNIGHT, Frank H. "The Place of Marginal Economics in a Collectivist System". *American Economic Review*, (March 1936): 255-66; Idem. "Lippmann's *The Good Society*". *Op. cit.*, p. 867-68. Knight cria que os problemas do socialismo seriam políticos e não, econômicos. Contudo, em um ensaio posterior, publicado originalmente em 1940, Knight argui que o problema econômico fundamental do socialismo emerge devido à natureza dinâmica da vida econômica a qual demanda adaptação e ajustes contínuos por parte de quem decide em resposta a condições em constante transformação – um componente-chave do argumento original de Mises, evidentemente. Ver: KNIGHT, Frank H. "Socialism: The Nature of the Problem". *In: Freedom and Reform*. Indianapolis: Liberty Classics, 1982. Ver, também: MISES, Ludvig von. *Socialism. Op. cit.*, p. 105, 120-21.

II - O Espírito de Época

A crítica socialista à ordem econômica liberal alterou efetivamente os termos do debate público no começo do século XX. A maioria dos participantes nos debates político e intelectual concordam que o liberalismo *laissez-faire* falhara em providenciar equidade e condições sociais dignificantes. Assim sendo, passou-se a exigir legislação de cunho progressista buscando corrigir as falhas da livre concorrência. A grande depressão, a qual pela interpretação popular à época comprovara que o capitalismo era tanto injusto quanto também instável, contribui para a crítica do liberalismo *laissez-faire*. O sistema capitalista, caso fosse sobreviver ao mundo social-democrata (*liberal*) da década de 1930, teria que se sujeitar ao controle das forças políticas democráticas cuja tarefa seria domar-lhe as operações visando a proteção do povo contra negócios inescrupulosos e especulações irresponsáveis.

Esse clima de opinião intelectual geral ao mesmo tempo alterou e foi reforçado pelo desenvolvimento da economia neoclássica nas décadas de 1920 e 1930. Ao passo em que a teoria econômica acadêmica foi tornando-se mais tecnicamente refinada e mais rarefeita na apresentação de seus teoremas básicos, a compreensão mais intuitiva e apreciativa dos processos rivais de mercado que caracterizaram os economistas clássicos e os primeiros desenvolvimentos da economia neoclássica foi rejeitada como não-científica[169]. O outro lado da moeda do desenvolvimento do modelo de competição perfeita e das condições estritas requeridas foi o desenvolvimento da teoria das falhas de mercado. Diz-se que há falhas no mercado sempre que a realidade capitalista não alcança as condições do modelo de perfeita competição dos manuais. Externalidades, bens públicos, monopólio, competição imperfeita e instabilidade macroeconômica passaram a ser consideradas características das economias de mercado do mundo real e necessitariam de ações concretas e positivas dos governos para contrabalançar seus resultados socialmente indesejáveis.

Esses desenvolvimentos teóricos trouxeram novas cores às interpretações históricas. A Era Progressista nos Estados Unidos, por exemplo, passou a ser vista como um movimento de interesse público no afã de eliminar problemas sociais através de ações governamentais positivas. O cinismo em

---

[169] Para uma história do pensamento anti-Whig a respeito do ferramental da análise econômica e, nominalmente, do modelo de competição perfeita, ver: MACHOVEC, Frank. *Perfect Competition and the Transformation of Economics*. New York: Routledge, 1995.

relação as propostas dos grupos de interesse para controlar a livre concorrência, atribuído por Hayek corretamente ao liberalismo novecentista, desaparecera em favor de um otimismo quanto à capacidade das autoridades governamentais em corrigir o que havia de errado no mundo.

A grande depressão simplesmente solidificou a "vitória" da crítica socialista ao liberalismo. O colapso das economias dos Estados Unidos e do Reino Unido abalaram a fé de toda uma geração no sistema capitalista. Planejamento racional passou a ser visto como mais do que mera alternativa viável a ser debatida, tornando-se a única opção contra o caos. Políticas econômicas de cunho liberal clássico passaram a representar a crença dos ingênuos e dos ignorantes. O mundo moderno tornara-se complexo demais para ideias provenientes dos séculos anteriores terem qualquer valor prático.

John Maynard Keynes argumentou que, enquanto alguns podem ainda prenderem-se a velhas ideias da política econômica liberal, *"em nenhum país do mundo hoje essas são reconhecidas como sendo uma força séria"*[170]. O fato significativo a ser lembrado é Keynes considerar-se, além de ser visto por outros como, um realista dentro da tradição liberal clássica. Keynes não era um socialista radical, mas um autoproclamado salvador da ordem burguesa[171]. A ideia keynesiana pregava uma intervenção racional dos governos para o aperfeiçoamento dos mecanismos e dos resultados da economia de mercado. Ele propunha combinar a socialização do mercado de capitais com as tradições políticas novecentistas da Grã-Bretanha. Se imaginava a socialização dos investimentos como a única solução para assegurar pleno emprego, tal reforma não aconteceria, na análise dele, no rompimento com a sociedade burguesa. Keynes concebia sua teoria como uma extensão do liberalismo clássico e não, uma rejeição. Sua defesa de uma maior participação governamental no planejamento da economia era, na opinião dele, uma tentativa pragmática para salvar o individualismo e evitar a destruição do sistema econômico vigente[172].

O espírito da época levou até mesmo alguém tão cínico às promessas políticas e intelectuais de aprimoramento humano através de legislação quanto era Frank H. Knight a declarar publicamente as virtudes do comunismo[173].

---

[170] KEYNES, John Maynard. "National Self-Sufficiency". *The Yale Review*, New Series, Vol. XXII, No. 4 (June 1933): 755-69. Cit. p. 762.
[171] Idem. *Laissez Faire and Communism*. New York: New Republic, 1926. p. 129-30.
[172] Idem. *The General Theory of Employment, Interest and Money*. New York: Harcourt Brace Jovanovich, 1964 [1936]. p. 378-81.
[173] KNIGHT, Frank H. "The Case for Communism: From the Standpoint of an Ex-liberal". [1932]. *In*: *Research in the History of Economic Thought and Methodology*, Archival Supplement 2 (1991): 57-108.

Knight afirmou que a sociedade liberal falhara em prover a ordem social em tempos de crise, e, portanto, que o comunismo podia lamentavelmente estabelecer tão desesperadamente necessitada ordem[174]. A impressão é de que todo mundo advogava por alguma forma de controle governamental e planejamento econômico para garantir estabilidade e equidade durante os anos de 1930 e 1940. Nesse clima de opinião intelectual o desafio posto ao planejamento econômico por seus críticos, Mises e Hayek, não foi compreendido nem tampouco tolerado. Todavia, sem entender as dificuldades teóricas de tal planejamento, não se poderia entender as experiências decepcionantes decorrentes das tentativas de planejamento tanto no mundo socialista quanto no democrático. A questão não era meramente de apologética ideológica; o problema é que a visão ideológica resultara num honesto ponto-cego analítico em acadêmicos e intelectuais.

Os preconceitos intelectuais da época não apenas falharam em enfrentar os problemas econômicos do planejamento central, como também ignoraram suas dificuldades políticas. Juntamente com o cinismo da era anterior a pleitos por restrições contra a concorrência, a vitória da crítica socialista à sociedade liberal também eliminara as justificações para restrições sobre os governos democráticos desenvolvidos durante os séculos XVIII e XIX. O tratamento de Hayek a essa deslegitimação do constitucionalismo liberal e do Estado de Direito (*rule of law*) é um dos pontos cruciais de *O Caminho da Servidão*[175]. Para implementar o planejamento, as autoridades não poderiam estar limitadas por regras formais, mas dotadas de poder discricionário. Ademais, planejamento (para que tenha algum significado coerente) requer amplo consentimento, e democracia é capaz de alcançar apenas um certo nível de consenso – normalmente limitado a regras gerais que estabelecem espaços para discordâncias. Hayek expõe que

> planejamento cria uma situação na qual é necessário concordarmos com um número muito maior de questões do que estamos habituados. Além disso, num sistema planejado, não podemos limitar a ação coletiva às tarefas em torno das quais é possível haver acordo, pois convém haver consenso sobre

---

[174] Milton Friedman revelou, em correspondência privada, datada de 9 de agosto de 1994, sobre a primeira versão deste artigo que, posteriormente, em resposta a pedido de permissão para republicação dessas palestras, Frank H. Knight respondera que "desejaria despublicá-las".
[175] Na presente edição, ver no *capítulo VI* ("A Planificação e o Estado de Direito") a página 129 [página 81-92 na edição do IMB]. (N. E.)

todas as questões para que sigamos uma linha de ação, seja ela qual for. Esses são os aspectos que mais tendem a determinar o caráter de um sistema planejado[176].

Nesse sentido,

a planificação conduz à ditadura porque esta é o instrumento mais eficaz de coerção e de imposição de ideais, sendo, pois, essencial para o planejamento em larga escala se tornar possível. O conflito entre planificação e democracia decorre, simplesmente, do fato de que esta constitui um obstáculo à supressão da liberdade exigida pelo dirigismo econômico[177].

Tal aviso, no entanto, não seria levado em consideração à época. Limites tradicionais à democracia tiveram que ser abandonados para que legislações progressistas fossem promulgadas. O saber liberal clássico referente aos limites constitucionais foi perdido. Em seu lugar, uma visão ingênua sobre governança passou a dominar o discurso público. O sistema político democrático foi desenvolvido sobre a perspectiva de tornar-se um regime no qual casa um dos cidadãos individualmente inequivocamente expressaria as informações necessárias sobre a gama de bens e serviços públicos demandados o nível dos impostos a serem pagos. Democracia seria o modelo ideal de auto-governança. O espírito de época requeria uma expansão do poder democrático, não, restringi-lo[178]. Diante do fracasso da ordem econômica liberal, governos democráticos poderiam facilmente corrigir o rumo através do uso sensato de planejamentos racionais. Caso a ação governamental falhe,

---

[176] Na presente edição, ver no *capítulo V* ("Planificação e Democracia") a página 113. (N. E.)
[177] Na presente edição, ver no *capítulo V* ("Planificação e Democracia") a página 113. (N. E.)
[178] Hayek entendeu bem tal desenvolvimento, tanto que dirigiu uma crítica àquilo que poderia ser descrito como o "fetichismo democrático" da época, ou em suas palavras:

> Hoje em dia, costuma-se concentrar a atenção na democracia, julgando-a o principal valor que está sendo ameaçado. Isso, porém, não deixa de ser perigoso. De fato, essa ênfase desmedida no valor da democracia é responsável pela crença ilusória e infundada de que, enquanto a vontade da maioria for a fonte suprema do poder, este não poderá ser arbitrário [...]
>
> É injustificado supor que, enquanto o poder for conferido pelo processo democrático, ele não poderá ser arbitrário. Essa afirmação pressupõe uma falsa relação de causa e efeito. Não é a fonte do poder, mas a limitação do poder, que impede que este seja arbitrário. O controle democrático pode impedir que o poder se torne arbitrário, mas sua mera existência não assegura isso. Se uma democracia decide empreender um programa que implique necessariamente o uso de um poder não pautado por normas fixas, este se tornará um poder arbitrário [Na presente edição, ver no *capítulo V* ("Planificação e Democracia") a página 127-128. (N. E.)].

não seria devido à fraqueza estrutural inerente ao sistema democrático (tal como a impossibilidade de o governo calcular racionalmente o uso alternativo de recursos escassos sem os sinais de mercado). Bastaria aos agentes políticos juntar mais informações e trabalhar mais a fundo na próxima vez.

Planejamento e expansão dos procedimentos democráticos sobre áreas além do seu âmbito tradicional não eram vistos como ameaça à liberdade política. Keynes, por exemplo, em resposta a *O Caminho da Servidão*, escreveu:

> Deve-se dizer que o que se quer não é ausência de planejamento, ou até mesmo menos planejamento; de fato, deve-se afirmar a quase certeza de se querer mais. Contudo, planejamentos devem ocorrer em comunidade onde o maior número de pessoas possível, tanto líderes quanto seguidores, compartilhem completamente a necessária posição moral. Planejamento moderado será mais seguro se aqueles responsáveis por sua realização estão com suas mentes e corações apontados na direção certa quanto às questões morais envolvidas[179].

Na medida em que "boas" pessoas estejam encarregadas, nada haveria de censurável num planejamento econômico central. Inclusive, esse seria desejável.

A posição de Hayek não foi tratada com a mesma gentileza de Keynes pela maioria dos seus críticos, mas ele tinha quem o apoiasse. Joseph Schumpeter, por exemplo, escreveu, em 1946, uma resenha positiva no *Journal of Political Economy*[180], como também fez, em 1945, Aaron Director (1901-2004) no *American Economic Review*[181]. Porém, a maioria mesmo das resenhas acadêmicas mais influentes não foram favoráveis. Barbara Wootton (1897-1988) escreveu uma crítica equilibrada e respeitosa na obra *Freedom Under Planning* [*Liberdade sob Planejamento*][182] de 1945. Aliás, o livro de Wootton foi escrito com tamanha qualidade que mesmo sendo reputado como uma crítica, permitiu escritores

---

[179] KEYNES, John Maynard. "Employment Policy". In: *The Collected Writings of John Maynard Keynes, Volume 27: Activities 1940-1946 – Shaping the Post-war World: Employment and Commodities*. Edited by Donald Moggridge. London: Macmillan / Cambridge University Press / St. Martin's Press for the Royal Economic Society. 1980. p. 387.
[180] SCHUMPETER, Joseph A. "Review of F. A. Hayek, *The Road to Serfdom*". *Journal of Political Economy*, Vol. 54, No. 3 (June 1946): 269-70.
[181] DIRECTOR, Aaron. "Review of F. A. Hayek, *The Road to Serfdom*". *The American Economic Review*, Vol. XXXV, No. 2 (June 1945): 173-75.
[182] WOOTTON, Barbara. *Freedom Under Planning*. Chapel Hill: University of North Carolina Press, 1945.

liberais partidários de Hayek verem-no como se confirmasse a tese dele[183]. Wootton foi uma exceção em meio aos críticos de *O Caminho da Servidão*.

Herman Finer (1898-1969), com seu livro *The Road to Reaction* [*O Caminho da Reação*], de 1945, marcou o tom, ao acusar *O Caminho da Servidão* de ser *"a mais tenebrosa ofensiva contra a democracia surgida em país democrático em décadas"*[184]. A verdadeira alternativa à ditadura, Finer assegurou a seus leitores, não seria individualismo econômico e concorrências, mas um governo democrático totalmente comprometido com o povo. O mundo de Hayek, de acordo com Finer, acarretaria em indivíduos sob o controle de aristocratas ou da burguesia endinheirada. Pessoas livres, no entanto, governar-se-iam sem tais senhores. Planejamento econômico seria, simplesmente, democracia em ação, e justificar-se-ia sempre que houvesse uma ação governamental bem-sucedida. Finer acusou Hayek de utilizar uma linguagem confusa e ludibriante, de equivocar-se sobre o conceito de Estado de Direito (*rule of law*) por esse estar além da capacidade amadorística de compreensão de Hayek, de ser preconceituoso no entendimento sobre processos econômicos, de ter feito uma pesquisa pobre, de demonstrar uma ausência de conhecimentos básicos de ciência política e uma ignorância sobre ciência da administração, bem como de realizar um ataque direto aos principais valores do regime democrático que expressaria uma atitude autoritária em relação às pessoas comuns.

Charles Merriam (1874-1953), ao resenhar em 1946 os trabalhos de Herman Finer e Barbara Wootton em conjunto, relegou Wootton a um segundo plano, focando-se endossar firmemente a crítica de Finer[185]. Ele refere-se ao livro de Hayek como *"uma obra sobrevalorizada com baixo teor duradouro"* e colocou que não havia sido escrita polêmica política mais efetiva desde a crítica de Henry George (1839-1897) a Herbert Spencer (1820-1903) no livro *A Perplexed Philosopher* [*Um Filósofo Perplexo*][186], de 1892. A obra de Finer,

---

183 Ver, por exemplo, a resenha de Frank H. Knight na qual ele sugeriu que *"comparativamente pouco é dito explicitamente sobre o que Hayek, ou qualquer opositor de 'planejamento', no significado atual de 'economia planificada' (um eufemismo para socialismo de estado), necessitariam discordar"*. Knight seguiu acrescentando que a impressão decorrente da leitura do livro seria de *"uma notória contradição entre, por um lado, o tom e as implicações evidentes de praticamente todo o argumento e, por outro, os compromissos assumidos com qualquer posição de política social"* (KNIGHT, Frank H. "Freedom Under Planning". *Journal of Political Economy*, October 1946: 451-54). Ver, também, a extensa resenha de John Jewkes (1902-1988) ao livro de Wootton: JEWKES, John. "Review of Barbara Wootton, *Freedom Under Planning*". *The Manchester School of Economics and Social Studies*, January 1946: 89-104.
184 FINER, Herman. *The Road to Reaction*. Chicago: Quadrangle Books, 1963 [1945]. p. v.
185 MERRIAM, Charles. "Review of Barbara Wootton, *Freedom Under Planning*, and Herman Finer, *The Road to Reaction*". *American Political Science Review*, Vol. XL, No. 1 (February 1946): 131-136.
186 GEORGE, Henry. *A Perplexed Philosopher: Being an Examination of Mr. Herbert Spencer's Various Utterances on the Land Question, with Some Incidental Reference to His Synthetic Philosophy*. New York: Charles L. Webster &

diferentemente da de Hayek, *"transpira o espírito democrático da confiança e contém um plano progressista baseado na esperança e não no medo"*[187]. Na sua própria resenha de *O Caminho da Servidão*, publicada em 1944, Merrian antecipara-se à crítica de Finer de que Hayek seria confuso, pouco erudito e arrogante, concluindo, contra Hayek, que:

> Do planejamento bem feito emergirá a liberdade humana em larga escala, o crescimento da personalidade humana, a expansão das possibilidades criativas da humanidade. A evolução criativa consciente – senhora-de-si ao invés de deixar-se levar pelas circunstâncias – aponta o caminho aos mais elevados níveis e mais altas ordens da vida humana. O Caminho da servidão é não planejar, mas ficar à deriva, sem disposição para mudanças, sem capacidade para adaptação a novas possibilidades de emancipação humana, em adoração ao *status quo*[188].

Esses são, admitidamente, os piores exemplos do debate crítico à tese de Hayek. Contudo, as duas resenhas de Merrian foram publicadas em periódicos conceituados como a *American Political Science Review* e o *The American Journal of Sociology*. A resenha de Joseph Mayer sobre *O Caminho da Servidão*, publicado nos *Annals of the American Academy of Political Social Science* foi tíbia[189] – faltou-lhe melhor compreensão sobre o ponto de Hayek quanto ao planejamento, mas

---

Company, 1892.
187 MERRIAM, Charles. "Review of Barbara Wootton, *Freedom Under Planning*, and Herman Finer, *The Road to Reaction*". *Op. cit.*, p. 135.
188 Idem. "Review of F. A. Hayek, *The Road to Serfdom*". *The American Journal of Sociology*, Vol. L, No. 3 (November 1944): 233-35. Cit. p. 235. Ver também transcrição de Hayek [HAYEK, F. A. *Hayek on Hayek: An Autobiographical Dialogue*. Chicago: Chicago University Press, 1994. p. 108-23] do debate travado sobre *O Caminho da Servidão* entre Merriam e ele, cuja transmissão deu-se por rádio. O tom das resenhas negativas publicadas nas revistas acadêmicas de maior relevância se limitara a Hayek. Ao examinar o livro *Bureaucracy* [*Burocracia*] de Ludwig von Mises, o professor Pendleton Herring (1903-2004), de Harvard, escreveu:

> Caso esse volume tivesse sido escrito como documento de campanha, teria merecido atenção em nível técnico como um artifício para ofuscar o debate de respeito ao adágio: "não se podendo convencê-los; confunda-os". Esse é oferecido, contudo, como um trabalho sério de análise.

> Aquilo que mais incomodara Herring no livro de Mises teria sido, aparentemente, a insistência desse em afirmar que *"as principais questões na política atual são de natureza econômica e não podem ser compreendidos sem uma noção de teoria econômica"*; desnecessário acrescentar, Herring mesmo informa o leitor, *"um curso em teoria econômica como o apregoado pela 'escola austríaca'"*.

Ver: HERRING, Pendleton. "Review of Ludwig von Mises, *Bureaucracy*". *Annals of the American Academy of Political and Social Science*, March 1945. p. 213.
189 MAYER, Joseph. "Review of F. A. Hayek, *The Road to Serfdom*". *Annals of the American Academy of Political Social Science*, Vol. 239 (May 1945): 202-03.

entendeu que o livro trouxe pontos importantes sobre a soberania do direito (*rule of law*) num regime democrático em tempos de paz. Quando a *American Economic Review* trouxe a resenha de Aaron Director, os editores incluíram como contraponto a resenha de Eric Roll (1907-2005) e prefaciaram a seção com ambas dizendo: *"Tendo em vista o caráter ideológico do, e o grande interesse no livro do professor Hayek, entendeu-se desejável publicar duas resenhas com pontos-de-vista distintos"*. A resenha de Roll, diga-se, aproxima-se do padrão de linguagem "acadêmica" estabelecido por Finer[190]. Hayek teria sucumbido à tática retórica comum entre jornalistas analistas políticos, afirmou Roll, apesar do que seria de se esperar de cientistas sociais experientes como Hayek de que esses evitariam a tentação de igualar o socialismo com o nazismo. Roll acrescentou:

> Hayek poderia ter parado para refletir sobre os distintos desenvolvimentos na Alemanha e na União Soviética durante os poucos anos que antecederam à guerra, ele poderia ter tido a cortesia de, ao menos, reconhecer os diferentes modos de como a guerra foi conduzida por nossos inimigos e por nosso aliado: carece de demonstração que o campo de concentração em Majdanek seria consequência inevitável de uma economia coletivizada. A verdade é que Hayek apresenta seus firmes preconceitos políticos através de uma tela de razoabilidade com a qual ele tenta convencer o leitor[191].

O espírito intelectual da época simplesmente impedia o reconhecimento e, muito menos, a incorporação dos argumentos levantados por Mises e Hayek no senso comum daquele tempo. Deles, tanto a visão quanto a análise dos processos políticos e econômicos eram absolutamente incompatíveis com tudo o que era sugerido pela cultura intelectual das democracias ocidentais no período entre 1930 e 1975. Mesmo que houvesse manifesta oposição normativa da elite intelectual no Ocidente quanto a aspectos do modo em que a União Soviética estivesse introduzindo uma "nova civilização", a tentativa do

---

190 ROLL, Eric. "Review of F. A. Hayek, *The Road to Serfdom*". *The American Economic Review*, Vol. XXXV, No. 2 (June 1945): 176-80.
191 Idem. *Ibidem.*, p. 180. É suficiente afirmar que nos tais *"poucos anos que antecederam à guerra"* na União Soviética ocorreram os expurgos políticos dos anos 1930, bem como as consequências da coletivização e industrialização sobre as massas. Todas as três políticas stalinistas formaram em conjunto uma política de genocídio tão hedionda quanto às promovidas pelos nazistas, conforme se estabeleceu pela literatura histórica dos mais diversos perfis ideológicos, como pode ser verificado nas obras do historiador britânico Robert Conquest e do historiador russo Roy Medvedev. Ver: CONQUEST, Robert. *The Great Terror: Stalin's Purge of the Thirties – 40th Anniversary Edition*. Oxford / New York: Oxford University Press, 2007; MEDVEDEV; Roy. *Let History Judge: The Origin and Consequences of Stalinism*. New York: Alfred A. Knopf, 1972.

país em colocar a vida social sob uma orientação racional e consciente embasada cientificamente, isso era algo a ser aplaudido. Os fracassos econômicos do sistema soviético eram atribuídos ao seu atraso histórico, e os problemas políticos, à falta de uma tradição democrática na história russa. O nazismo alemão, pelo contrário, seria uma consequência do caráter alemão e de falhas do capitalismo, e não, da corrupção de instituições liberais decorrente da introjeção de princípios socialistas, como Hayek contestava.

O desenvolvimento histórico subsequente parece ter persuadido muitos de que a visão de Hayek estava correta em essência[192]. Infelizmente, isso não se traduziu em reconhecimento de sua contribuição analítica à política e à economia, e isso não é menos verdadeiro quanto àqueles amplamente favoráveis à visão liberal clássica de Hayek como quanto aos que se opunham radicalmente à sua visão.

III - Confusões Analíticas

F. A. Hayek, acima de tudo, era um economista "austríaco". Os problemas analíticos com os quais trabalhava, as técnicas de análise que utilizava, todo seu modo de operação era de um economista austríaco. E, apesar de seu afastamento das questões econômicas formais, tal aparato analítico permaneceu intacto. Hayek usou a teoria da ordem espontânea de Carl Menger (1840-1921) e a teoria do processo de mercado de Ludwig von Mises ao examinar a emergência das regras de propriedade privada, o desenvolvimento do *common law*, o crescimento do comércio, as regras de conduta moral, etc. Obviamente, Hayek era um acadêmico singular e lia vastamente as mais variadas disciplinas – ele não poderia ser acusado de "economicismo" em sua obra. Ele simplesmente "lia" essa informação recolhida através das lentes analíticas austríacas. Isso é algo completamente perdido por aqueles preocupados com o liberalismo de Hayek. O liberalismo provia Hayek com um conjunto de problemas, mas maneira como Hayek os tratava era austríaca do começo ao fim.

---

[192] HEILBRONER, Robert. "Analysis and Vision in the History of Modern Economic Thought". *Journal of Economic Literature*, Vol. XXVIII, No. 3 (September 1990): 1097-114. Para uma resposta à argumentação de Robert Heilbroner (1919-2005) de que Ludwig von Mises e F. A. Hayek possuíam uma maior visão presciente, mas do que não se seguiria, necessariamente, terem uma análise econômica correta, ver: BOETTKE, Peter J. "Analysis and Vision in Economic Discourse". *Journal of the History of Economic Thought*, Vol. 14, No. 1 (Spring, 1992): 84-95.

Embora as visões que se mantém sobre "homens" e "sociedade" providenciarem as bases da análise social, aquelas não constituem essa. Conforme disse Joseph Schumpeter:

> Para que problemas sejam postos como tais, é mister primeiro visualizar-se um padrão distinto de fenômenos coerentes como objeto merecedor do recebimento de esforços analíticos. Noutras palavras, esforços analíticos são necessariamente precedidos por um ato cognitivo pré-analítico que lhes fornece matéria-prima[193].

Assim, que um determinado problema é identificado, passa-se à sua análise, e os seus resultados não são neutros em relação ao método de análise.

O estilo austríaco de análise de Hayek, contudo, perdeu suporte nos anos 1940 e, desde então, encontra-se afastado da corrente principal do pensamento econômico. Recapitulando a tese introdutória, economia da "Escolha Pública" era a aplicação da análise econômica da corrente majoritária aos processos de tomada de decisões políticas. Os principais princípios dessa análise econômica são: 1) Comportamento de Maximização; 2) Preferências Estáveis; 3) Equilíbrio. Economistas austríacos, e Hayek em particular, rejeitam pelo menos duas dessas premissas, se não todas as três[194]. Hayek, por exemplo, rejeita a hipótese do *Homo economicus* como sendo parte da tradição racionalista, em oposição à tradição evolucionista na qual Hayek se auto-posicionava[195]. Ademais, Hayek foi crítico contumaz da ideia de competição perfeita e da preocupação de economistas para com análises de equilíbrio[196].

Destarte, as contribuições de Hayek para a análise de Escolha Pública vieram na forma de uma aplicação da teoria econômica *austríaca* ao processo de tomada de decisões fora dos mercados. Indo além, eu diria que é na teoria do capital que as diferenças entre os austríacos e outros economistas marginalistas se acentuam[197]. Na análise econômica majoritária, a aplicação

---

193 SCHUMPETER, Joseph A. *History of Economic Analysis. Op. cit.*, p. 41.
194 A premissa em aberto seria referente às preferências estáveis. Economistas austríacos concordam com os teóricos da corrente majoritária de que a economia não tem muito valor quando o assunto é origem e fonte das preferências. No entanto, isso não é o mesmo que a estrita conservação de uma presunção de estabilidade dessas preferências no tempo. Na análise Mises-Rothbard da *"preferência demonstrada"*, mapeamentos das preferências individuais poderiam de fato estar em constante transformação.
195 HAYEK, F. A. *The Constitution of Liberty. Op. cit.*, p. 61.
196 Idem. *Individualism and Economic Order. Op. cit.*, p. 77-106.
197 Frank H. Knight entendia a importância central da teoria do capital para a estrutura analítica da economia austríaca, e por isso que como crítico, ele dedicou-se tanto ao tema na sua resenha do *Nationalökono-*

inflexível dos princípios acima descritos mascara a complexidade da estrutura de capital, banalizando a questão de coordenação. Porém, na análise austríaca, a coordenação dos planos no decorrer do tempo (e em ambiente de incerteza) torna-se central, e as diversas proposições-chave *positivas* derivadas da teoria austríaca (tais como sinais de preços relativos, contabilidade de lucros e prejuízos, heterogeneidade do capital, complementaridade dos bens de capital, etc.) são empregadas na construção de uma teoria sobre como planos complexos serviriam numa economia industrial. Em suma, a maneira como os austríacos explicam o "equilíbrio" nos processos de mercado (caso seja permitido usar-se o termo) é radicalmente distinta da concepção dominante, e como tal representa uma distinta contribuição analítica à ciência econômica. A dificuldade de coordenar planos econômicos com o passar do tempo e o papel vital exercido por um mercado de capitais funcional no direcionamento desse processo focam a atenção teorética às questões de cálculo econômico e descoberta empresarial. No modelo-padrão de fluxo circular de uma economia capitalista, por outro lado, esses problemas não são salientados em modelos formais porque os pressupostos subjacentes resolvem por hipótese o problema da coordenação pelo cálculo. Não é a visão política e social que diferencia Hayek de outros acadêmicos; é o seu aparato analítico que força os demais acadêmicos a prestar atenção à estrutura dinâmica do capital de um sistema econômico. O mais desafiador para os economistas da corrente majoritária é o fato de a posição de Hayek, caso se prove mais consistente que a deles, essa obrigar a toda uma releitura dos desenvolvimentos econômicos posteriores a Segunda Guerra Mundial.

As análises-padrão da Escolha Pública seguiram a trilha da economia neoclássica *mainstream*. A Escola da Virgínia, contudo, não seguiu completamente, apesar de a Escola de Chicago certamente tê-lo feito – resultando na impossibilidade de reconhecer a ineficiência institucional de ações governamentais porque as análises de equilíbrio não são próprias para tal exame[198].

---

mie de Ludwig von Mises; mesmo que no livro não se tenha dado tanto espaço a uma análise explícita da teoria do capital. As aparências enganam, no entanto, pois a obra é – como Knight sugeriu – quase que exclusivamente sobre teoria do capital.

198 Como alternativa, o equilíbrio de um determinado conjunto de políticas públicas é explorado, por exemplo, como quando Gary Becker (1930-2014) explicou o sistema de seguridade social como um equilíbrio-resposta às "falhas de mercado" no mercado de capital humano (BECKER, Gary. *A Treatise on the Family*. Cambridge: Harvard University Press, 1991. p. 369-74), ou como quando George Stigler (1911-1991) sugeriu que subsídios à indústria açucareira fosse um resultado eficiente pela evidência de que ninguém conseguira providenciar alternativa de menor custo (STIGLER, George. "Law or Economics?" *Journal of Law and Economics*, Vol. 35, No. 2 (October 1992): 455-68). Ver, também, o artigo de Gary Becker, no qual

Se, por outro lado, os processos de ajuste de desequilíbrios foram o núcleo da estrutura analítica, então imperfeições, ineficiências e a maneira como indivíduos reagem às circunstâncias, essas tornam-se cruciais para a análise. Instituições e as informações e incentivos que essas geram movem a análise. Resultados econômicos não são invariáveis em relação às instituições – inclusive àquelas de governança democrática.

A análise de escolha pública dentro da tradição austríaca enfatizaria a *ignorância estrutural* a qual os atores devem enfrentar em situações fora do contexto da economia de mercado[199]. O Teorema de Arrow, por exemplo, poderia ser reinterpretado como uma aplicação da tese de Mises sobre a impossibilidade de um processo de tomada de decisões via voto democrático. Na falta de um sistema de preços, atores seriam confrontados por uma série de sinais incoerentes sobre como deveriam orientar seu comportamento. Ao invés de fazer-se valer de ofertas e demandas de mercado, a comunidade é quem deve decidir como alocar um recurso escasso. Tome-se um terreno baldio, por exemplo, o qual poderia ser usado para: (1) Um parque comunitário; (2) Uma escola de ensino fundamental; ou (3) Um estacionamento. Sem um sistema de preços para guiar o uso dos recursos, um consenso comunitário deve ser alcançado. Contudo, como Kenneth Arrow (1921-2017) demonstrou, até mesmo num simples exemplo como esse, votação majoritária por pareamento de alternativas pode não produzir o consenso requerido (um resultado altamente formal que ecoa o debate de Hayek, em *O Caminho da Servidão*, sobre os

---

é exposta uma argumentação teórica para a "eficiência" do processo competitivo entre grupos de pressão num sistema democrático (BECKER, Gary. "Public Policies, Pressure Groups, and Dead Weight Cost". *Journal of Public Economics*, Vol. 28, No. 3 (December 1985): 329-47) – ou seja, com alto grau de acesso ao sistema político. A Escola da Virgínia, por outro lado, procura expor as ineficiências econômicas associadas a variadas políticas públicas. A verdadeira questão a ser levantada é se tais escolas podem explorar consistentemente tais problemas ao mesmo tempo em que preserva o comprometimento com a teoria de preço neoclássica. Em correspondência privada datada de 13 de setembro de 1994, Gary Becker fez objeções a esta interpretação da Economia Política de Chicago. Não é possível responder-lhe neste artigo, mas se crê que noções de eficiência e equilíbrio, seja no mercado ou no ambiente político, são mais problemáticas do que se admite normalmente nos estudos sobre Política Econômica ao estilo da Escola de Chicago. Muitas das questões de teoria econômica, metodológica e filosófica associadas à noção de eficiência assumida por Chicago foram endereçadas por acadêmicos de várias escolas de pensamento no simpósio "Can Economists Handle Change?", publicado como: BOETTKE, Peter J. & RIZZO, Mario J. *Advances in Austrian Economics*, Vol. 1, 1994. p. 3-196.

199 Uma tentativa experimental de produção de uma teoria moderna sobre processo político, um híbrido austro-Escolha Pública, pode ser encontrado em: WAGNER, Richard. *To Promote the General Welfare: Market Processes vs. Political Transfers*. San Francisco: Pacific Research Institute for Public Policy, 1989. p. 207-12]. Para uma aplicação desse tipo de teorização à situação político-econômica na antiga União Soviética e, em particular, na era Gorbachev, ver: BOETTKE, Peter J. *Why Perestroika Failed: The Politics and Economics of Socialist Transformation. Op. cit.*

limites de consensos derivados democraticamente). O parque pode vencer a escola, e a escola pode vencer o estacionamento, mas o estacionamento venceria o parque – violando o princípio matemático da transitividade. A famosa conclusão atesta que o resultado pode ser eficiente somente caso o sistema político seja ditatorial, ou as alocações serão ineficientes, mas democráticas. Simplesmente, não há maneira em eu as alocações possam ser eficientes e democraticamente derivadas.

Certa linha de argumentação popular entre acadêmicos da Escolha Pública, como James M. Buchanan e Gordon Tullock, era acusar tal resultado de trivial. Por que seria surpreendente? Apenas uma visão ingênua de democracia poderia esperar que classificações de preferências individuais pudessem ser hialinamente[200] agregadas de forma a refletir sem sombra de dúvidas "a vontade do povo". Esta era uma resposta perfeitamente razoável para acadêmicos trabalhando dentro de uma tradição democrática constitucional. Contudo, o resultado de Arrow era importante exatamente porque deveria ter estourado a bolha daquelas democracias ingênuas do tipo da que caracterizava a crítica de Finer a Hayek. E, ademais, retornando aos comentários introdutórios referentes às críticas a Hayek do tipo das de Higgs – esse desafio à habilidade do governo democrático em produzir consenso além de um certo escopo limitado de questões é o que define a análise hayekiana de bens públicos (isto é, de quais são os processos de descoberta da demanda no fornecimento de bens públicos, e de quais instituições compensariam pelas dificuldades de cálculo em dotações não-mercadológicas?) e de externalidades (ou seja, de quais normas de propriedade e/ou tecnologias contratuais internalizariam efeitos externos). Essa é a razão por que Hayek, por exemplo, no exame de problemas dos bens públicos em *Direito, Legislação e Liberdade*, apesar de aceitar certos aspectos dos argumentos analíticos da teoria-padrão das falhas de mercado, ele mesmo assim chega a uma conclusão completamente diferente dessa em relação à produção e distribuição de bens públicos. Em especial, Hayek defende que o governo assuma posição não-exclusiva mesmo quando é possível determinar tecnicamente esse ser o único capaz de fornecer tal bem *nas circunstâncias de momento*. Tal posição não é resultante de "má economia" combinada com devaneio ideológico (por exemplo, supondo problemas remotos de parasitismo (*free-rider*), mas, pelo contrário, ela decorre da consideração analítica de Hayek sobre as dinâmicas de mudança tecnológica

---

200 Isto é, transparente, de forma límpida. (N. E.)

e do seu reconhecimento que os requerimentos informacionais sobre a correspondência entre oferta e demanda de *qualquer* bem dependem do contexto institucional dentro do qual ocorre o processo[201]. Hayek não ignorava os problemas de Escolha Pública: ele simplesmente alterou o tratamento analítico desses problemas em certas direções que diferem do tratamento mais tradicional encontrado na literatura.

A inabilidade da democracia em alcançar consenso significa que os teóricos devem reconhecer os limites do processo de tomada de decisões democráticas e passar a focar a atenção para pesquisas sobre as estruturas de governança que permitam resultar em consequências eficientes. Não se deve esperar do processo político, como tampouco do processo de mercado, que esse alcance uma alocação perfeita de recursos. Ambos são imperfeitos. Diferentemente do processo de mercado, no entanto, políticas democráticas não geram incentivos e informações que permitam a detecção e correção de seus próprios erros. Não se pode esperar que surja, decorrente do processo político, o tipo de adaptações espontâneas que ocorrem no mercado para corrigir ineficiências de momento. Pelo contrário, são necessários gerenciamento e regulamentação conscientes. Ao invés de adaptação espontânea, política demanda adaptação consciente, e existem limites epistemológicos para tal procedimento.

Conclusão

O Caminho da Servidão de F. A. Hayek é tão relevante agora quanto quando foi publicado há mais de setenta e cinco anos, quiçá o seja até mais. Ao ser publicado, serviu de aviso ao Ocidente liberal-democrático de que a via para o totalitarismo não é aberta por bandoleiros revolucionários, mas pelos mais nobres ideais. Presentemente, testemunha-se o colapso do sistema estatal socialista, e a tentativa de trilhar-se a rota da democracia política e da prosperidade econômica. Tais questões não encontram resposta numa leitura dessa obra-prima de Hayek. Encontra-se, no entanto, um conjunto de ferramentas analíticas e *insights* os quais podem ser empregados no enfrentamento dos problemas do mundo atual.

---

201 HAYEK, F. A. *Law, Legislation and Liberty. Op. cit.*, Vol. 3, p. 41-64.

Quanto a isso, Hayek deixou como herança: (1) Um refinamento do teorema misesiano quanto à impossibilidade de cálculo econômico na ausência de propriedade privada; e (2) Um exame da lógica organizacional das instituições criadas para substituir o sistema de propriedade privada na alocação de recursos escassos. A força da análise de Hayek estava em demonstrar que essa lógica não era uma função da forma de governo que inspirara a substituição das escolhas privadas no mercado por um processo de tomada de decisões coletivas. Independentemente se democráticos ou autoritários em sua legitimação, os incentivos institucionais produziram uma pressão lógica em direção totalitarismo.

Na Europa Central e na Oriental e na antiga União Soviética essa lógica é mal compreendida, se as elites intelectuais insistem que política democrática seja adotada como o valor revolucionário de 1989, e não a liberdade econômica. Que não pode haver qualquer liberdade política significativa sem um alto grau de liberdade econômica, esse era a principal asserção filosófico-política de *O Caminho da Servidão*, uma afirmação decorrente de argumento analítico quanto à natureza da tarefa do planejador. A vitória será em vão caso as revoluções de 1989 terminem simplesmente por rejeitar o regime totalitário do Partido Comunista apenas para embarcar num processo de ditadura sancionada por um sistema multipartidário em disputa pelo controle do processo de transição. Muito da Europa Central e Oriental já falhou na incorporação das lições constitucionais da democracia liberal. Vive-se um momento constitucional, mas não há sinais de que o "fetiche democrático" alardeado por Hayek tenha diminuído. Ademais, deve-se transmitir incansavelmente às pessoas nos países do antigo bloco comunista (e nos países capitalistas) que nem todas as formas de governo democrático são igualmente efetivas em relação à salvaguarda da economia de mercado. A não ser que instituições "habilitantes" sejam estabelecidas, e que ajustes espontâneos dos mercados sejam permitidos para balizar os processos de tomada de decisões mercadológicas, a pobreza de um período terrível apenas será substituída por outra, em sequência, e pelo desapontamento de pessoas as quais já suportaram mazelas demais.

ÍNDICE

- ÍNDICE REMISSIVO E ONOMÁSTICO -

Symbols
41a Conferência Anual do Partido Trabalhista 256
1789 e 1914\
  Os Anos Simbólicos na História do Espírito Político
  de Johann Plenge 229
1984
de George Orwell 37
\Comitê 1941\ 252
\Counter-Revolution of Science, The\, artigo de F. A. Hayek 41
\Declaração dos Direitos do Homem\ 141
\"Liberdade e o Sistema Econômico, A\", artigo de F. A. Hayek que traz a tese central de O Caminho da Servidão 30

A
Acland, sir Richard Thomas Dyke, 15º baronete (1906-1990) 252, 269
Acton, John Dalberg-, 1º barão de Acton (1834-1902) 36, 55, 67, 127, 161, 193, 201, 243, 277, 301
Agências para Orientação dos Cidadãos 43
Alemanha 11, 12, 17, 20, 21, 22, 33, 34, 35, 37, 45, 52, 56, 57, 60, 61, 62, 66, 68, 69, 74, 75, 82, 83, 84, 85, 104, 105, 110, 119, 125, 132, 136, 139, 141, 156, 157, 162, 171, 173, 186, 188, 189, 193, 196, 197, 199, 201, 205, 218, 225, 226, 227, 229, 231, 232, 233, 234, 235, 236, 241, 242, 243, 244, 245, 246, 247, 248, 249, 252, 257, 274, 280, 301, 325
Amt
seção, departamento 235
antissemitismo 197, 244
Arouet, François-Marie, conhecido como Voltaire (1694-1778) 139
Áustria 51, 57, 75, 197

B

Bacia do Danúbio 282, 283
Balilla 171
Batalha de Iena 234
Beamtenstaat 189, 235
Bebel, August Ferdinand (1840-1913) 227
Belloc, Joseph Hilaire Pierre René (1870-1953) 67, 147
Benda, Julien (1867-1956) 249, 250, 251
Bernard Shaw, George (1856-1950) 200, 201
Beveridge, sir William Henry, 1° barão de Beveridge (1879-1963) 49
Bismarck- Schönhhausen, Otto Eduard Leopold von (1815-1898) 227, 232, 235, 243
Blut und Boden (\"Sangue e solo\") 214
Bonaparte, Napoleão (1769-1821) 234
Bruck, Arthur Moeller van den (1876-1925) 225, 233, 235, 236
Brüning, Heinrich (1885-1970) 125
Burckhardt, Jacob Christoph (1818-1897) 201
Burnham, James (1905-1987) 163
Butler, R. D. 226

C

Câmara dos Comuns 120
Cambridge 30, 288, 308, 322, 328
Carlyle, Thomas (1795-1881) 60, 226, 272
Carr, Edward Hallett (1892-1982) 211, 245, 246, 247, 248, 286, 287
Cartéis 104
Chamberlain, Houston Stewart (1855-1927) 60, 226
Chamberlin, William Henry (1897-1969) 82
Chase, Stuart (1888-1985) 147
China 21, 22, 313
Cícero, Marco Túlio (106-43 a. C.) 68
Cidades comerciais do sul e do oeste (Alemanha) 205
Cidades do norte da Itália 69
Cidades hanseáticas 205
Civilização Ocidental 11, 68, 73, 194, 234, 244, 250
Cobden, Richard (1804-1865) 68
Comissão de Agricultura 140

Comissão Donoughmore 121, 123
Common Wealth 252, 269
Comte, Isidore Auguste Marie François (1798-1857) 70, 226
Concentração do Poder Econômico 103
Concorrência efetiva 92
Conditions of Peace, de E. H. Carr 245, 247, 287
Constitution of Liberty, The, de Friedrich A. Hayek 50, 310, 317, 327
Contemporary Review 30, 49
Coventry 280

D

Darling, Charles John, 1° barão de Darling (1849-1936) 140
Dicey, Albert Venn (1835-1922) 132, 243
Die Glocke 230
Die Tat 236
Disraeli, Benjamin, 1° conde de Beaconsfield (18041881) 272
Disraeli, Benjamin, 1° conde de Beaconsfield (18041881), 166
Dopolavoro 171
Drucker, Peter Ferdinand (1909-2005) 83, 215

E

Eastman, Max Forrester (1883-1969) 82, 163, 164
Economic Survey for 1947 41
Economist, The 45, 142, 143
Editora da Universidade de Brasília 50
Editora Visão Ltda. 50, 51
Edlennazis (\"elite nazista\") 236
Eixo (Roma-Tóquio-Berlim) 59
Ende des Kapitalismus (O Fim do Capitalismo), de Ferdinand Fried 236
End of Socialism in Russia, The, de Max Eastman 163
Engels, Friedrich (1820-1895) 201
Engenharia social 184
Entente contra a Alemanha 232
Erasmo de Rotterdam, nascido Herasmus Gerritszoon (1466-1536) 68

Esparta 186
Estado de Direito 6, 39, 45, 52, 131, 132, 134, 136, 137, 139, 140, 141, 143, 203, 286, 288, 291, 312, 313, 320, 323
Estado previdenciário (welfare state) 38, 43, 44, 51
Estado Servil, O, de Hilaire Belloc 68
Estados Unidos 17, 19, 20, 22, 23, 24, 33, 34, 35, 36, 37, 38, 39, 50, 57, 61, 62, 104, 107, 156, 163, 255, 289, 291, 318, 319
Europa 12, 13, 25, 36, 59, 69, 83, 143, 155, 174, 195, 215, 231, 274, 280, 281, 284, 286, 288, 289, 291, 332

F

Fabianos 120, 200, 242, 286
Federation for Western Europe, A, de W. Ivor Jennings 288
Fichte, Johann Gottlieb (1762-1814) 226
Finer, Herman (1886/67-1945) 323, 324
Física Alemã em Quatro Volumes, de Lennard 218
Forward March 252, 269
França 12, 20, 69, 156, 229, 233, 249, 280
Franklin, Benjamin (1706-1790) 190
Frederico Guilherme I da Prússia (1688-1740) 62
Freedom under Planning, de Barbara Wotton 322, 323, 324
Freirechtsschule 137
Freizeitgestaltung 157
Freyer, Hans (1887-1969) 234
Fundamentos da Liberdade, Os, ver Constitution of Liberty 50
Fundamentos da Liberdade, Os, ver Constitution of Liberty, 310
Future in America, de H. G. Wells 229

G

Gestapo, sigla para Geheime Staatspolizei, ou Polícia Secreta do Estado 207
Gideonse, H. G. 30, 49
Gladstone, William Ewart (1809-1898) 243, 272
Gleichschaltung, (\"padronização\") 212

Goethe Johann Wolfgang von (1749-1832) 60
Grã-Bretanha 12, 20, 23, 46, 50, 51, 61, 69, 104, 257, 267, 280, 281, 290, 319
Grossraumwirtschaft (\"economia dos grandes espaços\") 248, 280
Guerra dos Boers 200
Guerra Fria 37

H

Halévy, Elie (1970-1937) 89, 124, 200, 201
Hardenberg, Friedrich von, ver Novalis 234
Hegel, Georg Wilhelm Friedrich (1770-1831) 74, 228, 245, 247
Heimann, Eduard Magnus Mortier (1889-1967) 84
Herrenvolk, (raça dominante) 280
Hewart, Lord Gordon, 1º visconde de Hewart (1870-1943) 140
Heydrich, Reinhard Tristan Eugen (1904-1942) 193
Himmler, Heinrich Luitpold (1900-1945) 193
Hitler, Adolf (1889-1945) 13, 33, 52, 56, 59, 85, 125, 136, 139, 230, 236, 244, 248, 252, 269, 296
Hitlerjugend 171
Humboldt, Friedrich Wilhelm Heinrich Alexander von (1769-1859) 60, 234
Hume, David (1711-1776) 68
Hutt, William Harold (1899-1988) 182

I

Ideias de 1789, As (Liberdade, Igualdade, Fraternidade) 229
Ideias de 1914, (o ideal da organização) 229
Ilhas Britânicas 69
Império Britânico 291
Índia 21, 61
individualismo 18, 19, 20, 21, 23, 68, 70, 75, 116, 118, 199, 221, 231, 232, 233, 243, 319, 323
Indonésia 21
Inglaterra 23, 24, 33, 34, 35, 36, 39, 40, 41, 42, 45, 46, 56, 57, 62, 67, 69, 70, 74, 75,

82, 85, 103, 104, 105, 107, 110, 123, 124, 132, 141, 156, 162, 171, 187, 227, 228, 229, 232, 233, 235, 237, 241, 242, 243, 244, 246, 249, 251, 252, 256, 269, 272, 273, 277, 280, 281, 286, 301
Inquisição 219, 250
Intervenção 93, 138, 319
Itália 37, 61, 62, 66, 69, 82, 84, 105, 110, 141, 157, 171, 173, 196, 280

J

Japão 21, 37
Jennings, sir William Ivor (1903-1965) 288
Jewkes, John (1902-1988) 46, 323
Jünger, Ernst (1895-1998) 234

K

Kant, Immanuel (1724-1804) 139
Kelsen, Hans (1881-1973) 52
Keynes, Lord John Maynard (1883-1946) 235, 243, 308, 315, 319, 322
Killinger, Manfred Freiherr von (1886-1944) 193
Kolnai, Aurel Thomas (1900-1973) 234
Korsch, Karl (1886-1961) 236

L

Laski, Harold Joseph (1893-1950) 52, 120, 121, 190, 256, 257
Lassalle, Ferdinand (1825-1864) 228
Law, Legislation, and Liberty, de Friedrich A. Hayek 50, 310
Law of the Constitution, The, de A. V. Dicey 132
Leistungsfähigkeit (grau máximo de eficiência) 243
Lennard, Philipp Eduard Anton von (1862-1947) 218
Lensch, Paul (1873-1926) 231, 232, 233, 235
Leviatã, de Thomas Hobbes 249
Ley, Robert (1890-1945) 193
Liberalismo 40, 50, 56, 61, 68, 71, 72, 73, 75, 79, 81, 82, 84, 85, 93, 103, 116, 123, 174, 181, 200, 232, 233, 234, 235, 236, 242, 272, 277, 306, 307, 311, 312, 314, 318, 319, 326
Liberdade, Da, de John Stuart Mill 60
Liberdade individual 18, 20, 69, 80, 84, 96, 105, 116, 119, 127, 132, 151, 181, 186, 190, 202, 228, 256, 264
Liga das Nações 291
Lippmann, Walter (1889-1974) 83, 317
List, Georg Friedrich (1789-1846) 74, 248
Locke, John (1632-1704) 68, 140
London School of Economics 30, 49
Londres 33, 45, 256, 300
luta de classes 173, 218, 282

M

Macaulay, Thomas Babington, 1º barão de Macaulay (1800-1859) 272
Maine, sir Henry James Sumner (1822-1888) 137
Managerial Revolution, The, de James Burnham 163, 279
Man, Hendrik de (1885-1953) 174
Mannheim, Karl (1893-1947) 74, 125, 131, 215
Marxismo 83, 85, 226, 227, 229, 251
Marx, Karl (1818-1883) 74, 164, 201, 227, 228, 229, 245, 247, 311
Marx und Hegel, de Johann Plenge 228
Mein Kampf (Minha Luta), de Hitler 252
Mensch im Grossen, Der (o homem, o povo em sua totalidade) 243
Mill, James (1773-1836) 272
Mill, John Stuart (1806-1873) 60, 170
Milton, John (1608-1674) 68, 261, 269, 273
Mitteleuropa, de Friedrich Naumann 231
Monopólios 96, 97, 102, 104, 105, 107, 247, 252, 253, 254, 255, 285
Montagne, Michel Eyquem de (1533-1592) 68
Moral Man and Immoral Society (O Homem Moral e a Sociedade Imoral), de Reinhold Niebuhr 104, 200
Morley, Lord John, 1º visconde Morley de Blackburn (1838-1923) 60, 243, 272

Mosley, sir Oswald Ernald, 6° baronete (1896-1980) 124
Movimento da Juventude Alemã 236
Movimento nazista 49, 173
Mussolini, Benito Amilcare Andrea (1883-1945) 84, 101, 105, 214

N

Nacionalismo 198, 201, 226, 236
National Planning Board 37
Nature 250, 251, 317
Naumann, Friedrich (1860-1919) 231
New Deal 36
New Statesman 121, 287
Nicolson, sir Harold George (1886-1968) 242
Niebuhr, Reinhold (1892-1971) 200
Nietzche, Friedrich Wilhelm (1844-1900) 199
Novalis, pseudônimo de Georg Philipp Friedrich von Hardenberg (1772-1801) 62, 234
Novo Mundo 69

O

Ocidente 20, 21, 38, 70, 75, 84, 205, 234, 235, 236, 237, 325, 331
Ordeal by Planning, de John Jewkes 46
Orwell, George, pseudônimo de Eric Arthur Blair (1903-1950) 5, 11, 37
Ostwald, Friedrich Wilhelm (1853-1932) 231

P

País de Gales Meridional 280
Países Baixos 69
Panfletos de Política Governamental 30
Papen, Franz von (1879-1969) 125
Parlamento Britânico 24, 67, 123, 140, 141
Partido Conservador 23, 121
Partido Trabalhista 23, 34, 45, 200, 256, 257
Percy, Lord Eustace Sutherland Campbell, 1° barão de Percy de Newcastle (1887-1958) 124
Péricles (c. 495/492-429 a. C.) 68
planejamento em escala nacional 278, 279

Plan for Reconstruction, de W. H. Hutt 182
Plano quinquenal de Goering 231
Plenge, Johann (1874-1963) 228, 233
Pound, Ezra Weston Loomis (1885-1972) 273
Prêmio Nobel 218
Previdência social 181, 233
Priestley, John Boyton (1894-1984) 252
Primeira Guerra Mundial 56, 67, 140, 227, 231, 235, 242, 246, 252
Princípio do laissez-faire 67, 71, 247
Prússia 62, 235
Prussianismo e Socialismo, de A. Moeller van den Bruck 234
Public Policy Pamphlets 30, 49, 300

Q

Quisling, Vidkun Abraham Lauritz Jonssøn (1887-1945) 84

R

Rathenau, Walter (1867-1922) 231
Reader's Digest 25, 35, 164
Realpolitik, (planejamento \"científico\" ou o corporativismo) 273, 290
Rechtsstaat 132, 136, 137
Recollections, de Lord Morlev 60
Redescoberta do liberalismo, A, de Eduard Heimann 84
Regime de concorrência 106, 151, 152, 154, 161, 162, 165, 253
Reich prussiano 204
Reichstag 231, 233
Relatório Macmillan 67
Renascença 68, 250
Report of the Lord Chancellor's Committee in Ministers Powers, 123
Report on the Public Inquiry Ordered by the Minister of Agriculture into the Disposal of Land at Crichel Down, 45
Revista da Sociedade Nacional-Socialista de Matemáticos, 218
Revista de Ciências Naturais Marxistas-Leninistas 218
Revolução burguesa liberal 229

Revolução de 1848   80
Revolução Francesa   79
Rio Reno   75
Road to Reaction, de Herman Finer   35, 323, 324
Rodbertus, Johann Karl (1805-1875)   226, 228
Romênia   283
Roots of National Socialism, The (As Raízes do Nacional-socialismo), de R. D. Butler, 226, 231
Rouvroy, Claude-Henri, conde de Saint-Simon (1760-1825)   80
Russell, Bertrand Arthur William, 3º conde Russell (1872-1970), 201
Rússia   12, 34, 37, 52, 57, 62, 66, 82, 83, 141, 157, 162, 163, 166, 197, 199, 216, 218, 247

S

S.A. (Sturmabteilung, ou \"Tropas de Assalto\"), 207
Scheler, Max Ferdinand (1874-1928), 236
Schleicher, Kurt von (1882-1934)   125
Schmitt, Carl (1888-1985) 137, 234, 246
Schmoller, Gustav von (1838-1917) 74
Scientism and the Study of Society, artigo de F. A. Hayek   73
Shakespeare, William (1564-1616)   273
Sidgwick, Henry (1838-1900) 243, 289
Sindicatos   104, 173, 228, 265
Smith, Adam (1723-1790) 68, 91, 95, 115
Social Research   85
Sombart, Werner (1863-1941)   74, 104, 227, 228
Sorel, Georges Eugène (1847-1922) 214, 226
Spann, Othmar (1878-1950)   234
Spengler, Oswald Arnold Gottfried (1880-1936) 233, 234, 235
S.S. (Schutzstaffel, ou \"Tropas de Proteção\"), 207
Stafford Cripps, sir Richard (1889-1952)   124
Stalin, Josef Vissarionovitch (1878-1953) 82, 316, 325
Streicher, Julius (1885-1946)   193

Suécia   51, 57
Suíça   17, 290
Suprema Corte de Justiça   45

T

Tácito, Públio Cornélio (c. 56-c. 117)   68
Teoria do Estado corporativo de Mussolini 214
Terceiro Reich de Moeller van den Bruckden Bruck   236
Thomas, Ivor Hael (1875-1963)   45
Times, The   241, 287
Tocqueville, Alexis-Charles-Henri, visconde de Tocqueville (1805-1859)   44, 67, 80, 301
Totalitarismo   37, 41, 52, 59, 62, 67, 151, 157, 193, 194, 205, 207, 212, 218, 244, 245, 246, 251, 252, 264, 267, 269, 273, 308, 315, 331, 332
Toynbee, Arthur Joseph (1889-1975)   246
Trahison des Clercs, de Julien Benda   250
Treitschke, Heinrich Gotthard Freiherr von (1834-1896)   242
Três Anos de Revolução Mundial, de Paul Lensch   232
Trotsky, Leon, nascido Liev Davidovich Bronstein (1879-1940)   163, 179
Tucídides (c. 460-c. 400 a. C.)   68
Twenty Years' Crisis, de E. H. Carr   200, 245

U

Ulianov, Vladimir Ilych, conhecido como Lenin (1870-1924)   82, 166, 179, 235
Universidade de Chicago   49
Universidade de Londres   33
University of Chicago Press   23, 24, 25, 30, 40, 300, 305, 308, 309, 310, 311, 313
Unser Kampf, de Sir Richard Acland, Unser Kampf (Nossa Luta), em contraposição a Mein Kampf (Minha Luta), de Hitler, 252

V

Vale do Tennessee   283
Voigt, Frederick Augustus (1892-1957)   83

Volksgemeinschaft (\"comunidade do povo\") 228, 230, 236

W

Waddington, Conrad Hal (1905-1975) 250, 251

War Against the West, The (A Guerra contra o Ocidente, de Aurel Kolnai 234

Webb, Marthe Beatrice, baronesa de Passfield (1858-1943) 120, 200, 216, 272

Webb, Sidney James, 1º barão de Passfield (1859-1947) 120, 200, 216, 272

Wells, Herbert George, conhecido como H. G. Wells (1866-1946) 141, 142, 229, 272

Weltanschauung (\"visão de mundo\") 171

Wilson, Thomas Woodrow, 28º presidente dos Estados Unidos da América (1856-1924) 246

Wootton, Barbara Wootton (1897-1988), baronesa de 322, 323, 324

Z

Zaratustra (personagem de Nietzche) 199

Zimmermand, Ferdinand Friedrich (1896-1967) 236

Zivilcourage, (consideração pelos fracos e doentes) 204

Acompanhe a LVM Editora nas Redes Sociais

https://www.facebook.com/LVMeditora/

https://www.instagram.com/lvmeditora/

Esta obra foi composta pela Spress em
Baskerville (texto) e (título) e impressa em Pólen 80g.
pela Rettec Artes Gráficas e Editora Ltda para a LVM em março de 2022.